地域から国民国家を問い直す

スコットランド、カタルーニャ、ウイグル、琉球・沖縄などを事例として

奥野良知〈編著〉

明石書店

はじめに

国民国家（ネイション・ステイト）というのは、一つのステイト（国家）には一つのネイション（国民＝民族）と一つの国家語しか認めないとするユニナショナルな立場に立つ国家を指し、日本もこれに含まれます。そして、ユニナショナルな国家の問題点は、本来その国家が歴史的に持っている民族的・言語的な多様性を否定し、政治的に多数派の集団の言語・文化・歴史を、その国家のあたかも唯一の中立的かつ市民的な国民文化と規定して満足してしまうことにあります。

ですが、日本が明治以降、国民国家形成の手本とした西ヨーロッパ諸国からして、日本の人々が思い描いているほどには歴史的に均質な民族・言語から形成されている訳ではなく、実はかなりの地域的な多様性が現在に至るまで存在します。そして、日本という国家の中にも実は少なからぬ地域的な多様性が存在します。アイヌの人々や琉球・沖縄の存在は、そのような多様性の典型的かつ雄弁な事例だといえます。同様のことは、世界中の多くの国々にもいえます。

本書では、常に均質化を求めてくる国民国家に対し異議申し立てを行っている地域を通して、国民国家がマルチナショナルな国家（複数のネイションの存在を認める国家）へ移行する可能性の有無や、一見マルチナショナルな国家に見える国家が内包している問題点について、あるいは国民国家に異議申し立てを行っている地域の自決権や、もしそのような地域が自決権を行使して独立した場合、それは旧態依然たる国民国家が増えるだけのことを意味するのか、それとも新たな可能性の芽生えとなるのか、というようなことについて、一緒に考えていければと思います。

本書のもとになったのは、２０１７年度愛知県立大学公開講座「地域から国民国家を問い直す」です。以下にその時のプログラムを記しておきます。

学術講演会：２０１７年10月16日、柴宜弘氏「コソヴォの独立と自決権――国家をつくるということ」

第１回：２０１７年10月28日、鈴木隆氏「〈中国〉の政治統合と民族問題の論点」、田中周氏「〈国民国家〉と〈国際関係〉の中の新疆ウイグル自治区」

第２回：２０１７年11月11日、山崎幹根氏「新たな段階に至ったスコットランドの独立運動と連合王国のゆくえ」、福岡千珠氏「北アイルランド自治政府の行方」

第３回：２０１７年11月25日、萩尾生氏「問われているのは『地域』か『国家』か――バスクの事例から」、奥野良知「カタルーニャの独立運動とスペイン」

第４回：２０１７年12月９日、上川通夫氏「歴史的世界のなかの日本と地域――前近代史からの省察」、松島泰勝氏「琉球独立の今日的意味」

当初の計画では、愛知県立大学の亀井伸孝氏がアフリカのカメルーンの事例について報告する予定でしたが、長期学外研究と重なったため、断念せざるを得なくなりました。また、愛知県立大学の上川氏の原稿も、諸般の事情から、本書に収録することができませんでした。また当初は、前沖縄県知事の翁長雄志氏にご登壇いただく予定でしたが、様々な事情でこれを断念せざるを得なくなったことは、返す返すも残念でした。他方、同志社大学の太田唱史氏は、公開講座の講師ではありませんでしたが、今回、是非ともお願いしてご投稿いただきました。

公開講座の実施に当たっては、愛知県立大学地域連携センターの山崎智夫氏と小川里佳氏にご尽力いただきました。また、公開講座の内容を書籍化するに際しては、明石書店編集部の兼子千亜紀氏に大変お世話になりました。編者の不手際で出版が遅れましたことを、関係者の方々に深くお詫びいたします。

奥野良知

2019年9月3日、長久手にて

地域から国民国家を問い直す
――スコットランド、カタルーニャ、ウイグル、琉球・沖縄などを事例として

◎目次

第1章 総論
――「国民国家」の問題を考えるに当たって

奥野良知

本書のタイトルは、『地域から国民国家を問い直す』である。では、「国民国家」とは何であろうか。これは、政治学、歴史学、社会学等では頻出する学術用語であるにもかかわらず、高校の授業ではこれにあまり触れられていないようで、本書を手にした読者諸氏のなかにも、「国民国家」が何を意味するのか、あまりご存じない方も多いかもしれない。

国民国家については多くの研究があるが、本書に必要な範囲で簡潔に述べておくと、国民国家とは、ネイション・ステイト nation state の訳語であり、一つのステイト state（国家）に一つのネイション nation（「国民」や「民族」と訳される）と一つの国家語しか認めない国家のことをいう。一つのネイションしか認めない国家、一つのネイションと国家がイコールで結ばれる国家なので、ユニナショナル国家ともいわれる。

では、ネイションとは何かというと、これについても多くの研究が存在し、やはり本書に必要な範囲で簡潔に述べておくと、ネイション（「国民」や「民族」と訳される）というのは、主観的側面を重視した概念で、同じ政治的アイデンティティを持つ共同体というような意味である。そして、同じ政治的アイデンティティ（ナショナル・アイデンティティ）を持つ共同体であるがゆえに、一般的に、主権＝自己決定権を持つ単位としての政治的主体とみなされる。つまり、自分たちのことを自分たちで決める際の「自分たち＝我々」の単位とみなされる。そして、アイデンティティという主観的側面に立脚した概念であるがゆえに、「想像の共同体」ともいわれる。

ここで注意しないといけないことが二つある。第一に、ネイションとは、言語、文化、風俗風習、血統、宗教、等々の外形的側面を重視する概念であるエスニシティ（「民族」と訳されることが多い）とは、関連はしているが、しかし異なる概念であるということである。それゆえ、日本では「民族」という語はネイションの意味でもエスニシティの意味でも使われるが、どちらの意味で使われているのか、あるいは両者が混在した意味で使われているのか、注意が必要である。第二に、ネイションおよびネイションと国家が同一視される国民国家（ネイション・ステイト）とは、19世紀に明確化した概念であり、ネイションおよび国民国家（ネイション・ステイト）は、歴史的かつ政治的に形成されるものだということである。

まず、第一の、ネイションとエスニシティは異なるものであるという点について。現在、日本を含め、多くの国家が国民国家（ネイション・ステイト＝ユニナショナル国家）の立場をとっている。だが、国家領域内に、一つのエスニシティしか歴史的に存在していないという国家は、実際にはかなり稀である。

日本には、日本は単一民族（この場合の民族は意識的にも無意識的にもエスニシティとネイションの双方の意味で用いられている）と単一言語から成る国家という幻想を持つ人が多いが、現在の日本の国家領域内に、歴史的に一つのエスニシティしか存在してこなかった訳では決してないし、現在も一つのエスニシティしか存在していない訳では決してない。そのことは、例えばアイヌの人々や琉球・沖縄のことを思い起こせば、一目瞭然であろう。エスニシティとは、言語・文化・風俗風習などの外形的側面に立脚した概念であることを再度思い出して頂きたい。

次に、第二の、ネイションおよび国民国家（ネイション・ステイト）は歴史的かつ政治的に形成されるものであるという点について。ネイションも国民国家（ネイション・ステイト）も、政治的かつ人為的に形成される、歴史的な産物であり太古の昔から自然に存在しているものではない。

ネイションはアイデンティティという主観的側面に立脚した概念であるが、より広い概念である「集合的アイデンティティ」とはどう区別されるのかといえば、それは大きくいうと、ネイションという概念は、国民国家（ネイション・ステイト＝ユニナショナル国家）という概念とほぼ対《つい》（ワン・セット）になっているということである。一つの国家の住民は、同じ政治的アイデンティティを持つ一つのネイションでなければならないし、同じ政治的アイデンティティを持つ一つのネイションは一つの自前の国家を持たなければならないというのが、ネイションであり国民国家（ネイション・ステイト＝ユニナショナル国家）だといえる。

ネイションおよび国民国家（ネイション・ステイト）という概念が明確化したのは、19世紀の（より正確にはフランス革命以降の）のフランスを中心とする西ヨーロッパであり、19世紀にヨーロッパに拡散し、20世紀に世界中に拡散していった。逆にいえば、ネイションや国民国家（ネイション・ステイト＝ユニナショナル国家）という概念は、現在のような明瞭な意味合いでは、19世紀以前には存在していなかった。

そして、国家がネイション（国民）を形成することを「国民形成（nation building）」というが、国家ナショナリズムとは、国家による国民の形成と維持のことであるといえよう。日本で「日本国民」の形成が始まったのは明治維新以後のことである。

では、ネイション（国民）はどのように形成されるのかといえば、それは、一般的には、国家内の支配的かつ多数派のエスニシティが国民の基準とされ、つまり多数派のエスニシティの言語、文化、歴史、アイデンティティ、等が、必要に応じた脚色や神話化を施されたうえで、国民の（ナショナルな）、言語、文化、歴史、アイデンティティとされ、少数派のエスニシティの言語、文化、歴史、アイデンティティ、等は、多数派のそれに吸収され、同化されることによって行われる。

つまり、国民国家（ネイション・ステイト＝ユニナショナル国家）によるネイションの形成（国家ナショナリズム）とは、多数派のエスニシティを基盤とした一つの政治的アイデンティティ（ナショナル・アイデンティティ）しか認めず、それに対抗するようなアイデンティティを排除していく動きであるがゆえに、国民国家（ネイション・ステイト＝ユニナショナル国家）では、国家内の多様性や多文化の共生が否定されがちであり、存在を否定される少数派との対立が生じやすい。それゆえ、いわゆる民族問

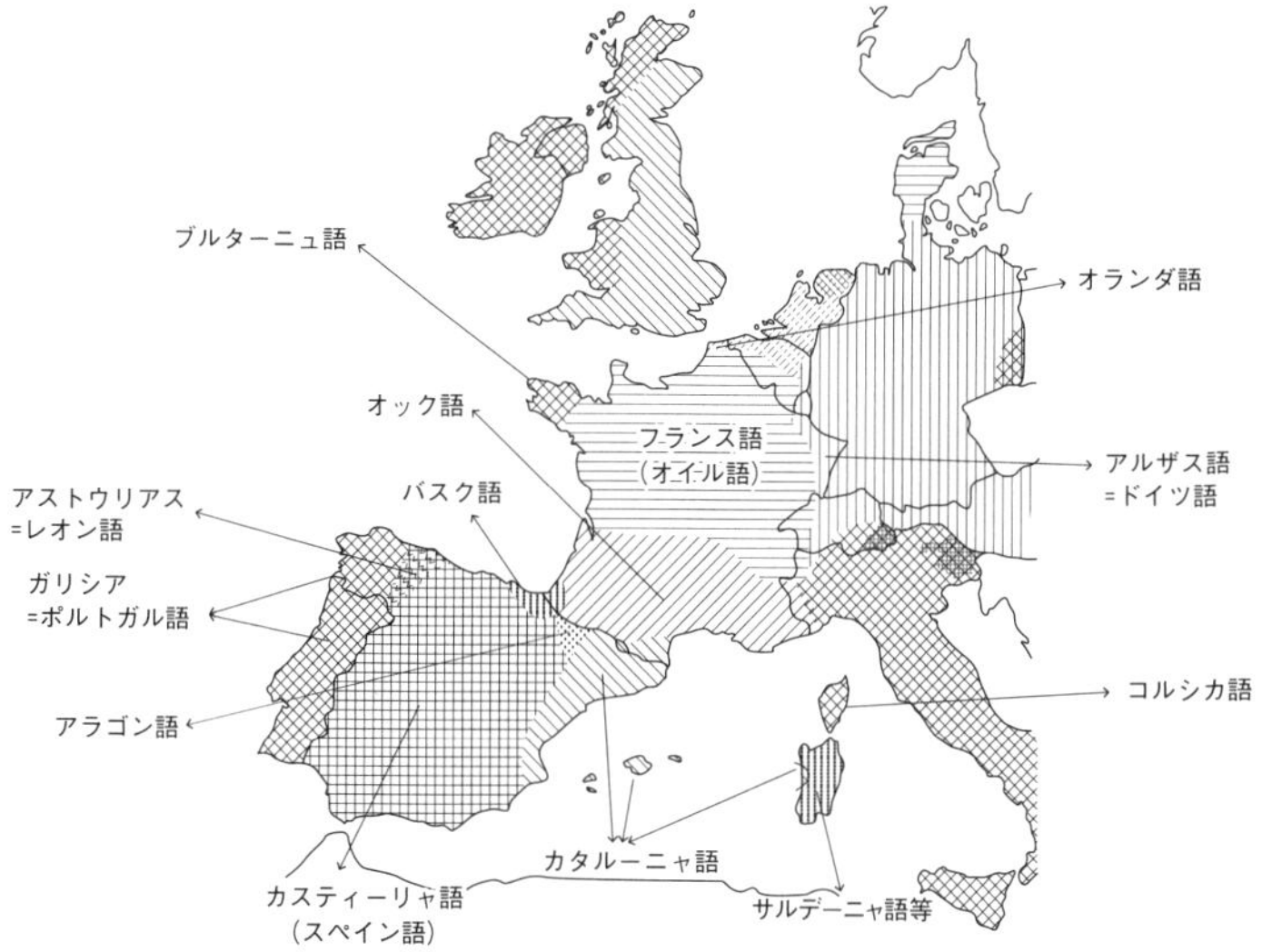

図　フランスとスペインの言語の分布（サルデーニャはイタリア領）

題の元凶ともいえる。国民国家の問題点の一つは、まさにこの点にある。また、国民国家（ネイション・ステイト）は、常に国家単位のネイション意識（ナショナル・アイデンティティ）を形成・維持している必要があるので、国民国家同士での対立が誘発されやすいという問題点もある。

　国家による国民（ネイション）形成をもう少し具体的に見てみる。例えば、日本も国民形成のお手本にした西ヨーロッパ主要国の一つであり、最初の、しかも最も典型的な国民国家であるフランスについては、日本では多くの人が、フランスには、歴史的にフランス人＝フランス国民（ネイション）＝フランス民族（エスニシティ）とフランス語しか存在してこなかったと思い込んでいるかもしれない。しかし、そのフランスですら、図にあるように、歴史的に多様な言語とエスニシティが存在してきた。本書にも登場するカタルーニャやバスクは、フランスとスペインにまたがって、言い換えると、フランスとスペインに分断されて存在してきた。

そして、フランスの場合、ネイション（国民）の形成に際して基準とされた多数派のエスニシティとは、パリのあるイル・ド・フランス地方を中心とする北フランスのエスニシティだった。つまり、フランス国民（フランス・ネイション）の形成とは、フランス全体を北フランスのエスニシティ化することだといえる。同様に、スペインの場合は、ネイション（国民）の形成に際して基準とされた多数派のエスニシティとは、マドリードを中心とするカスティーリャ地方のエスニシティであり、スペイン国民（スペイン・ネイション）の形成とは、スペイン全体をカスティーリャ化することに他ならない。そして、日本の場合は、多数派集団とは大和民族（和人、ヤマトンチュ）であり、日本国民（日本・ネイション）の形成とは、日本の国家領域全体を大和化することだといえる。このことは、アイヌの人々の先住地であるアイヌモシリ（蝦夷地、北海道）や琉球・沖縄では、より先鋭的な形で現れた。ちなみに、同じナショナル・アイデンティティを持たせる作業は、多数派のエスニシティの人々に対しても行われることも忘れてはならない。

以上のことから分かることは、フランス人やスペイン人や日本人というナショナル・アイデンティティを持つことは、何かとても自然な、ニュートラルな、無色透明な、非政治的なことあって、これに対して、国家と同一視されていないアイデンティティ、例えば、スコットランド人、カタルーニャ人、バスク人、琉球人というアイデンティティを持つことは[1]、何か不自然なこと、異常なこと、政治的なこと、偏狭なこと、である訳では必ずしもない、ということである。

フランス人やスペイン人や日本人というナショナル・アイデンティティを持つことは、多かれ少なかれ、意識的にせよ意識していないにせよ、国民（ネイション）形成というきわめて政治的な行為の結果だといえる。それにもかかわらず、同化を迫る多数派は、しばしばそのことに無自覚なまま、自分が国民（ネイション）形成、つまり国家ナショナリズムの只中にいることに無自覚なまま、同化に抗う少数派を何かきわめて特殊で異常なものと見てしまうことがあるところに、一つの政治的アイデンティティしか認めない国民国家（ネイション・ステイト＝ユニナショナル国家）の問題の難しさがあるといえるだろう。

もう一点、上記のことから分かることは、いわゆるシビック（市民的）・ナショナリズムといわれるものの、エスニックな側面である。ナショナリズムは、しばしば、シビック・ナショナリズムとエスニック・ナショナリズムの二つに分類されて説明されることがある。

シビック・ナショナリズムとは、イギリスやフランスやアメリカなどを念頭に置いたナショナリズムで、出自の如何を問わずにそのネイションのメンバーになることができるという点で、市民的で開放的で「正しい」ナショナリズムとされる。ただし、例えば、フランス人というナショナル・アイデンティティを強く持っている人が、自分はナショナリストだという自覚を持っているかというと、多くの場合は、その自覚は全くといっていいほどないであろうが。

(1) ちなみに、ここでいう例えばカタルーニャ人というアイデンティティは、フランス人というアイデンティティの下位アイデンティティとしてのカタルーニャ人やスペイン人というアイデンティティの下位アイデンティティとしてのカタルーニャ人ではない。

これに対して、エスニック・ナショナリズムとは、特定のエスニシティに立脚したナショナリズムで、あるいは、特定のエスニシティの人たちのみをネイションのメンバーに想定しているナショナリズムで、要するに、土着的で閉鎖的かつ排他的で、「悪い」ナショナリズムとされる。

だが、先に述べたように、国民（ネイション）形成とは、国家のすべての住民に多数派のエスニシティの言語・文化・歴史等を基準に創造したナショナル・アイデンティティを持たせることであり、例えばフランス国民（ネイション）の形成がフランス全土の北フランス化を意味したように、シビック・ナショナリズムといわれているものにも、色濃くエスニック・ナショナリズムの側面はあるのである。

また他方、国家ナショナリズム（国家単位での国民〔ネイション〕形成）とは対抗関係にあるマイノリティ・ナショナリズムは、しばしば、排他的で偏狭なエスニック・ナショナリズムだとのレッテルを国家ナショナリズムの側から貼られるが、例えば本書にも登場するスコットランドやカタルーニャのナショナリズムあるいは独立主義（スコットランドやカタルーニャは自己決定権〔自分たちのことを自分たちで決める権利〕＝主権を持つ政治的主体としてのネイションであると主張する運動）は、少なくとも現在、特定のエスニシティを必ずしも前提としないシビック・ナショナリズム的側面もかなりある。

さらにいえば、例えばスコットランドやカタルーニャの場合、多数派とは異なる独自のナショナル・アイデンティティを持ち、自己決定権＝主権を主張するのは、単に多数派とは異なる言語や狭義の文化や風俗風習を持つからという訳ではなく、むしろ、例えば、多数派よりもより民主的で公正で平等な社会を重視するといった世界観、政治文化、集合的メンタリティの違いによるところが大きい。あるいは琉球・沖縄の場合も、そのようなことがいえるかもしれない。

このことは、国民国家の問題点が単に常にエスニック間の対立、言語や狭義の文化などの対立にある訳では必ずしもない、ということを意味している。スコットランドやカタルーニャの事例が示しているることは、イギリスやスペインにおける世界の認識の仕方の違い、政治文化の違い、集合的メンタリティの違い、そして、それらの違いに基づくナショナル・アイデンティティの違いによる対立であることを示している。

ところで、ユニナショナル国家である国民国家の問題点をより緩和する可能性のある国家形態の一つは、国家内に自己決定権＝主権を持つ複数のネイションの存在を認めるマルチナショナルな国家であろう。自己決定権＝主権を持つ複数のネイションが一つの国家内に存在するということは、その国家は必然的に、主権を連邦政府と連邦参加国家（ステイト）で分有する連邦制に成らざるを得ない。すなわち、マルチナショナルな連邦制国家である。(2) スイスやベルギーなどを、マルチナショナルな連

(2) アメリカやドイツは、主権を連邦政府と連邦参加国家（ステイト）で分有する典型的な連邦制国家ではあるが、そこでは、自己決定権＝主権を持つ複数のネイションは想定されておらず、その意味で、ユニナショナルな連邦制だといえる。ちなみに、連邦制国家とは一種の国家連合であり、日本で州と訳されているものは、国家（ステイト）である。蛇足ながら、かつて日本で議論された道州制は、県よりも広域な行政体により大きい権限を付与するものであるが、その議論では多くの場合、主権を連邦政府と連邦参加国家で分有し、外交・軍事・中央銀行等を共同で連邦にて運営するという本来の意味での連邦制までは想定されていない。つまり、日本で議論されていた道州制の中身は、多くの場合、連邦制とは似て非なるもので、単一国家の分権化の議論に過ぎないものだった。

邦制国家の事例として挙げることができるだろう(3)。

そもそも、独自のナショナル・アイデンティティを持つがゆえに、自己決定権＝主権を主張する地域〔国家〔ステイト〕なきネイション〕が、その自己決定権＝主権を実現するには、何も独立が唯一の手段である訳ではない。自己決定権＝主権を主張する地域〔国家〔ステイト〕なきネイション〕が所属する国家が、自己決定権＝主権を持つ複数のネイションから構成されるマルチナショナルな連邦制になれば、問題のかなりの部分は解決されると思われる。だが、それが実現されないがゆえに、あるいは高度な自治権を意味する内的自決権が否定されたがゆえに、自己決定権＝主権を主張する地域〔国家〔ステイト〕なきネイション〕は、外的自決権〔独立の是非を問う住民投票を実施する権利〕の行使に向かわざるを得なくなっているといえる。

ただ、マルチナショナルな連邦制国家も万能ではないであろう。例えば、カタルーニャやバスクは、フランスとスペインにまたがって、分断されて存在している。このような場合、万が一にも、フランスとスペインがそれぞれマルチナショナルな連邦制国家になったとしても、カタルーニャとバスクは分断されたままである。ちなみに、多様なカタルーニャ・ナショナリズムのなかでも特に左派の一部のスローガンの一つは、「フランスでもスペインでもなく、カタルーニャ諸国！(Ni França, ni Espanya, Països Catalans!)」である。

では、ＥＵ〔欧州連合〕が、現在のような「既存国家の互助組合」から脱却して、国家〔ステイト〕なきネイションを包摂する巨大でより民主的な連邦制国家になれば、問題はよりよく解決するだろうか。しかし、現在のＥＵは、官僚的ＥＵに主権を制限されることを嫌うイギリスがそこからの離脱に向けて動いている一方で、他方では、より民主主義や多様性といった理念に蓋をして「既存国家の互助組合」的な側面を強めているようにも見える。

そして、独自のナショナル・アイデンティティを持ち、ネイションとしての自己決定権＝主権を主

(3) スイスでは、ドイツ語、フランス語、イタリア語、ロマンシュ語の4言語が公用語となっており、26ある州（カントン＝連邦参加国家）のうち四つの州では公用語が複数（3州で公用語が二つ、1州で公用語が三つ）ある。ベルギーには、フランス語、オランダ語、ドイツ語の三つの公用語があり、五つの連邦構成体がある。それは、三つの地域別政府および議会（フランデレン〔フランドル〕地域共同体、ブリュッセル首都地域、ワロン地域）と二つの言語別共同体政府および議会（フランス語共同体、ドイツ語共同体）である。地域別では、ブリュッセルのみがフランス語とオランダ語の2言語が公用語となっている。また、フランデレン地域とオランダ語共同体の行政府と議会は一元化されている（小川秀樹編著『ベルギーを知るための52章』明石書店、2009年）。カナダはマルチナショナルな連邦制に近い側面も持つが、本書の第6章にあるように、まだかなり不十分であり、それゆえに、ケベック・カナダ問題は全く解決していないといえる。他方、連合王国であるイギリスには、マルチナショナルな側面はあり、また、スコットランド、ウェールズ、北アイルランドの政治と議会には、1998年以降それ相応の権限が中央（ウェストミンスター〔イギリス政府および議会〕）から委譲されているものの、アレンド・レイプハルトなどはイギリスを分権化の行われた単一国家と分類しているように、イギリスは連邦制とはいえない。また、第4章や第5章で触れられるが、スペインの自治州制度は、マルチナショナルでも連邦制でもなく、つまり、マルチナショナルな連邦制とは似て非なるものである。マルチナショナル連邦制については、例えば次を参照。アラン＝G・ガニョン（丹羽卓訳）『マルチナショナル連邦制――不確実性の時代のナショナル・マイノリティ』彩流社、2015年。アレンド・レイプハルト（粕谷祐子／菊池啓一訳）『民主主義対民主主義――多数決型とコンセンサス型の36カ国比較研究〔原著第2版〕』勁草書房、2014年。

張する地域（国家〔ステイト〕なきネイション）が、もし万が一、マルチナショナルな連邦制国家内で自己決定権＝主権を実現する場合、あるいは独立国家として自己決定権＝主権を実現する場合、例えばその領域内に一つのナショナル・アイデンティティしか認めないというような既存の国民国家と同じ轍を踏むことになるのか、それとも新たな可能性の芽生えとなるのだろうか。

以上のような論点を念頭に置きながら本書を読んで、我々が、意識するにせよ意識しないにせよ、否が応でも日々接さざるを得ない国家と地域というものについて考える機会を読者諸氏が持って下されば幸いである。

第2章〈イギリス①〉スコットランドの独立運動とイギリス政治のゆくえ

山崎幹根

はじめに

イギリスは正式には「グレートブリテン及び北アイルランド連合王国（United Kingdom of Great Britain and Northern Ireland）」と呼ばれる。ブリテン島の北部に位置するスコットランドは、18世紀初頭にイングランドと合併するまでは別の国であったことから、歴史的、社会的な次元で、スコットランドという地域に由来する独自性を持っている。具体的には、現在も教会、司法、教育などの分野で独自の制度が維持されており、また、市民の多くが強い地域アイデンティティを持っている。ところが、本書で論じられている他国の独立運動が盛んな地域とは異なり、スコットランドに見られる地域アイデンティティは、異民族支配に対する抵抗や、少数言語・宗教を守る権利の主張に基づいているというよ

図　イギリス（グレートブリテン及び北アイルランド連合王国）

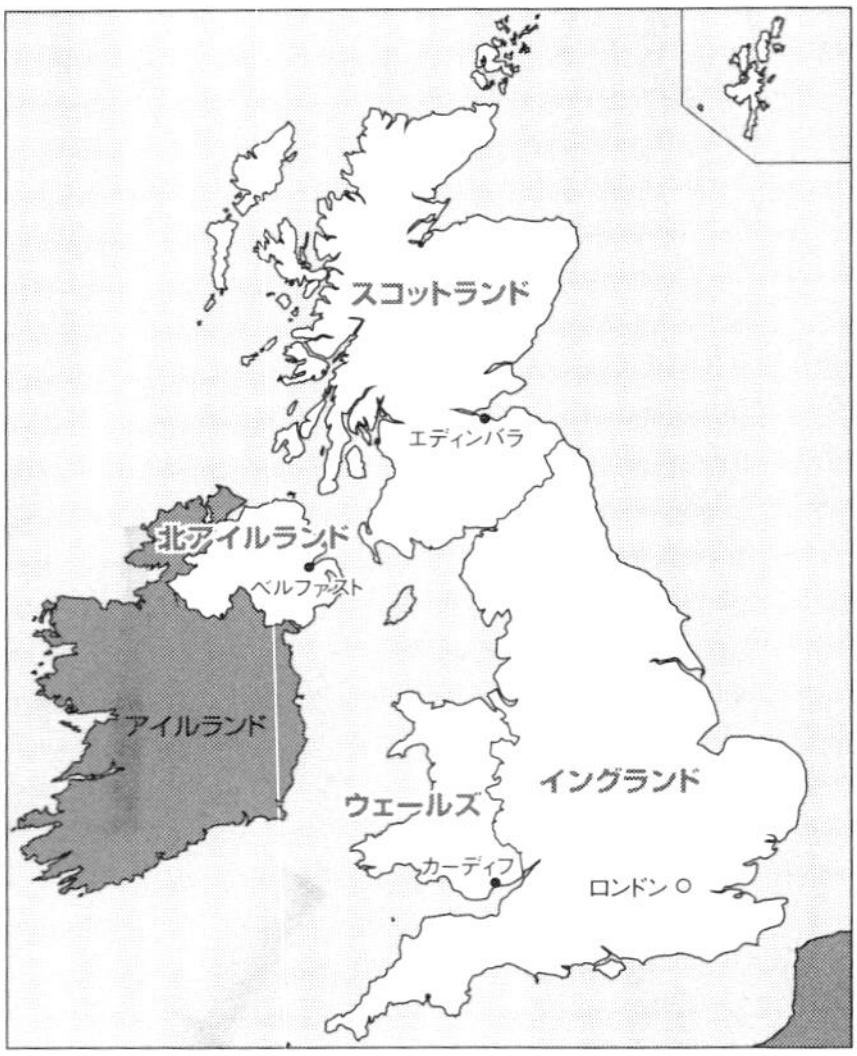

りも、イングランドと異なる形で発達した社会の成り立ちに由来しているという特徴がある。独立を志向するナショナリズムも、エスニック・マイノリティによる権利回復運動ではない。加えて、こうした歴史に基づいた独自性から単線的に、今日のスコットランド独立運動が導かれるわけではないことにも留意しなければならない。

周知のとおり、２０１４年には独立を問う住民投票が行われ、僅差で独立反対が多数となったものの、その後も独立を支持する市民の割合は、各種世論調査で約30～40％を占めている。また、独立を党是とする地域政党であるスコットランド国民党（the Scottish National Party――以下、ＳＮＰ）もスコットランドでは２００７年以降、政権党の座を維持し続けるとともに、スコットランド域内の下院議席数でも第一党であり、堅調な党勢を維持している。

本章では、２０１４年の住民投票から２０１６年のＥＵ（欧州連合）離脱を問う国民投票、そしてその後の総選挙に至るまでの経過を概観し、スコットランド独立運動の動向がイギリス政治に与える影響について論じる。そして、住民投票、国民投票の帰結には、近年の全国政府による緊縮財政と経済的な格差の拡大を主な要因として、既存の政治体制に対する批判、その中でも特に「民主主義の欠陥」に対する異議申し立てとしての意味が込められていたという背景を明らかにする。

1 スコットランド独立運動の歴史的背景

今日に至るスコットランド独立運動が興隆した契機は、1960年代後半に地域アイデンティティが政治的な意味を強めるとともに、独立を志向するナショナリズムが高揚し、SNPが躍進した時期にさかのぼることができる。1967年、SNPが下院補欠選挙で議席を獲得し、注目を集めた。その後も、SNPは1974年2月の総選挙で7議席、同年10月の総選挙で11議席を獲得するなど、既成政党にとっても無視できない政治勢力となった。SNPが躍進した背景には、イギリスの国際的な地位の低下によって、スコットランドがイギリスの一部として存在することの有意性が低下したこと、産業構造の違いを要因としたスコットランドとイングランドとの経済的格差の存在、さらには、全国政党である保守党と労働党が、スコットランドが抱える政策課題やナショナリズムの高まりに適切に対応することができなかったという事情があった。さらに、SNPはこの頃に発見された北海油田を「スコットランドの石油」と主張、独立運動を高揚させるため戦略的に利用した。こうしたSNPの躍進に対処するため全国政府は、王立委員会を設置し、イギリスという国家の枠組みの中でスコットランドをどのように位置づけるべきかを検討した。その後、委員会が提出した報告書を経て、全国政府はスコットランドに権限を移譲し、議会を設置する法案を国会に提出、1978年に可決された。

ところが、権限移譲を実行するために1979年3月に行われた住民投票では、約52%の賛成が得られたものの、成立のために特別な条件として付された40%の絶対得票率を確保できず、スコットランド議会の設置は実現しなかった。同年5月には総選挙が行われ、保守党が勝利しサッチャー政権が登場した。SNPも下院議席を大幅に減らすなど党勢は停滞し、また、議会開設を要求する運動も低迷した。

その後、1980年代から90年代の保守党政権によるスコットランド統治を経て、スコットランド市民の地域アイデンティティが強まり、SNPの勢力も再び強まった。こうした背景には、サッチャー保守党政権がすすめた重厚長大型の産業構造の解体、炭鉱の閉山や、競争原理の導入を主眼とした行政改革が、スコットランドに大きな打撃を与えたという事情があった。特に、1989年にイングランドよりも1年早く導入された人頭税（正式名称はコミュニティ・チャージ）は、多くの市民の反発を招き、抗議運動が各地で広がった。それとともに、スコットランド域内での保守党支持は急落し、選出される国会議員の数も少なくなった。そして、スコットランド市民は下院選挙で保守党に多数の支持を与えないにもかかわらず、全国レベルで継続した保守党政権が、スコットランドに大きな影響を与える政策を一方的に押し付ける「民主主義の欠陥（a democratic deficit）」という構図がスコットランド政治に形成された。

このような政治状況を打破し、スコットランドに自己決定権を確立するため、市民グループ、労働組合、地方自治体、宗教界の指導者らによって超党派のスコットランド憲政会議（the Scottish Constitutional Convention）が設立され、スコットランド議会の設置を求める運動が、1980年代末から次第に広がった。権限移譲に積極的である労働党、自由民主党はこの運動に参加した。一方、独立を主張するSNPは加わらなかったが、議会設置に対しては前向きの立場であった。保守党は議会設置に反対の姿勢を示した。

1997年5月に行われた下院選挙によって労働党政権が発足し、同年9月にはスコットランド議会の設置を問う住民投票が行われた。その結果、賛成多数により、内政の大半に関する一次立法権（法律制定権）と所得税の税率変更権を有するスコットランド議会の創設が認められ、下院でもスコットランド議会・政府を設置する根拠となる1998年スコットランド法が制定された。

スコットランド議会は73の小選挙区から選出される議員と、八つの区域からそれぞれ7名が選出される比例代表の56名の議員、合わせて129名の議員によって構成される。スコットランド議会で採用されている比例代表制は、小選挙区で議席を得られなかった政党が優先的に議席を割り当てられる方式であることから、スコットランド議会は常に多党制であり、連立政権や少数与党政権が常態化している。また、スコットランド議会は首相（First Minister）を選出し、首相が形成する内閣がスコットランド政府を指揮監督する議院内閣制を採用している。

小選挙区制である下院選挙では議席拡大に限界があったSNPは、こうした選挙制度にも助けられ、スコットランド議会で一定の議席数を確保し、地域政党としての座を安定的なものにした。SNPは、スコットランドのイギリスからの独立を党是としている地域政党である。1980年代以降断続的に、EC加盟、NATO（北大西洋条約機構）加盟を容認するなど、独立の進め方に関しても現実路線をとり、また、2004年には党組織体制の改革を行い、党運営の近代化を図ってきた。近年、SNP

は平等主義、公共サービスを重視した北欧型の社会民主主義をモデルとしている。それゆえ、競争原理、新自由主義的な行政改革を志向するイングランドとの違いを強調し、顔の見える親密なコミュニティで、人々が支え合いながら生活する社会を理想にしている。こうした理念を掲げ、保守党政権の緊縮財政や、福祉サービスの切り下げに反発する市民からの支持を集めながら支持を拡大している。

２００７年には、ＳＮＰは少数与党ながら初めて政権党となり、２０１１年選挙では、全国レベルの保守党・自由民主党の連立政権に対する不満、野党労働党への失望という有権者の他党への批判を集め、過半数を獲得した。ＳＮＰはスコットランド議会が設置されてから、政権党としての実績を重ねつつ、十分な統治能力を備えていることを示すことに成功した。

２　２０１４年９月　独立を問う住民投票

２０１１年に行われたスコットランド議会選挙でＳＮＰが過半数を獲得したことから、独立を問う住民投票の実施が急速に具体化し、２０１２年10月、全国政府のキャメロン首相とスコットランド政府のサモンド首相は、住民投票を実施することで合意した。

２０１４年９月18日、スコットランドでイギリスからの独立を問う住民投票が行われた。結果は反対が約55％、賛成が約45％となり、独立は実現しなかったものの、投票率は約85％に達し、また、16歳以上の若者にも投票権を与えるなど、いままで行われた各種選挙や国民投票・住民投票と異なるユニークな現象が随所で見られた。筆者も各地で繰り広げられるキャンペーンを方々で取材したが、独立賛成派、独立反対派による公式的なキャンペーンにとどまらず、市民が自発的にコミュニティ・レベルで企画したローカル・ミーティングと呼ばれる集会が各地で行われるなど、通常の選挙とは異なる多くの市民の関心の高さと、議論を行う機会の広がりを実感した。より具体的に投票結果を見れば、女性よりも男性、労働者階層、55歳以下の年齢層が独立賛成を支持した。また、グラスゴーやダンディーなど、経済的に低迷している地域を多く抱える四つの自治体では賛成多数となった。

キャンペーン活動の本格化に先立ち、2013年、スコットランド政府は独立の意義、そして独立したスコットランドの将来像をまとめた白書を公表した。そこでは、ウェストミンスター議会（ロンドンの国会）によってスコットランドに関する重要な政策が決められている現状を改めること、そして民主主義を刷新することを訴えていた。そして、1945年以来、68年間の中で34年もの間、スコットランドで多数派として選出されていない政党が全国レベルでは与党となり、スコットランドを支配してきたと批判、「民主主義の欠陥」を是正することに独立の大義があると主張した。そして、賛成派は、ロンドンの全国政府・国会のコントロールを離れ自己決定権を確立し、独自の福祉政策や経済政策を実行することによって、スコットランドで公正な社会を実現し、また、核兵器を撤去することによって平和な社会を実現することが可能になると訴えた。「民主主義の欠陥」の是正は、1990年代には権限移譲・議会開設を求める運動のスローガンであったが、今回は独立運動の大義を示すキーワードとして作用した。

住民投票キャンペーンの間、独立の是非に関して争われた最も大きな点は経済政策であり、その中でも通貨政策について議論が集中した。賛成派は独立後のスコットランドがイングランド、ウェールズ、北アイルランドとともに継続してポンドを使用するという通貨同盟構想を提案した。これに対して、独立反対派である保守党、自由民主党、労働党は、ポンドの共有という独立賛成派の主張を否定した。さらに、北海油田から産出される石油・ガスによって得られる税収の見通しについても、両派の見解が対立した。賛成派は税収のほとんどがスコットランドの独自財源となることの利点を強調する一方、反対派は、賛成派による税収の見通しが楽観的な試算によっていると批判、スコットランドは連合王国にとどまることによって多くの財政資源を得られていると主張した。

さらに、独立したスコットランドのEU加盟に関しても、賛成派は円滑な形で加盟に移行できると楽観視する一方、反対派は一から加盟要件が審査されることになり、多くの困難を伴うと批判した。また、スコットランドには核兵器を搭載した原子力潜水艦を配備した基地が置かれているが、賛成派はこれを撤去し、スコットランドを非核地域にすると主張、反対派はこれに反対した。総じて、以上の主要な争点に関して、両派は自らの主張の正しさを訴え続ける一方、議論は平行線をたどった。

独立反対派は、経済政策の諸争点に関し、賛成派の主張を退けるとともに、独立後のスコットランドが経済的困窮を極め、市民生活や公共サービスにも大きな打撃を与えることを強調するネガティヴ・キャンペーンを展開した（これは「プロジェクト・フィア Project Fear」――恐怖を煽り立てる戦略――と呼ばれた）。確かに、こうした言説は多くの市民の不安を高め、独立反対への働きかけとして一定の効果があったが、同時に、保守党政権のみならずロンドンの与野党政治家への反発を強める結果を招いた。その中でも、緊縮政策による福祉サービスの切り下げによって批判を浴びていた保守党とともに、スコットランドで最大の政治勢力であった労働党が反対のキャンペーンを行うことによって、労働党はスコットランドの利益を擁護しない保守党と同類に見なされるようになった。実はスコットランドでは伝統的に労働党の支持が強く、長年、最も多くの下院議員が選出されていた。1997年にブレア政権が誕生した時も、スコットランド選出の有力議員が何人も閣僚となっていた。ブレア政権の財務大臣であり、その後、首相になったゴードン・ブラウンもスコットランド選出の政治家である。ところが、労働党はスコットランドがイギリスの中にとどまることの意義や理念を、適切かつ有効に市民に説明できず、スコットランド市民からの信頼を失う結果を招いた。こうして、SNPや緑の党が独立賛成を訴える一方、保守党、労働党、自由民主党の全国政党が独立反対を唱え、「スコットランド対ウェストミンスター」という構図ができあがった。

投票結果は独立反対が多数となったものの、直前の世論調査では独立賛成が多数となる結果も現れるなど、当初の予想を大きく上回る賛成票が集まった。確かに、経済政策は最大の争点であったが、多くの市民が「損得勘定」に基づいて独立を支持したわけではない。SNP支持者をはじめとする従来からの独立賛成派にとどまらず、多くの市民が、独立によって確立しようとした民主主義的価値に共鳴し、賛成票を投じたという背景に留意する必要がある。

3　その後も続くSNPの躍進

住民投票によって独立が否決された後もSNPの党勢は拡大し、SNPへの入党者が急増した。2013年に約2万5000人であった党員数は、2015年には11万5000人を超えた。2015

年に行われた下院選挙では、スコットランドの全議席59の中でSNPが56議席を獲得するという結果となった。

2016年5月にはスコットランド議会選挙が行われ、SNPが129議席のうち63議席を獲得して第一党となり、3期目の政権を担うことになった。投票率は約56％と、2014年の住民投票の約85％、2015年の総選挙の約71％と比較すると低いが、5年前の投票率約50％よりも高い。今回から、選挙権の年齢を16歳に引き下げ、若者の政治参加を促した。他党の動向を概観すると、労働党が大幅に議席を減らし（37議席から24議席）、野党第一党の座を明け渡した。労働党の停滞は、党としての一体性を欠き、党首が毎年のように交代する状況の中、有権者にスコットランドがイギリスの中にとどまる大義を、そして独自政策を説得的に訴えることができなかったことにある。これに対し、保守党（15議席から31議席）と緑の党（2議席から6議席）が大幅に議席を増やしたことが注目される。

SNPは前回よりも6議席少なく、また、過半数よりも2議席少ない63議席であるが、堅調な党勢を維持したといえる。SNPは、小選挙区では前回を上回る約47％の得票率と6議席増を得たが、比例代表では前回を下回る約42％の得票率と12議席減の結果となった。これには、先に言及したように、スコットランド議会は小選挙区制と比例代表制を併用し、小選挙区で議席を確保できなかった政党に対して優先的に比例代表の議席を配分する方式を採用しているという要因が影響している。反対に、こうした選挙制度の下、今回のSNPのように小選挙区で多数の議席を獲得した政党には、比例代表の議席がほとんど配分されないように働く。また、事前の世論調査でSNPの大勝が予測され、他党が比例代表議席の確保に力を入れる戦略を採用したことも作用した。

スコットランド議会選挙キャンペーンの中で、SNPはロンドンの保守党政権との対決姿勢を鮮明にしつつ、2度目の独立を問う住民投票の可能性に言及し、その一方で、政権維持のために現実路線を堅守するという選挙戦略を展開した。2010年のキャメロン保守党政権の登場以降、緊縮財政と福祉サービスの切り下げが押し進められたが、これに対する多くの市民からの批判が高まった。SNP政権は、ロンドンの保守党政権対スコットランドのSNP政権という対決の構図の下、ロンドンの保守党政権との対決姿勢を鮮明にしていった。

ところで、マニフェスト（政党が有権者に提示する政策公約集。数値目標や期限、予算などを明記する）を示して、政策本位の選挙キャンペーンを行おうとするモデルはイギリスであることは、よく知られている。スコットランド議会選挙でも、各政党がマニファストを作成し、有権者に訴えるスタイルが見られる。ところが、実際の選挙戦は、マニファストに基づいた政策本位の議論を中心に行われているわけではない。

SNPは政権維持のために、選挙キャンペーン期間に明らかにした政策公約に関しても、現実路線を基調としていた。今回は政党間の政策論争の中で、スコットランド法の成立を受けて新たに移譲される行財政権限を、スコットランド議会・政府としてどのように活用するのか、特に、各政党がどのように税制改正を行うのか否かが問われた。ところがSNPは、スコットランド政府の新たな主要税源となる所得税、そして基礎自治体の税源であるカウンシル・タックスに関して大幅な改正には着手せず、現行制度を部分的に見直すにとどまった。一方、野党である労働党と自由民主党はそれぞれ、所得税の1％引き上げや、カウンシル・タックスを抜本的に改正する公約を明らかにした。さらに労働党は所得税の最高税率を50％に引き上げる方針を示した。こうした税制をめぐる各党の主張を通じた政策論争が期待されたものの、実際には盛り上がらなかった。その要因として、事前の世論調査でＳＮＰの大勝が確実視されており、現状維持路線が継続するものと受け止められていたことや、教育・福祉・医療保健政策の支出に関しては、各政党とも同様にサービスの拡充と予算の増額を主張しており、政策内容の違いが明確にならなかったことが考えられる。

一方、低調な政策論争とは対照的に、選挙キャンペーンは党首の個性を競うパーソナリティ・ポリティクスの様相を呈し、多くの有権者とメディアの注目を集めた。特に、ＳＮＰの党首であり、スコットランド政府の首相であるニコラ・スタージョン氏と、スコットランド保守党のルース・デビッドソン党首の2人の個性は際立っており、カリスマ的な政治指導者としてのイメージを創出することに奏功していた。

この点と関連し、今回の選挙戦で最も関心が高かった争点は、2度目の独立を問う住民投票を実施するかどうかであった。ＳＮＰのスタージョン党首は、２０１４年の住民投票の結果を受け入れつつも、今後、過半数を超えるスコットランド市民が独立を支持する場合、または、スコットランドを取り巻く政治的環境が大きく変化した場合、例えば、ＥＵ離脱を問う国民投票の結果、全英レベルではＥＵ離脱が多数を占めるものの、スコットランドでは残留が多数となった場合には、スコットランドには2度目の住民投票を行う権利があると主張した。このように、ＳＮＰは、独立賛成派の支持をつなぎとめ、独立運動の勢いを維持しようとした。

これに対して、保守党、労働党、自由民主党の全国政党は、前回の住民投票によって民意が明らかになったとして、2度目の住民投票の実施には強く反対し、SNPとの対決姿勢を鮮明にし、独立と住民投票の実施に反対する有権者の取り込みを図った。こうした対立の構図の下、デビットソン党首を擁するスコットランド保守党の支持が高まり、各種選挙で議席数の復調が見られる。

4 スコットランド法の改正と権限移譲

２０１４年の住民投票では、独立反対が多数となったが、投票日の直前、独立反対を確実なものにするため、キャメロン首相、クレッグ副首相（自由民主党党首）、ミリバンド労働党党首が揃って、スコットランドがイギリスにとどまる選択をした際には、スコットランドに対していっそうの行財権限を移譲することを公約した。２０１４年9月、キャメロン首相の公約を具体化するために委員会（委員長の名前にちなみスミス委員会と呼ばれる）が設置され、11月に委員会勧告が発表された。その後、同勧告に基づき、改正スコットランド法案が２０１５年に国会に上程され、２０１６年3月に制定された。主な移譲権限は、すべての所得税、間接税の10％分、航空税などの税源、一定の福祉サービスの権限が移譲されることとなった。また、スコットランド議会・政府の廃止に際しては、住民投票による承認を必要とする手続きを規定し、スコットランド議会・政府の法的な地位をより強固にした。こうした一連の改革により、保守党政権は、スコットランドは、世界で最も多くの権限を持つサブナショナルな議会・政府になると喧伝した。

スコットランド法改正の審議では、二つの争点に関して議論を呼んだ。一点目は税源移譲に関する事項である。スコットランド政府の財源の大半は、国からの一括交付金によって充当されていたが、今回の改正による税源移譲とともに、これに相当する額の一括交付金を削減することとなった。これは、改革の結果、スコットランド政府とイギリス政府の双方に損得を生じさせないという損失回避原則（no detriment principle）の下で行わなければならないとされていた。ところが審議が本格化した2015年秋頃から、税源移譲は中長期的にはスコットランドに不利に働く恐れがあると財政専門家から指摘され、貴族院でも同様の議論が行われた。これは、イングランドと比較してスコットランドの人口の伸び率が低いため、今回の措置によってスコットランドの税収が中長期的に減少することによる。最終的に、抜本的な見直しは5年後に先送りされることによって決着を見た。

二点目として、妊娠中絶の権限移譲に関して議論が高まった。これには、権限移譲に積極的な立場をとる労働党が、スコットランド議会に権限移譲された場合、様々なキャンペーン団体による圧力によって、妊娠中絶の要件を厳格化させる可能性があるとして、同権限の移譲に反対した。むしろ、妊娠中絶に関する権限は移譲するのではなく、下院と全国政府が権限を留保する方が望ましいとする議論があった。

このように、税源移譲をめぐる議論を振り返れば、規範論としては、国から交付される財政資源に頼るよりも、独自の税源を確保する方が自治の理念に即して望ましいが、スコットランド政府の安定的な財政運営を保障するわけではないという現実問題にどのように対処すべきか、という難問に直面することになった。妊娠中絶権限の移譲をめぐる議論でも、あるべき論としての権限移譲、自治の原則が実際に執行される方法が、すべての人々を満足させるわけではないことが明らかにされた。

5　2016年6月　EUからの離脱を問う国民投票

EU（欧州連合）はベルギーのブリュッセルに拠点を置く、超国家的機構である。欧州統合が推進される要因を歴史的にさかのぼれば、第二次世界大戦を教訓に、主要諸国間で戦争を行わず、加盟国が平和と繁栄を享受するという基本理念に求めることができる。一方、EU加盟国から選出される議員によって構成される欧州議会が設置されているものの、EU行政機構に対する統制は、一国を単位とした民主主義と比較すれば弱く、その「民主的欠陥（democratic deficit）」が指摘されていた。

イギリスの欧州統合への関わりを歴史的に振り返れば、大陸の主要諸国と一定の距離感を保ちながら、徐々に進められてきたことがわかる。イギリスの欧州連合への加盟は1973年と遅く、通貨もユーロではなくポンドを使用している。加盟国間を自由に移動できるシェンゲン条約にも加盟していない。さらに、大陸諸国と比較して農業者が少ないという産業構造に由来して、EUからイギリスに対して特別の払戻金制度がある。

イギリス政治では、イギリスがEUとどのような関係を築くべきかが常に問題とされ、特に保守党内部では、異なる二つの考え方の対立が続いていた。イギリスの憲法構造の最も基本的な原理の一つは国会主権であり、この立場からイギリスの主権行使が制約される欧州統合化に対する批判は常に存在した。一方、イギリスの発展のためにヨーロッパ大陸諸国との関係を緊密にすべきとする考え方も強く、時にこの両者の対立が先鋭化した経緯がある。キャメロン首相もEUをめぐる党内対立に頭を悩ませており、さらに、反ＥＵを掲げて保守党の支持基盤を侵食する形で勢力を伸長させてきたイギリス独立党（ＵＫＩＰ）に対抗するためにも、ＥＵ離脱の是非を問う国民投票の実施を明言した。本来であれば、保守党内部の「コップの中の嵐」であるＥＵ問題を、党首でもあるキャメロン首相が解決できなかったため、国民投票に持ち込まれたという見方もできる。国民投票のキャンペーンでは、キャメロン内閣の閣僚が離脱派と残留派に分かれて運動を展開し、保守党を二分する事態となった。

一方、労働党は公式的にはＥＵ残留を主張していたが、一部議員は離脱派として活動し、コービン党首の言動はキャンペーン期間中、終始消極的なものにとどまるなど、一貫性を欠いたものであった。こうした要因も働き、国民投票後、コービン党首は多数の労働党議員により不信任となり、改めて党首選挙が行われたものの、再びコービンが党首として選出されるという結果になった。

国民投票の結果、ＥＵ離脱支持は約52％、ＥＵ残留支持は約48％と、僅差でイギリスのＥＵ離脱が決定した（投票率は約72％）。国民投票に際して、多くの人々が僅差でＥＵ残留支持が多数になると考えていた。実際には、ＥＵ離脱支持が多数となり、キャメロン首相が辞任し、テリーザ・メイ氏が新しい首相になるなど、思いもよらなかった結果となった。

国民投票キャンペーンを、スコットランドで観察していた筆者の経験から振り返れば、当初、運動はあまり盛り上がっていなかった。5月第1週に、全英各地で地方選挙が行われ、先に説明したように、スコットランドでもスコットランド議会選挙が行われており、各党はこちらに精力を傾注していた。その後、ようやく両派による活動が本格化するものの動きが鈍かった。これにはいくつかの理由が考えられる。

まず、そもそもEUは市民から縁遠い超国家的機構である。たとえEUの政策が市民生活に直接作用していたとしても、政治家や専門家、あるいは補助金の受給や規制を受ける事業者や業界団体を別にすれば、日常生活の中でEUの存在や意義を実感することは難しい。実際、筆者が市民と国民投票を話題にしても、多くの人々がEUに対する懐疑や批判を口にしていたことが印象的であった。さらに、EUの平和、繁栄、連帯といった基本理念の主張は抽象的になってしまう傾向があり、市民に実感を伴った形で訴えることが困難であった。

さらに、特にスコットランドに限っていえば、市民や活動家たちが口々に指摘していたのは「投票疲れ」であった。スコットランドでは2014年9月に独立を問う住民投票が行われたが、これに先立って約2年前から運動が行われていた。その後も、15年に下院選挙が、16年にはスコットランド議会選挙が行われるなど、ほぼ毎年、投票を伴う大きな政治イベントが続いた。そこに続けて国民投票が行われることになり、キャンペーン団体、各党が即座に全面的な活動を展開したわけではなかった。スコットランドの各レベルの選挙で議席を有する主要政党は公式的には、EU残留支持派であったが、従来の諸選挙と比較すれば積極的な誘因に欠けることは否めない。

その後の選挙戦は、双方のネガティヴ・キャンペーンが過熱する形で進行し、スコットランド独立を問う住民投票でも指摘された、「プロジェクト・フィア」の手法が双方の陣営の運動に見られた。EU残留派、特にキャメロン首相やオズボーン財務大臣らは、イギリスがEUを離脱することによる経済的な打撃を強調する戦略を展開し、国民所得の減少、国民の税負担の増加、不動産価格の下落などの悪影響のおそれを訴えた。これに対して、EU離脱支持派は、投票日が近づくにつれ、イギリスの移民問題に焦点を当てることによって、支持を広げる運動を行った。特に、イギリス独立党（UKIP）のファラージ党首の独特なパフォーマンスが、メディアの注目を集めた。

このように、イギリスのEU離脱を問う国民投票の争点は経済政策と移民政策であり、特に、キャンペーンの終盤は、移民政策が盛んに議論された。確かに、移民政策は最大の争点の一つであったことは確かであるが、単純に「親移民対反移民」という単純な図式の下で、大多数の有権者が投票を行ったわけではないことに留意しなければならない。

筆者は国民投票の直前、北海道大学の同僚の遠藤乾教授と、朝日新聞ブリュッセル支局長によるイングランド中部のグランサムとボストンでの現地取材に同行する機会を得た。グランサムはマーガレット・サッチャー元首相の生誕地で、保守党の強い地域である。ボストンはグランサムから東へ約1時間ほどの港町で、国民投票の結果、全英で最も離脱派の割合が高かった地域として注目を集めた。同行取材で話す機会を持つことができたEU離脱派であるUKIPの活動家は、中高年、白人の自営業者、地方議員という属性の人々が多く、メディアを通じて伝えられるエキセントリックな政党というイメージとは対照的であった。

彼（女）らが共通して訴えていたのは、保守党政権が進めてきた緊縮財政によって、全国政府から地方政府への財政資源の配分が減少し、地方政府が人員の削減や公共サービスの切り下げを余儀なくされている現状であった。そして、こうした状況の下で、ポーランドやリトアニアなど東欧からの大量の移民が、特定の地域に集中することによって、地域社会へ大きな影響を与えているのだと訴えていた。例えば、子どもの学校のクラスの半分以上の生徒が英語を話すことができない、公営住宅への入居の順番待ちが長くなる、かかりつけ医の予約が取りにくくなるといった公共サービスの低下が指摘されていた。さらに、移民労働者が低賃金かつ厳しい労働条件の下で働くので、このことによって直接的な形で地元住民の職が奪われるわけではないが、労働環境全体を低下させる形で作用していることへの批判が聞かれた。

そして、こうした状況をロンドンの全国政府に訴えても解決されない現実があり、また、2015年の下院選挙でUKIPが約400万票の得票を獲得してもわずか一人の国会議員しか選出できない現行の政治制度に対する強い不満を抱いている。ましてや、EU本部のブリュッセルには自分たちの声が反映されない現状がある。これに対して、UKIPの活動家らは、自分たちの生活の質を自分たちでコントロールしたい、自分たちの地域のあり方は自分たちで決めたいとの思いを強くしていた。彼（女）らは異口同音に、自分たちは決して人種差別主義者ではないと強調し、こうした現状を少しでも改善したいという思いから、EU離脱を支持するキャンペーンを行っているのだと訴えていた。

これに対し、公式的にEU残留支持を訴えた保守党、労働党は、説得力を持たせる形で、EUの意義を国民に訴えることができなかった。また、移民急増地域に対して、その影響を緩和するような対策を打ち出すこともなかった。

また、今回の国民投票では、イングランド北部の地域で、EU離脱支持が顕著に表れたことにも注目が集まった。その背景には、緊縮財政、公共サービスの低下の影響を受ける一方、経済のグローバル化の恩恵を受けることのない旧来の労働党支持層であるブルーカラー層、サービス業従事者らが、EU離脱を支持したことが指摘されている。また、イギリス全体でも、近年、貧富の差、格差が拡大していることが指摘されており、フードバンク利用者の増加、ホームレスの増加、子どもの貧困の深刻化が、しばしばメディアで伝えられている。このように、ＥＵ離脱をめぐる国民投票の背景には、グローバル化の進展による経済構造の変化、行政改革や緊縮財政に伴う公共サービスの低下によって影響を受けた人々の、既成の政治体制に対する異議申し立てという面があった。

スコットランドの住民投票、そしてＥＵ離脱を問う国民投票も、既存の政治体制に対して不満を持ちながらも政治的な影響力を持ちえなかった人々の、異議申し立てとしての機会であった点に共通性を見出すことができる。スコットランドの住民投票では、「民主主義の欠陥」への異議申し立てであり、ＥＵ離脱を問う国民投票では、「決定権を取り戻す（take back control）」がスローガンとして多用された。それゆえ、自己決定権の確立という訴えが、予想を超えて多くの人々の共感を得た。

イギリスの政治は、小選挙区制の下で保守党と労働党の二大政党が周期的な政権交代を繰り返しながら行われてきた。これに対して、住民投票、国民投票で表れた現象は、既成の政治体制が、政策課題解決能力、そして統治力を低下させていることを象徴している。換言すれば、イギリス全体を統合するための価値、理念、社会経済体制がその力を失いつつあるといえる。それゆえ、スコットランドではＳＮＰが、イングランドではＵＫＩＰが躍進するという現象が生じたのであった。

６　２０１７年下院選挙と今後のゆくえ

ＥＵ離脱を問う国民投票の結果、イギリス全体では離脱が多数となったのに対し、スコットランドでは残留が多数を占めた。ＥＵ残留支持が約62％、離脱支持が約38％、投票率は約67％であった。また、スコットランド域内の32の地方政府すべてで、ＥＵ残留支持が多数となった。

スコットランドはイギリスという国家の内部ではブリテン島の北辺の地にある。ところが、ＥＵ域内で位置付ければ、決して辺境ではなく国境を越えて、多くの国々と社会経済的な関係を築くことによって、国際交流の促進、経済的な発展が容易になるし、実際に他のＥＵ諸国との多様な結びつきが見られる。さらに、１９８０年代にサッチャー政権が反ＥＵの立場を鮮明にするにつれ、そして、スコットランドで反保守党の機運が強まるにつれて、スコットランドでは市民のＥＵに対する理解と共感が高まった。さらに、イングランドと比較すれば、人口に占める移民の割合が低く、移民が特定の地域に集中する現象はあまり見られない。こうした諸要因を背景に、スコットランドではイングランドよりも親ＥＵの市民の割合が高かった。

ＥＵに対するスコットランドとイングランドとの政治的な差異は、国民投票の結果を受けていっそう明白になった。こうして、２０１６年のスコットランド議会選挙キャンペーンで、スタージョン首相が主張していた2度目の独立を問う住民投票を行う条件が整ったといえる。実際、２０１７年に至り、スタージョン首相はＳＮＰの堅調な党勢を背景に、全国政府のメイ首相に対し、2度目の住民投票実施を迫った。これに対し、メイ首相は、イギリスがＥＵ離脱の交渉を進めている現在は、適切な時期ではないとして、スタージョン首相の主張を退けた。

２０１７年、メイ首相はＥＵ離脱交渉を有利に進めるための権力基盤を強化することを目論み下院を解散、総選挙に臨んだ。ところが解散時の見込みとは大きく異なり、保守党は12議席減の３１８議席に終わり、過半数を下回る結果に終わった。一方、労働党は30議席増の262議席と躍進した。下院選挙全般を振り返れば、EU離脱は最も重要な争点とはならなかった。選挙キャンペーンでは、保守党は多くの人々にとって負担の増加を伴う高齢者ケア政策の見直しを提起したものの、強い批判を浴び支持率を落とす結果を招いた。確かに保守党は、従前のUKIP支持層の取り込みを図ることによって得票率を高めたものの、労働党の躍進を許し、議席確保に失敗した。一方、迷走状態にあるように思えた労働党は、選挙キャンペーンでの保守党の失敗を見逃さず、また、緊縮財政と公共サービスの低下に対する有権者の批判の受け皿となることに成功、マニフェストでは、鉄道、郵便、水道など公共サービス供給者の公有化、企業や富裕層への増税、イングランドの大学授業料の無料化、国民保健医療サービス（NHS）への支出増など、伝統的な「大きい政府」を志向した福祉国家路線を訴えた。労働党は、多くの若年層の支持を獲得し、党員も急増、コービン党首の人気がにわかに高まるなどの現象が見られた。

スコットランドでは、SNPは2度目の独立を問う住民投票の実施を有権者に訴え、選挙キャンペーンに臨んだものの、21議席減の35議席の結果にとどまった。国民投票の結果、イギリスのEU離脱が決定したものの、全英レベルでもスコットランド地域でも、経済や財政を目に見える形で悪化させているわけではない。保守党政権がスコットランドに対して「ハード・ブレグジット（急激な変化を伴うEU離脱）」を押し付けるという事態が顕在化しておらず、SNPによる反保守党政権との対決姿勢を鮮明にした選挙戦略が必ずしも多くの有権者に受け入れられなかったと見ることができる。今回の選挙では、前党首であり前首相であったアレックス・サモンド氏や、副党首であったアンガス・

ロバートソン氏など有力議員が落選した。地元メディアによれば、こうした背景には、SNPがスコットランドで長期にわたり政権党としての地位を占め、他党をしのぐ政治勢力になるとともに現実路線に徹し、あらゆる利害をまんべんなく取り込む包括政党化したことに対する批判が存在するものと指摘されている。今回、SNPが議席を落としたのは農業、漁業が盛んな地域であり、また、コービン党首率いる労働党のように格差是正を訴えて高福祉高負担路線を明確にするわけでもなかった。

これに対して保守党はデビットソン党首を前面に押し出し、SNPが主張する2度目の住民投票実施に消極的な有権者の支持を集めるとともに、イングランドの保守党との違いを鮮明にする戦略が功を奏した。実際、年金生活者の暖房費補助の見直しに反対してこれを撤回させ、スコットランドに経済的打撃を与えることが懸念されるハード・ブレグジット路線に異議を唱えるなど、スコットランドの利益を鮮明に主張する姿勢に徹した。

今回の下院選挙の結果を受けて、直近での2度目の独立を問う住民投票を実施する可能性は遠のいたと思われる。しかしながら、SNPの党勢の動向とは別に、各種世論調査では依然として30～40％の割合で独立を支持する市民が存在していることが明らかになっている。今後、全国政府がどのような条件の下でEUから離脱するのかが具体化する中で、離脱条件がスコットランドの利益を侵害する状況が明らかになれば、再び独立を求める運動が盛り上がる可能性がある。

本章では、スコットランドの独立を問う住民投票、EUの離脱を問う国民投票とその後の動向を概観した。二つのレファレンダムの背景には、多くの市民の既存の政治体制に対する「異議申し立て」

という意味が込められており、「民主主義の欠陥」「決定権を取り戻す」といったフレーズが用いられ、自己決定権の確立という訴えが多くの共感を得た。一方、戦後のイギリス政治を担ってきた保守党と労働党の二大政党が、政策課題の解決能力を、統治力を低下させ、イギリス全体を統合するための価値、理念、社会経済体制が、グローバル化の進展とともに、訴求力を希薄化していることが明らかになった。全国政党が今後、経済的な格差の課題へ対応することができるか、政治的な思考の違いを明瞭にしつつあるスコットランドとイングランドを包括する連合王国の理念を示すことができるかが問われている。一方、SNPをはじめとする独立支持派も、前回の住民投票の際に争点となった、通貨をはじめとした経済政策、財政的自立の見通し、全英レベルでEUから離脱が進む中でのスコットランドのEU加盟の道筋などの難問に対し、説得力を持つ形で対応しなければならない。さらに、すべての政治勢力が、それぞれのレファレンダムや各種選挙のたびに表面化する変動の激しい投票行動、移ろいやすい世論と、どのように向き合ってゆくのかが問われている。

※備考：本章に関する事実経過に関しては、スコットランドの日刊紙 *The Herald* およびBBCスコットラドの報道を参照した。

【参考文献】

今井貴子（2016）「分断された社会は乗り越えられるのか――EU離脱国民投票の後のイギリス」『世界』2016年9月号

遠藤乾（2017）『欧州複合危機――苦悶するＥＵ、揺れる世界』中公新書
クレイグ・オリヴァー（2017）『ブレグジット秘録――英国がＥＵ離脱という「悪魔」を解き放つまで』（江口泰子訳）光文社
倉持孝司編著（2018）『「スコットランド問題」の考察――憲法と政治から』法律文化社
高安健将（2018）『議院内閣制――変貌する英国モデル』中公新書
ブレイディみかこ（2017）『労働者階級の反乱――地べたから見た英国ＥＵ離脱』光文社新書
山崎幹根（2011）『「領域」をめぐる分権と統合――スコットランドから考える』岩波書店
――（2014）「世界の潮――スコットランド住民投票の普遍的意義」『世界』２０１４年11月号
――（2016）「世界の潮――躍進を続けるスコットランドの地域政党ＳＮＰとＥＵ国民投票のゆくえ」『世界』２０１６年７月号
若松邦弘（2018）「『普通の人』の政治と疎外――ＥＵ問題をめぐるイギリス政党政治の困難」宮島喬・木畑洋一・小川有美編著『ヨーロッパ・デモクラシー』岩波書店

第3章〈イギリス②〉
北アイルランド自治の現状と課題

福岡千珠

はじめに

北アイルランドの自治の現状を考えるにあたって、まず一枚の写真を見てみたい（次頁）。２０１３年12月に二人の「首席大臣」が日本の安倍首相を首相官邸に訪問した際の写真である。安倍首相の右にいるのが、Ｐ・ロビンソン北アイルランド首席大臣である。当時ＤＵＰ（民主ユニオニスト党）の党首であった。左にいるのが、Ｍ・マクギネス同副首席大臣であり、当時シン・フェインの党首であった。

なぜ安倍首相が一人なのに対して、北アイルランド側は二人も「首席大臣」が来ているのか。首席大臣（First Minister of Northern Ireland）に対して副首席大臣（Deputy First Minister of Northern Ireland）はその

北アイルランド自治政府のロビンソン首席大臣（右）と握手する安倍晋三首相。左はマクギネス副首席大臣［提供：時事］

補佐や代理を務めるポストなのだろうか。

実は、副首席大臣は、首席大臣の「代理」ではない。両者は同じ権限と責任を持つとされ、両者の合意のもとでのみ、決定を下すことができる。つまり、二人そろわないと権限を持たない。いわゆる副大統領や副首相とは根本的に意味が違う。また、首席大臣が議会の最大政党から、副首席大臣が二番目に大きい政党から指名される。事実上、北アイルランドの最大ユニオニスト政党、最大ナショナリスト政党（２０１７年以降はそれぞれＤＵＰとシン・フェイン党）という、対立するイデオロギーを持つ二つの政党から首席大臣、副首席大臣が指名されることになる。もし両者がそれぞれの政党から指名されなければ、自治政府は事実上機能を停止する。つまり、対立する政党から一人ずつが指名され、その二人が協働できなければ北アイルランド政府は成立しなくなる。対立する二つのコミュニティのうち、どちらかが権力を独占し、他方を無視して政治を進めないようにするための北アイルランド独自の制度である。

２０１３年に日本を訪れたロビンソン首席大臣とマクギネス副首席大臣の時代は、２００８年と２００７年に両者が各々のポストに指名されたのち、二人の間で強い信頼関係が構築され、北アイルランド自治が機能していた。それでは、現在はどうなっているのだろうか。

簡潔にいえば、２０１７年1月以来、副首席大臣のポストは空席となっており、それが原因で自治政府は停止状態にある。写真のマクギネス副首席大臣が２０１７年1月に新しい首席大臣Ａ・フォスターの再生エネルギー問題に抗議するために辞任し、それ以降シン・フェイン党から新しい副首席大臣が指名されない状態が続いているためである。フォスターはロビンソンの後任としてＤＵＰから指名されたが、彼女がエネルギー大臣であった時代に、再生エネルギー政策に関する税金の不透明な使途があったのではないかと批判されていた。マクギネスの辞任後、期日までにシン・フェイン党から新しい副首席大臣が指名されなければ解散総選挙となることが決まっていたが、結局指名されず、２０１７年3月2日に解散総選挙が実施された。総選挙の結果は、第一党ＤＵＰ、第二党シン・フェイン党で変わらず、自治政府を構成するには再びシン・フェイン党が副首席大臣を指名する必要が生じた。しかし、その後もシン・フェイン党は副首席大臣を指名せず、２０１９年6月現在いまだに自治政府が再開されない状況にある。

北アイルランドの自治は、前述の「首席大臣／副首席大臣」のように、英国の他の自治議会や自治政府とは異なる特殊な制度の上に成り立っている。それらは、北アイルランド紛争の和平合意において導入された「多極共存型民主主義」の一環である。「多極共存型民主主義」は、北アイルランドで30年近く続いた紛争のあと、ユニオニストとナショナリストという二つのコミュニティ間の対立・分断を前提とし、その安定的共存を目指して導入された。しかし、前述のように現在その北アイルランド型「多極共存型民主主義」が停止しており、今後どのような形で「自治」を再開し、継続してゆくのかが問われている。

これらの点をふまえ、本章では、以下の点について明らかにする。①紛争と和平を経て、北アイルランドの「自治」はどのように変わったのか、②ベルファスト和平合意で目指された政治システムはいまどのように機能し、どのような問題点があるのか。また自治議会が停止している中、その空白を埋めようとする新たな試みについても言及する。

1　分断と自治

北アイルランドの自治は、歴史的に三つの時代に分けられる。ユニオニスト統治による自治の時代、紛争により自治が停止された直接統治時代、そして和平合意により再開された新しい自治の時代である。現代の新しい「自治」の仕組みは、それ以前の時代の自治のあり方に対する反省に基づいて形成されたといってよい。ここでは、現代の「自治」の制度について述べる前に、それ以前の二つの時代の「自治」について見ておきたい。

北アイルランドの自治は、アイルランドを二つに分割した「分断（Partition）」とともに始まった。20世紀初頭、アイルランドには英国からの独立を求めるナショナリストと独立を望まないユニオニストが存在した。前者の多くがカトリック教徒であったのに対し、後者はプロテスタントであり北部に多かった。英国政府は当初アイルランドを分割することは考えていなかったが、相いれない主張を持つ二集団に対し、次第に妥協策として、アイルランドを南北に分割し[1]二つの自治地域を置くことを考えるようになる。１９１８年の総選挙でナショナリストの政党シン・フェイン党が大勝し、アイルランド議会（Dáil）の成立を宣言したが、それを認めない英国はナショナリストと戦いを続けるとともに、１９２０年にはアイルランド統治法によりアイルランドを南北に分割し、北部アイルランドに自治を与えた。分割によって北アイルランドとなった地域には、ユニオニストだけではなく、人口の４割ものカトリック住民が居住しており、相いれない主張を持つ住民が一つの地域に共存する結果となった。

１９２２年から紛争で停止する１９７２年まで継続した北アイルランドの自治の特徴は、一つ目に、それが当初より例外的に強い自治権を持っていたことである。独自の上院と下院を持ち、英国議会で成立した法律は北アイルランド議会で議論し、導入するかどうか決めることができた。「外交」と「税」以外の分野に関して独自の立法が可能であった。

英国の他の地域との違いが大きかったのが選挙制度である。北アイルランドでは独自の、差別的な選挙制度が長く維持されていた。(2) 例えば、英国の国政選挙では１９１８年に男性の財産資格が撤廃されるなど段階的に普通選挙が実現されていたが、北アイルランド議会の選挙では事業用の土地の所有

（1）その後、１９２１年に英愛条約が調印され、アイルランド南部26州はアイルランド自由国として自治領の地位を得、１９４９年にアイルランド共和国として完全独立した。
（2）北アイルランドでは、英国の総選挙に加えて、北アイルランド議会の選挙と地方自治体の選挙が行われていた。

者に一票を与える事業者投票制が１９６８年まで継続していた。また、地方自治体の選挙では、英国では戦後廃止された財産資格制度が継続し、土地の税を払っていることが投票の要件であった。また土地所有者は、複数の区で土地を所有または借用している場合は複数の区で投票が可能であった。これらの制度は、経済的に劣ったカトリック住民には不利に働いた。実際、自治議会では、ユニオニスト政党であるアルスター・ユニオニスト党（ＵＵＰ）が１９２２年から１９７２年まで政権を独占し、地方自治体でも多くの地域でユニオニストが支配するところとなっていたのである。その結果として、公営住宅や雇用の配分などの点で、カトリック住民を差別し、プロテスタント住民を優遇するなど不公平が横行することとなった。カトリック住民やプロテスタントの労働者階級などのマイノリティの意見が政治に反映されないことがこの時代の自治の大きな問題であり、のちに紛争の原因となる。

このように、この時代の北アイルランドの自治では、中央政府との距離も大きく、独自性の高い制度が維持されていた。そして、その制度の下では、ユニオニスト政党によるユニオニスト住民のための政治が行われており。住民の４割を占めるカトリック住民の意見はほとんど政治に反映されることはなかった。

2　「自治」なき時代

１９７０年代以降、北アイルランドでは公民権運動をきっかけに、カトリック・ナショナリストとプロテスタント・ユニオニスト間の対立が激化していった。現地では、１９６８年から１９９８年までの一連の北アイルランドにおける紛争を指して「紛争（the Troubles）」と呼ぶ[3]。この時代には、北アイルランドの自治は停止している。北アイルランド自治政府では紛争の激化に対処できないと見た英国政府が、1972年に自治を停止し、直接統治に踏み切ったためである。これは事実上、北アイルランドのユニオニスト政権から権限を奪う措置であり、ユニオニスト側からの不満を引き起こした。直接統治が開始された際は、いずれ自治を再開することが想定されていたが、結果として1973年から74年の一時的な中断をはさんで25年以上も継続した。

直接統治のもとでは、北アイルランド自治政府の代わりに、中央に新設した北アイルランド省が行政を担当することになった。北アイルランドの立法は、北アイルランド自治議会ではなく、英国議会で議論されることとなった。

中央政府はまた、公民権運動が批判したカトリック住民に対する差別の多くが、地方自治体レベルで行われているという認識のもと、1972年に地方自治体の組織改革に着手した。この改革では、まず地方自治体を26のディストリクト・カウンシルに削減すると同時に、それらの選挙をすべて単記移譲式比例代表制（後述）に変更した。さらに、地方自治体の権限を大幅に制限し、中央政府か新設されたクァンゴ（特殊法人）に移転した［Birrell and Gormley-Heenan 2015: 131］。また、中央政府は北アイ

（3）紛争の直接のきっかけとなったのは、1968年に始まった公民権運動であった。大学生らを中心に、カトリック住民の平等な権利を求めて、行進などの抗議運動が展開された。具体的には「一人一票」の実現や地方自治体による公営住宅の平等な配分を求めて行進が行われた。

ルランドから権限を奪うばかりではなく、何らかの形で地域の住民と連携しようとし、紛争のさなかに新しく生まれたボランタリー・コミュニティ（地域）・グループを積極的に支援した［Birrel and Gormley-Heenan 2015: 185-186］。これらのグループは、社会福祉サービスの提供などを担い、政党でも準軍事組織でもない新しい地域のアクターとして力を持つようになる。以上のように、直接統治時代は、中央政府の介入により北アイルランドにおける自治が大きく縮小し、中央政府が行政・立法を担うことによって社会の安定が目指された。一方で、クァンゴやコミュニティ・グループなどの地域の新しいアクターが中央政府と連携し、自治の停止によって果たされなくなった機能の一部を担うこととなった。紛争という非常事態であり、住民が平和的な手段によって北アイルランドの政治に自らの声を反映させるすべを持たなかったことが、この時代の特徴であるといえよう。

3　ベルファスト和平合意後の「自治」

紛争は30年近く続いたが、１９９８年に、英国政府、アイルランド共和国政府と、北アイルランドの8の政党の間でベルファスト和平合意（the Belfast Agreement）が締結され、和平に至るとともに、新しい形の自治の枠組みが合意されることとなった。同年北アイルランドとアイルランド共和国で国民投票が行われ、その内容が承認された。新しい自治の枠組みは、どのような特徴を持つのだろうか。また、１９９８年に締結されたベルファスト和平合意とはどのような内容なのだろうか。ベルファスト和平合意は、「憲法上の問題」から「武装解除」など多岐に及ぶ、11条から成る文書である。中央政府から権限を委譲し、北アイルランドで自治を再開するために締結された。北アイルランド社会にはナショナリスト・コミュニティとユニオニスト・コミュニティの間で対立があることを前提としつつ、そのどちらが多数派になったとしても権力を独占できない仕組みづくりがなされている。1998年以降の北アイルランド社会は、あらゆる点でこの和平合意の内容に基づいて構築されている。

ベルファスト和平合意で定められた北アイルランド自治政府は、オランダの政治学者A・レイプハルトの多極共存型民主主義の考えをもとにしている。「多極共存型民主主義」とは、ベルギー、オランダなど様々な社会的分断がある社会において、安定的に機能するために考えられた民主主義の仕組みである。「複数の民族集団が存在している社会において、各民族を単位として権力を分有することで民族間の政治的対立を管理し、平和と民主政治を実現・維持する政治システム」〔三竹 2012: 25〕を指す。北アイルランドの場合は、ユニオニストとナショナリストというコミュニティ間の共存が目指されている。

「多極共存型民主主義」は、既存の多数決型民主主義（ウェストミンスター型民主主義）に対して、コンセンサス型民主主義とも呼ばれる。多数決型民主主義では、多数決ルールによって物事が決められるが、多極共存型民主主義では多数決では反映されることの少ない少数派の声をできる限り反映できるよう「『多数派』の規模を最大化」〔Lijphart 1999=2005: 2〕しようとする。多数決型では、過半数を獲得した政党が内閣を構成し、多数派に政治権力が集中するのに対し、多極共存型民主主義では「多数派」の規模の最大化が目指され、少数派政党も内閣に参加することで政治権力の共有・分散が目指される。

北アイルランドの多極共存型民主主義は、その四つの指標である、①行政におけるコミュニティ横断的な権力分有（power-sharing）の原則、②政府および公共セクターにおける比例原則、③少数派拒否権の原則、④コミュニティ・レベルの自治と文化領域における平等の原則を満たしていると評価されている［O'Leary 1999: 67-68］。それぞれの原則は、北アイルランドではどのように実現されているのだろうか。

まず、権力分有の原則については、ベルファスト和平合意では、北アイルランド社会の「すべてのセクションがこれらの機関に参加でき、その運営にともに関われること」を保障するための保障条項がある。それによれば、議員はみな、「ユニオニスト」「ナショナリスト」「その他」のいずれであるかを表明する必要がある。そのうえで、政府を率いる首席大臣、副首席大臣は、「ユニオニスト」「ナショナリスト」「その他」のうち、それぞれ最大グループの最大政党、次に大きいグループの最大政党から選出される。(4)また、閣僚ポストは各政党の議席割合に応じて、ドント方式で配分される。つまり、与党が閣僚ポストを独占せず、少数政党からも閣僚が選出され、大連立となる。以上のような制度によって、行政府内部に必ず相対立するコミュニティの政党が存在し、その間で必ず妥協・調整を図らなければならない仕組みとなっている。それゆえ、北アイルランドの行政府では、ナショナリスト政党とユニオニスト政党が共同で行政を担うことが事実上義務付けられている。

次に、「政府および公共セクターにおける比例原則」は、政治に、多数派だけではなく、より多くの有権者の意見を反映することを狙いとしている。すでに述べたように、行政府の閣僚ポストはドント方式で配分される。議会内の委員会の議長、大臣、委員も各政党の議席率に比例して配分され、多数派の政党が独占することはない。また、北アイルランド自治議会選挙および地方自治体の選挙は、有権者が候補者に選好順位を記入する単記移譲式比例代表制（ＳＴＶ：Single Transferable Vote）によって行われる。ＳＴＶでは、特定の候補者が、当選に必要な得票数以上を獲得した場合，その余剰票は順番に他候補に移譲される。単記移譲式比例代表制のもとでは、候補者は自分の支持基盤となる民族や集団だけではなく、より広い範囲の人々に自らの主張を訴えかけ、理解を得る必要があるとされる。ただし、単記移譲式比例代表制がそのようなインセンティヴとして働くには、選挙区が非常に多様な住民によって構成され、議席が僅差で争われる場合に限られる点も指摘されている［O'Flynn 2010: 583］。

三つ目に、「少数派拒否権の原則」がある。拒否権の導入によって、少数派が多数派の横暴におびえずに、政治に参加できるようにすることを目指す。北アイルランドの拒否権は、「コミュニティ横断投票」と呼ばれ、予算配分などの事項で、議会全体の過半数だけではなく、以下のいずれかの「コミュニティを横断した」同意が必要となることをいう。一つは「並行同意」といい、ユニオニスト議員団とナショナリスト議員団の過半数の同意が必要となる。もう一つは「加重多数決」といい、議会全体の60％の同意に加え、ユニオニスト議員団とナショナリスト議員団の40％以上の同意が必要となる。この拒否権はすでに定められた事項で行使されるだけではなく、30人以上の議員が「懸念請求

（4）ベルファスト和平合意では、首席大臣・副首席大臣の指名もこのコミュニティ横断投票を必要としていたが、２００６年のセント・アンドルーズ協定の際にルールが改訂され、コミュニティ横断投票は不要となった。

（petitions of concern）」に署名すれば、それ以外の事項でもコミュニティ横断投票に変更できる。いずれの場合も、特定の事項においてユニオニストとナショナリスト議員団どちらかの同意のみで決定できなくするための仕組みとなっている。

最後に、「コミュニティ・レベルの自治と文化領域における平等の原則」では、それぞれのエスニック集団に教育や文化領域における自治と平等を認め、各集団のエスニック・アイデンティティの維持を保証することが目指される。和平合意では、二つのコミュニティの文化領域における平等を認めることが明記されている。

このように、ベルファスト和平合意で定められた枠組みには、レイプハルトの「多極共存型民主主義」の四つの原則が確認できる。そこでは、多数派が少数派の意見を無視して物事を決定していくことのないよう、また少数派集団の議員が政治に参加し続けられるよう制度上の工夫が重ねられている。ただし、北アイルランドの場合は、事実上「多極共存型」というよりも、ユニオニストとナショナリストの「二極」共存を目指すものであるといえる。

また、北アイルランドの場合、新しい自治政府・自治議会が「多極共存型民主主義」の制度を採用しただけではなく、自治政府・自治議会が権限を独占しないような多層型ガバナンスの仕組みづくりもなされている［Birrell and Gormley-Heenan 2015］。ベルファスト和平合意は、中央政府から権限を委譲し、北アイルランドで自治を再開するために締結されたものであるが、一方で、紛争勃発前の社会の反省もふまえ、北アイルランドの新しい自治政府・自治議会レベルに権力が集中してしまわないよう多層的な権力の分配もなされている。

多層的な権力の分配は、主に三つのレベルで見られる。一つには、英国中央政府との関係である。自治の再開後も中央政府は北アイルランドから完全に手を引くのではなく、様々な形で関わり続けている。直接統治とともに新設された「北アイルランド担当相」と「北アイルランド省」は継続し、アイルランド共和国を含む北アイルランドの国際関係、中央政府との関係性の構築、北アイルランドにおけるテロとの戦いや国家の安全などの分野に対して責任を持っている。また、北アイルランド担当相は、首席大臣・副首席大臣が一定期間以上任命されなかった場合、選挙の日程を決めたり、政党間での交渉を促進する役割も担っている。現在の北アイルランドにおける中央政府の権限は、通常考えられているよりも大きい。

二つ目に、北アイルランドが再び孤立したり、中央政府との排他的な関係性に陥らないよう、ボーダーを越えて南北（アイルランド共和国）や東西（スコットランドやウェールズ等）の関係を強化し、定期的な協議を行う場が設けられている（それぞれ「南北閣僚会議」[5]、「英国アイルランド協議会」と呼ぶ）。とくに南北閣僚会議は、国境をまたいだ食の安全や水路に関する問題について討議し、具体的な成果を生み出している。また、ブレグジット（BREXIT）に関する協議などで、これらの機関の重要性が高まってきている。

三つ目に、北アイルランド内部において、クァンゴ（特殊法人）に権限を分配するとともに、ボラ

（5）南北閣僚会議は、「閣僚会議」であるため、北アイルランドの自治政府が停止するとともに、この会議自体も停止している。

ンタリー・コミュニティ・セクターや企業セクターをアクターとして認めるという動きもみられる。前者については、北アイルランドでは地方自治体ではなく、クァンゴに多くの分野の権限がゆだねられているところに特徴がある。北アイルランドの地方自治体はカトリック住民に対する差別の温床であるとみなされてきたため、直接統治時代に権限を大幅に制限され、いまだに限られた分野にしか責任を有していない。例えば、教育や都市再生、道路などの分野に対して、地方自治体は権限を持たず、代わりに、直接統治以降に設置された種々のクァンゴが権限を持ち、各省庁からは独立した運営を行っている。また、後者については、市民社会や企業セクター、労働組合が政治的意思決定に影響力を持てるよう議論を行う「市民フォーラム（Civic Forum）」という制度が、ベルファスト和平合意に盛り込まれた。ただし、後述するように、この「市民フォーラム」はその機能を果たしていたのかは疑わしい。

以上のように、和平合意後の北アイルランドの自治は、「多極共存型民主主義」の特徴を持つ自治政府・自治議会と、自治政府のレベルだけに権力が集中しない多層的ガバナンスによって特徴付けられる。しかし、冒頭に述べたように、この二つの特徴を持つ新しい「自治」は、現在も停止しており、ベルファスト和平合意で定められた制度に問題があるのではないかという主張もなされている。次項では、自治政府における「権力分有」、拒否権である「懸念請求」、そして「市民フォーラム」という三つの制度に焦点を当て、安定した自治と相互理解の促進という観点から、それぞれの問題点を分析する。

4 紛争の停止から対話の実現に向けて——「多極共存型民主主義」の評価

ここでは、冒頭の問いに立ち返り、ベルファスト合意で定められた自治の枠組みによって、少数派が排除されることなく、統治への幅広い参加や、政府の政策に対する広範な議論がなされているかどうか、そして、新しい民主主義の制度が、本来の目的に沿って安定して機能しているかどうかを検討する。

（1）「二極共存」社会

和平合意後1998年に自治議会が再開されたが、自治がすぐに安定したわけではなく、中断が相次いだ。2007年に政治的膠着状態を経て、北アイルランドに警察と司法を含む権限が委譲され、本格的に自治議会が再開されると、その後10年間は自治が継続した。和平合意の基本的な内容自体は、現在では広く受け入れられており、多極共存型民主主義を取り入れたケースの中でも成功例であるとの評価もある［三竹 2012］。

和平合意後の社会をもう少し細かく見ていくと、2003年に転機があった。和平合意後に最大政党であった穏健派の政党に代わって、ユニオニスト、ナショナリストそれぞれの強硬派の政党が最大政党になったのである。具体的には、穏健派の社会民主労働党（SDLP）とUUPに代わり、DUPが最大党、シン・フェイン党が第二党となった。

図１　北アイルランド議会選挙における主要５政党の全議席中の獲得議席数の割合（%）（1998～2017年）

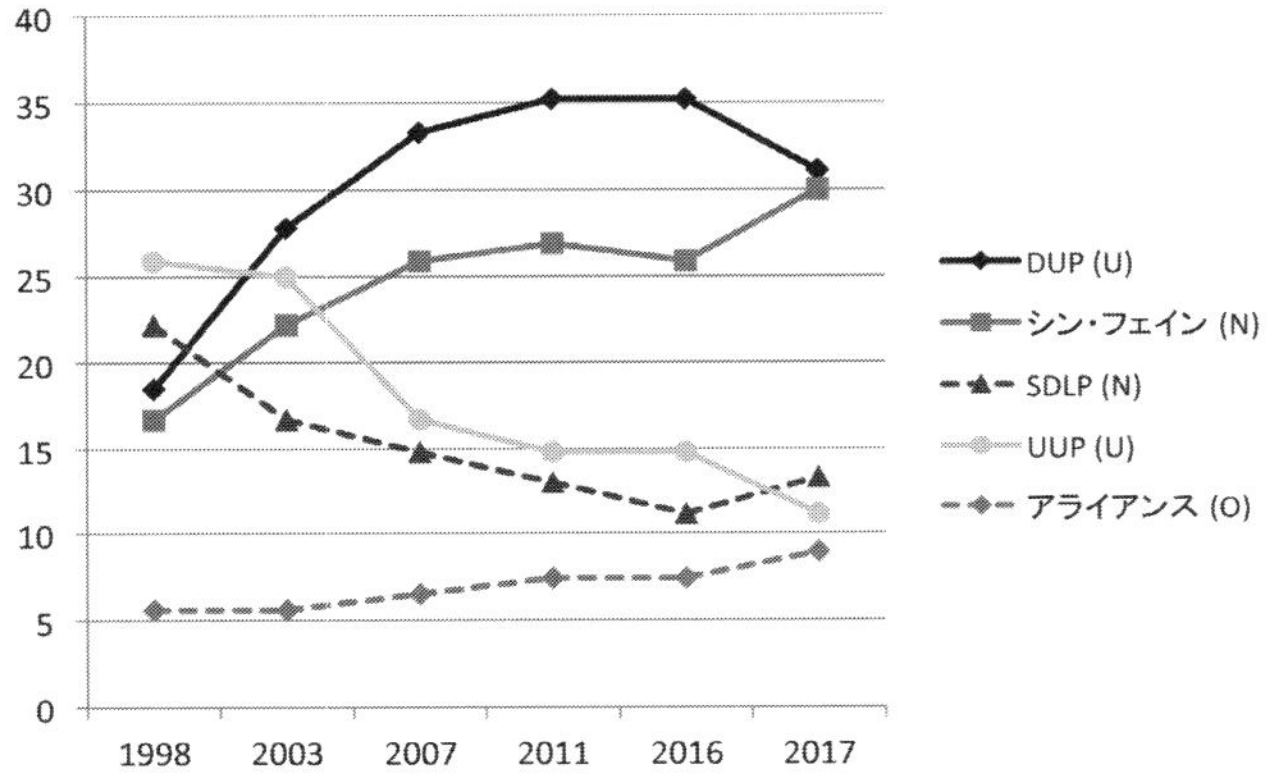

※ U：ユニオニスト政党、N：ナショナリスト政党、O：その他
出典：Dempsey (2017) より筆者作成。

図２　「一般的にいって、あなたはナショナリストですか、ユニオニストですか、どちらでもないですか」（%）（1998～2017年）

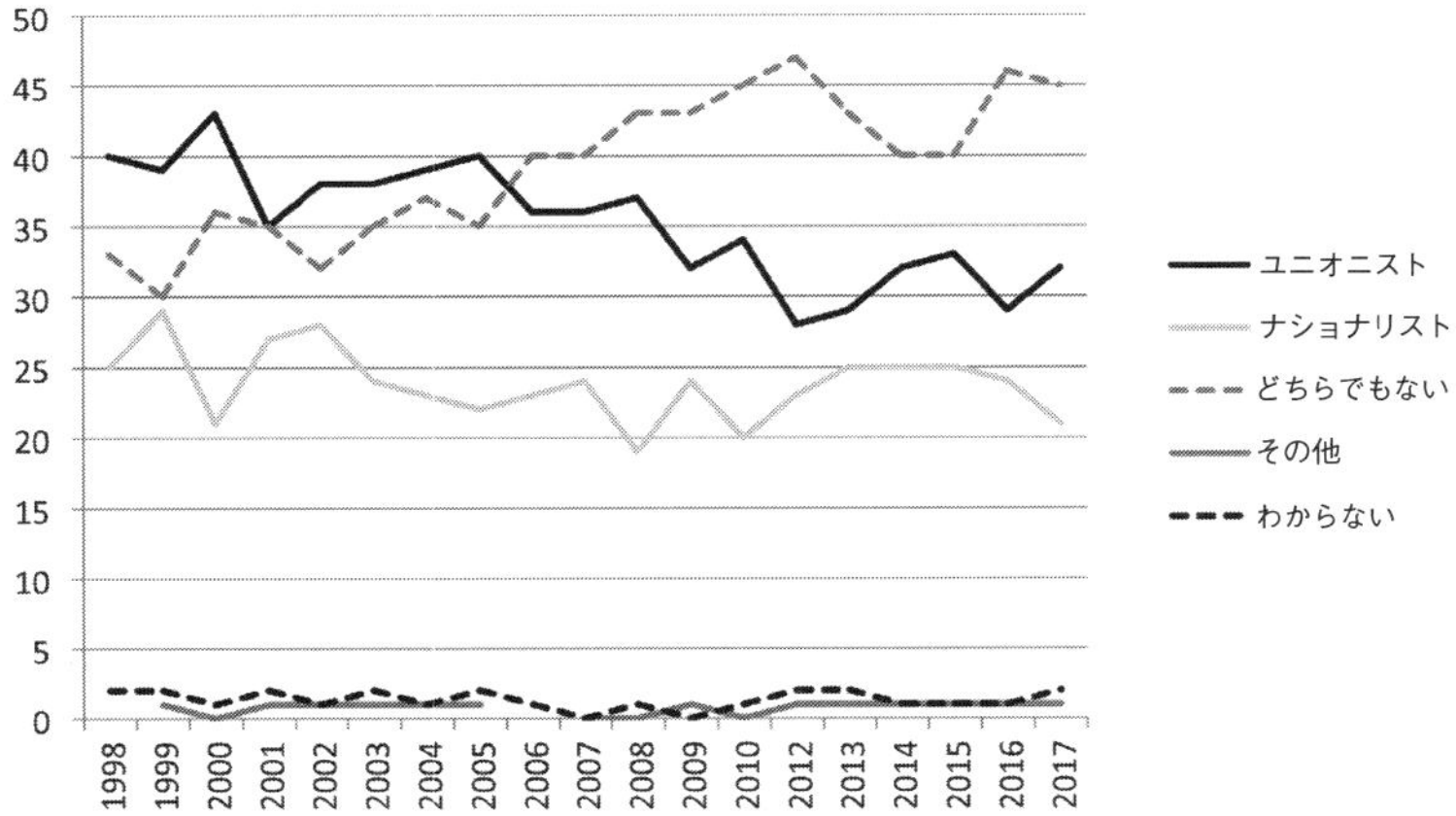

出典：NILT の調査（ARK 1998-2017）より筆者作成。

図1に見られるように、和平成立以降、強硬派政党の支持が増えていることから、一見、ユニオニスト、ナショナリストの間の住民同士の対立が深刻化し、社会が二極化しているようにも見える[6]。しかし、北アイルランド住民を対象とした調査やセンサスからは、異なる傾向が見て取れる。例えば、毎年18歳以上の1000人以上の人々を対象に実施されている北アイルランド生活時代調査（ARK）の結果を見ると、1998年から2017年までの期間で「（自分が）ユニオニストでも、ナショナリストでもない」と答えた人の割合が増加していることがわかる（図2）。また、自分が「ユニオニスト」であると答えた人の割合は大幅に減少している。2017年の結果を詳しく見てみると、プロテスタントの回答者のうち31％、カトリックの回答者のうち47％が[7]「ユニオニストでもナショナリストでもない」と回答している。また、1998年の結果と比べると、「どちらでもない」人々は、必ずしも若年層に増えたわけではなく全体として増加している[8]。また、2011年センサスのナショナル・アイデンティティに関する質問では[9]、自身のアイデンティティを「ブリティッシュ（英国）のみ」と答えたのが40％、「アイリッシュのみ」と答えたのが25％だった。それに対し、21％の人々は、

（6）三竹（2012）は、強硬派政党の穏健化の可能性を指摘しているが、一般市民レベルでは説明が難しいとする。
（7）無宗教と答えた人のうち、62％が「どちらでもない」と回答している。
（8）年代別に見ると、「どちらでもない」と答えた人の割合は65歳以上は1998年は20％、2017年は31％、65歳以下の層は1998年は32～35％、2017年は45～54％であった。

「北アイルランド人のみ」と答えた。つまり、21％は、北アイルランドが英国の一部であるべきか、アイルランド共和国と統一すべきか、という問いから距離を取り、現状の「北アイルランド」という地域に帰属意識を持っていることになる。以上のことから、北アイルランドは極端なユニオニストとナショナリストとの間で二極化しているというよりは、そのどちらでもない層が増えていると考えられる。問題は、近年の選挙結果に、「どちらでもない」層の増加が、あまり反映されていないことである。

その一つの例が、中道政党アライアンス党があまり支持を伸ばしていないということである。アライアンス党は、北アイルランドが二つのコミュニティによって分断しているという見方を否定し、ユニオニストでもなければナショナリストでもない人々が北アイルランドという一つのコミュニティを構成してゆくという将来像を掲げている。その具体的な形としては、北アイルランドの独立ではなく、権力分有を行う権限委譲された自治政府を想定している(10)［Tonge 2005: 85］。つまり、「どちらでもない」層や「北アイルランド人」というアイデンティティを持つ層から支持を受けそうだが、その層の増加が支持の増加にあまりつながらず、２０１７年の自治議会選挙で獲得した議席数も８（全体の８・９％）にとどまっている。中道政党の支持が伸びていないのはなぜだろうか。

アライアンス党が支持を伸ばしていない理由はいくつか考えられるが、一つにはアライアンス党のように、ユニオニスト政党でもナショナリスト政党でもないと自らを位置付ける政党は、北アイルランドの多極共存型民主主義においては政治的力を持つことは難しいためであると考えられる。北アイルランド議会において、「ユニオニスト」でも「ナショナリスト」でもない議員は、必然的に「その他」のカテゴリーを選ぶしかなくなる。現在の制度で想定されている「多極共存」は、事実上「ユニオニスト」と「ナショナリスト」の二極共存であるため、「その他」の議員から成る政党が政局を動かしたり、拒否権を行使することが難しい。つまり、北アイルランドの和平合意後の制度のもとでは、中道政党は存在感を発揮しにくいのである。そのため、アライアンス党の一部の議員は、一時的・戦略的に「その他」から「ユニオニスト」に属性を変更したことすらあった(11)［Tonge 2005: 94-96］。

今後、さらに「どちらでもない」層が増えるとするならば、その層の多様な声を政治に反映させることが重要となる。そのためには、さらには「どちらでもない」議員が「その他」ではなく「第三の勢力」として「多極」の一つとして積極的に認められる制度が必要となるだろう。

(2) 権力分有の変化と少数派拒否権の濫用

前項で見たように、少数派も行政府を構成し、協議に参加するという「権力分有」の原則と、特定の事項に二つのコミュニティからの同意を必要とするようにできる「少数派拒否権の原則」は、和平

---

(9) 2011年に初めてセンサスにナショナル・アイデンティティについて問う質問が導入された。回答者は選択肢から複数のアイデンティティを選ぶことが可能である。

(10) アライアンス党は、広い意味では「ユニオニスト」にカテゴライズされるが、「ユニオニスト／ナショナリスト」を対立図式で捉えていないところが、いわゆる「ユニオニスト」の見方と異なる。

(11) セント・アンドルーズ協定で、北アイルランド議会の議員は、政党を変更したとき以外は、選択したコミュニティの属性を変更できなくなった。

合意後の自治の大きな特徴をなしていた。その二つの原則は、今どのように変化しているのだろうか。

「権力分有」については、２０１６年、ＵＵＰとＳＤＬＰ、アライアンス党という穏健派の３政党が和平合意後初めて、権力分有せず内閣から離脱し、野党になることを選んだ。[12] 穏健派の二つの政党の離脱により、北アイルランド政府の閣僚ポストはＤＵＰとシン・フェイン党という二つの多数派政党と一人の無所属の議員のみ[13]によって担われることとなった。これにより、政府にすべての政党が参加し大連立を構成するという原則は崩れ、強硬派の二つの政党のみが政府を構成することとなった。

ＤＵＰとシン・フェイン党は、ユニオニズムとナショナリズムという二つのイデオロギーを代表する政党であり、北アイルランドの地位に関する問題では当然互いに相いれない立場にある。しかし、両党は、北アイルランド住民が幅広い合意に至る可能性のある問題についても、「一方の党が賛成であれば、他方は反対」といった形で対立構図にあえて持ち込み、政治化する傾向が指摘されている[Kane 2018]。それぞれの党にとってより重要な問題を有利に進めるために、各党にとって重要度の低い問題や法案にあえて反対し、他党の譲歩を引き出すために利用する傾向が見られるのである。

例えば、同性婚と中絶に関する議論はその典型的な例である。いずれも隣国アイルランド共和国で国民投票の末、それぞれ２０１５年、２０１８年に合法化され、その後北アイルランドにおいても法改正を議論することが期待されるようになった。[14] 中絶に関しては、北アイルランドでは１８６１年の法律がいまだ存在し、英国の他地域と異なり極めて限られた状況においてしか認められていない。しかし２０１６年に実施された意識調査によれば、北アイルランド住民は全体として中絶禁止の緩和を支持する傾向にあることが明らかとなった。宗派による差もさほど大きくなく、カトリック、プロテスタント、無宗教の順に中絶に反対する割合が多いが、胎児の異常やレイプによる妊娠を理由とした中絶の合法化に対してはいずれの宗派でも60％以上の支持があることがわかった［Gray 2017］。ここからわかるように、北アイルランド住民のレベルでは、中絶禁止の緩和について宗派やコミュニティの分断を越えた合意が成立する可能性が高い。しかし、政党レベルでは、保守的なＤＵＰが中絶の合法化には強く反対しているのに対し、シン・フェイン党は、一枚岩ではないが、党首Ｍ・オニールは中絶の禁止を緩和する方向性を打ち出しており、両党は対立的な立場を取っている。つまり、中絶の問題が北アイルランド議会で議論されたとしても、再び「ユニオニスト／ナショナリスト」政党間の対立軸に位置付けられ、政党間交渉のカードの一枚となり、議論が進まないことが予測される。また、それが両コミュニティの住民の意見を反映した対立ではないため、問題はより深刻である。このように、現在の多極共存型民主主義の制度はコミュニティ間の差異を認める制度であるが、社会全体が共有している問題について、コミュニティの分断を越えた議論を行い合意に至ることを阻害する側面を持っている。

---

(12) 政府の政策とその優先順位に関する「政府のプログラム」作成時に意見が反映されなかったためであるとされる。
(13) 法務大臣のポストは２０１０年以降、アライアンス党の議員によって担われてきたが、アライアンス党も野党に回ったため、無所属の議員が担当することとなった。
(14) ２０１６年には胎児の異常を理由とする中絶を認める法案が提出されたが、賛成40票、反対59票で否決された。

また、その一因となっているのが、和平合意に組み込まれている「少数派拒否権」の制度である。この拒否権の制度は30名の議員の署名があれば、「コミュニティ横断投票」、つまりユニオニスト議員団とナショナリスト議員団双方から一定以上の同意を得る必要が生じるというものである。いずれかの議員団から同意が得られない場合は、その法案は廃案に追い込まれる。

現在、批判されているのは、この制度が本来の趣旨と異なる形で濫用されているという点である。大政党が、支持母体となるコミュニティの利害や権利に関わるわけではない法案や決定を阻止するために、この制度を用いているのである。２０１１年から２０１６年までのあいだに１１５回もの「懸念請求」が発動されたが、「懸念請求」を最も多く行使したのは最大政党のＤＵＰで、続いてシン・フェイン党とＳＤＬＰであった［Smyth 2016］。ＤＵＰは２０１７年までは「懸念請求」に必要な30名を党内から確保できる唯一の党であり、シン・フェイン党はＳＤＬＰの協力を得て30名を確保することが多かった。例えば、同性婚を認める法案は、２０１５年に5度目に議会に提出された際、僅差で賛成票が反対票を上回ったものの、その後ＤＵＰが拒否権、すなわち「懸念請求」を発動したため成立しなかった。

また、ユニオニスト政党は「懸念請求」の行使をほのめかすことによって、シン・フェイン党を中心とするナショナリスト政党が長年成立を目指してきた「アイルランド語法」案の提出を阻んできた［福岡 2015］。「アイルランド語法」はアイルランド語に英語と同等の地位を認め、法廷や警察など国の機関でのアイルランド語の使用を認めるものである。ユニオニスト政党がこの法案に反対する理由には一貫性がなく、「反対のための反対」の様相を呈しているといわざるをえない[(15)]。アイルランド語は歴史的にナショナリズムの発展とともに促進されてきた歴史があるため、その地位の向上をユニオニスト政党は阻止したいのである。この件について合意に至らないことが、現在の自治の停止の大きな一因ともなっている。

「アイルランド語法」にも見られるように、北アイルランドにおいて少数派拒否権は、少数集団が自らの権利を守るためというよりも、大政党が議論や交渉をせずに事態をブロックするために用いられている。こうしたことから、近年「懸念請求」の制度を制限・改正すべきとの声が増えている。アライアンス党は、「懸念請求」ができる分野を「ナショナル・アイデンティティ」、「紛争の遺産に関するもの」、「和平合意のもとで設立された組織上の構造および機関に関するもの」[Alliance Party 2018: 2] に限定すべきだと主張している。また、緑の党は、ユニオニストかナショナリストかという議員の属性要項をすべて外し、議会の3分の2の賛成を必要とするように改革すべきだと主張している [Agnew and Bailey 2017]。少数派の意見を反映させるという本来の趣旨に、より合致する形式が現在模索されている。

以上のように、北アイルランドにおける「多極共存型民主主義」の諸制度については、いくつかの問題が表面化してきている。一つには、多極共存型民主主義が政治的不安定につながるという点である。多数派が少数派の意見を無視して物事を決定していくことのないように様々な工夫がなされてい

(15) 例えばDUPの議員は、たびたびアイルランド語よりも移民の言語を促進すべきだと主張するが、その主張はアイルランド語法案に反対する文脈でしかなされていない [福岡 2015]。

るが、拒否権の頻繁な行使や連立政権からの離脱によって議会や行政府の機能が弱まったり、停止してしまう傾向にある。もう一つのより重要な問題は、多極共存型民主主義は本質的にコミュニティ間の対立構図を変化させることなく、固定化してしまう制度である点である。各政党、各議員は原則ユニオニストかナショナリスト、どちらかの立場に立つ必要があり、また両者のあいだに対立があることがあらかじめ想定されている。つまり、各コミュニティの利益を超えた、より広い公的な観点に基づいて発言することを促されず、むしろあらかじめ免除されているのである。コミュニティ間に本来存在しない意見の対立までも、政党間レベルでは作り上げられ、固定化され、合意に至る可能性を阻んでいるのが現状である。こうしたことから、北アイルランドでは、自治政府や自治議会に対する評価も下がっており、[16] 自治政府に対して住民がさらに期待を失っていくことも十分考えられる。北アイルランド社会では現在、コミュニティ間対立を前提とした自治議会以外に、北アイルランド社会全体に関わることについては、各コミュニティの利益ではなく、公益に基づいて発言することが促される場が必要になっているといえよう。

（3）分断した社会における合意形成

最後に、そのような場として設定された「市民フォーラム」と2018年に始められた「市民の議会」という二つの試みについて見ておきたい。

「市民フォーラム」は、自治議会とは別に、政治家以外の多様なセクターによる議論の場として設置された。ベルファスト和平合意の第1部第34条に「商業、労働組合、ボランタリー・セクター、その他」などから成る「社会的、経済的、文化的な事柄に対する諮問的メカニズム」として明記された。市民フォーラムの設立の背景には、紛争中の北アイルランドにおけるボランタリー・コミュニティ・セクターの著しい発展があった。その発展を背景に1996年に生まれた政党「女性連合(Women's Coalition)」が、和平合意の内容を話し合う「北アイルランド・フォーラム」において設置を強く主張したことで実現したのである。その趣旨は、紛争中に独自の発展を見せた「北アイルランドの市民社会――とりわけボランタリー・コミュニティ・セクターに対し、公式に参加型、諮問型、熟慮型の民主主義に関わる可能性を与えること」[McCall and Williamson 2001: 369] にあった。和平合意後の自治の枠組みの中で、このセクターが何らかの形で関われる場を設定することが期待されたのである。

市民フォーラムの設置に対しては、しかし、ユニオニストの政治家の多くが批判的な態度をとっていた [McCall and Williamson 2001: 376]。選挙で選ばれた政治家の権限が侵食されることに対して懸念があったと考えられる。市民フォーラムは実現されたものの、それ自体は「法で定められた組織」ではなく、あくまで首席大臣・副首席大臣の責任と予算で開催される、官邸に付随的な組織であるとされた。

(16) 2015年のNILTの調査では、「全体として北アイルランド議会はどの程度成果をあげたと思いますか」という問いに対し、「大いに成果をあげた」と答えた人は2002年から15ポイント減って11%、「全く成果をあげていない」と答えた人は2002年から13ポイント上昇し、31%であった [ARK 2016]。

市民フォーラムの参加者は60名で、そのうち最も多い18名がボランタリー・コミュニティ・セクターに割り当てられた。２０００年10月から２００２年の10月まで12回会議を行い報告書を提出したが、政策決定にどう影響を与えたのか不明なまま、自治政府の停止をきっかけに開催されなくなってしまった。以上のように、「市民フォーラム」は、とりわけユニオニスト政党にとって政治カードの一枚となってしまったこと、また影響力も大きいとはいえなかったことから、市民社会の影響力を和平合意後の社会に反映させるという当初の目的を達成することなく停止してしまった。

そんな中、２０１８年になって注目すべき動きがある。自治政府の停止が長引く中、前述の「市民フォーラム」とは別に、新しく熟議民主主義の一形態である「市民の議会（Citizen's Assembly）」が９月に初めて開催されたのである。(17)「市民の議会」は、ランダム・サンプリングによって選ばれた99人の人々が特定の期間、選ばれたトピック（初回は、「老人の社会的ケア」）について討議を行い、議会などの意思決定機関に勧告を行うものである。「市民の議会」は、「市民フォーラム」と異なり、政府に付随する組織ではなく、独自の支援を得て運営されている。政府に付随する組織ではないため、政局に影響されず安定した開催が可能であり、トピックを独自に選び議論することができる。また、「市民フォーラム」のように特定のセクターに参加者を割り当てる形式とは異なり、ランダム・サンプリングで社会全体から参加者が選ばれる。

北アイルランドにおける「市民の議会」の設置の声は、明らかに２０１７年１月以降北アイルランド自治議会が開かれず、自治政府も停止している状況を背景として生じている。「市民の議会」の導入を主張してきた緑の党の党首Ｓ・アグニューは、「（市民の議会の）強みは、固執しなければならないマニフェストや組織の政策を持たない人々によって構成されており、それゆえ真摯に証拠や議論に耳を傾け、情報に基づく意見を述べることができるという点である」［Agnew 2018: 8para;（ ）内筆者］と述べている。また、「市民の議会」開催を主導しているNGOのInvolveは、「『市民の議会』は、論争中の問題に関する膠着状態を打開する助けとなるのと同時に、北アイルランド政府および議会、および／あるいは北アイルランド担当相が採用すべき、さらなる論争中の問題に取り組むためのモデルとなるであろう」［Involve 2018］と述べている。つまり、「市民の議会」への期待の高まりには、北アイルランドの政党が多くの事柄を取引や交渉のためのカードとし、議会においても自分たちに有利な条件を引き出すために議論を停止させる現状に対する失望といらだちがあると考えられる。さらに、分断した社会において、いかに広範な合意を成立させるか考えた際、自治議会以外に、人々が参加可能な場が必要となっているといえる。そうした意味では、「市民の議会」は、直接政治に影響を与えることに意味があるのではなく、政治的な行き詰まり状況に対し、人々が再び何らかの方法で関与できるようにするための場であるといえよう。

おわりに

北アイルランドの和平合意後の「自治」は、紛争以前の社会の反省をふまえ、少数派の異なる意見

（17）「市民の議会」はアイルランド共和国で2016年に開始された。

が無視されないように、権力を分有し、多数派の権限を制限する「多極共存型民主主義」の考え方に基づいて設計された。その制度の下では、法律を定めたり、政策を立ち上げたりするためには、多くの話し合いや妥協が必要となる。一方で、諸政党が話し合いや妥協に真摯に向き合わない場合、その制度は容易に膠着状態を引き起こし、自治自体が立ち行かなくなってしまうことが近年明らかになってきている。

また、現在の北アイルランドでは、「ユニオニスト」と「ナショナリスト」コミュニティの平和裏の共存が第一の目的であった和平直後と比べ、北アイルランドという社会でどのように人々が暮らし、生活を改善してゆくのかにより焦点が当たるようになってきている。具体的には、ナショナル・アイデンティティに関することだけではなく、移民や性的マイノリティなど、以前では注目されてこなかった少数派の存在や、福祉や教育問題といったすべての住民に関する諸問題が重視されるようになってきた。そうした問題について議論し、合意を形成するためには、政党間で協議する「多極共存型」の自治議会・自治政府という場だけでは限界がある。紛争中に人々が直接生活に関する諸問題に取り組み、コミュニティの分断を超えた対話を可能にする「市民の議会」のような場がより重要となってくるのではないだろうか。

【参考文献】

福岡千珠（2015）「ベルファスト合意後の北アイルランドにおける言語政策」『ことばの世界』7、9～31頁

三竹直哉（2012）「多極共存型権力分有――古典的多極共存論を超えて」『駒沢法学』12（1）、23～50頁
Alliance Party (2018), "Next Steps Forward," Belfast: Alliance Party.
Birrel, Derek and Cathy Gormley-Heenan (2015), *Multi-Level Governance and Northern Ireland*, Hampshire: Palgrave Macmillan.
Dempsy, Noel (2017), "Northern Ireland Assembly Elections: 2017," Briefing Paper CBP7920, House of Commons Library.
Gray, Ann Marie (2017), "Attitudes to Abortion in Northern Ireland," Research Update, 115. ARK.
Lijphart, Arend (1999), *Patterns of Democracy: Government Forms and Performance in Thirty-Six Countries* [=（2005）粕谷裕子・菊池啓一訳『民主主義対民主主義――多数決型とコンセンサス型の36カ国比較研究』勁草書房]
McCaffrey, Ray (2013), "The Civic Forum," Research Paper109/13, Northern Ireland Assembly Research and Information Service.
McCall, Cathall and Arthur Williamson (2001), "Governance and Democracy in Northern Ireland: The Role of the Voluntary and Community Sector after the Agreement," *Governance*, 14(3): 363-385.
O'Flynn, Ian (2010), "Deliberative Democracy, the Public Interest and the Consociational Model," *Political Studies*, 58: 572-589.
O'Leary, Brendan (1999), "The nature of the British-Irish Agreement," *New Left Review*, 233: 66-96.
Tonge, Jonathan (2005), *The New Northern Irish Politics?* Hampshire: Palgrave Macmillan.

【ウェブサイト】

Agnew, Steven (2018), "Steven Agnew on why Citizens' Assembly could be the boost our Assembly needs," Green Party Northern Ireland. (Retrieved June 1, 2019, http://www.greenpartyni.org/steven-agnew-on-why-citizens-assembly-could-be-the-boost-our-assembly-needs/)
Agnew, Steven and Clare Bailey (2017), "Petition of Concern leaves over 100,000 voters with no voice," Green Party Northern Ireland. (Retrieved June 1, 2019, http://www.greenpartyni.org/7190-2/)

ARK (1998-2017), Northern Ireland Life and Time Survey. *NILT*, ARK. (Retrieved June 1, 2019, http://www.ark.ac.uk/nilt/results/)

Involve (2018), "How can Northern Ireland break the deadlock on contested issues?" *Involve*, Involve. (Retrieved June 1, 2019, https://www.involve.org.uk/our-work/our-projects/practice/how-can-northern-ireland-break-deadlock-contested-issues)

Kane, Alex (2018), "Why must every debate on social or moral issues be reduced to unionist v nationalist?" *Belfast Telegraph*, June 7, Web.

Northern Ireland Statistics and Research Agency, *2011 Census*, Belfast. (Retrieved June 1, 2019, https://www.nisra.gov.uk/statistics/census)

Smyth, Claire (2016), "Stormont's petition of concern used 115 times in five years," *The Detail*. (Retrieved June 1, 2019, http://www.thedetail.tv/articles/stormont-s-petition-of-concern-used-115-times-in-five-years)

第4章〈スペイン①〉

問われているのは「地域」か「国家」か

――自己決定権をめぐるバスクの動向を追う

萩尾　生

はじめに

ひとの歴史の流れの中で、近代化の過程における一つの到達点が、西ヨーロッパで成立した領域としての国民国家であったことに、さほど異論は出ないだろう。ところが、国民の斉一性を標榜し、一見堅牢であるかに思われた領域国民国家の枠組みは、ひと・もの・情報の地球規模での移動が加速化し始めた20世紀後半以降、国内の民族文化的に異質な集団からの異議申し立てや、国家を超えたレベルでの経済統合などを通して、ともすれば大きく動揺している。

本稿は、「自分たちの将来は自らの手で決める」という自己決定権を希求する動きが断続的に高揚してきたバスク・ナショナリズムに着目する。自己決定権をめぐる政治学ないし法学上の議論に終始するのではなく、バスク・ナショナリズムの歴史を概観し、今何が生起しているかを具体的に明示しつつ、近い将来の方向性を推察することに、本稿の主眼がある。

バスク・ナショナリストの異議申し立ては、一義的にはスペインないしフランスという「国家」に対して向けられているが、じつは自らの営為の本拠である「地域」を問い直す行為でもあり、その「地域」を「国家」へ変容させるか否かに対する問いかけでもある。

1 「バスク地方」とは――空間領域意識の問題

日本語で「バスク地方」と称される空間領域を指す呼び名は、バスク語ならびにカスティーリャ語（スペイン語）の表現において、それぞれ複数存在する。そして、個々の呼称が意味する内容について、それを用いる人びとの間に必ずしも共通の理解はない。このため、「バスク地方」をめぐる議論において、論者の間で相異なる空間領域を想定していた、という事態がしばしば発生している。粗っぽく言えば、「バスク地方」という領域名称に対して、昨今では二つの理解の仕方が顕著である。

第一は、それを今日のスペインのバスク自治州と同じとみなす理解の仕方である。バスク語の「エウスカディ（Euskadi）」、あるいはカスティーリャ語の「パイース・バスコ（País Vasco）」によって指し示されるバスク自治州は、「歴史的領域」と称されるアラバ、ギプスコア、ビスカーヤの三つの県から構成される（図1）。

図1　バスク地方

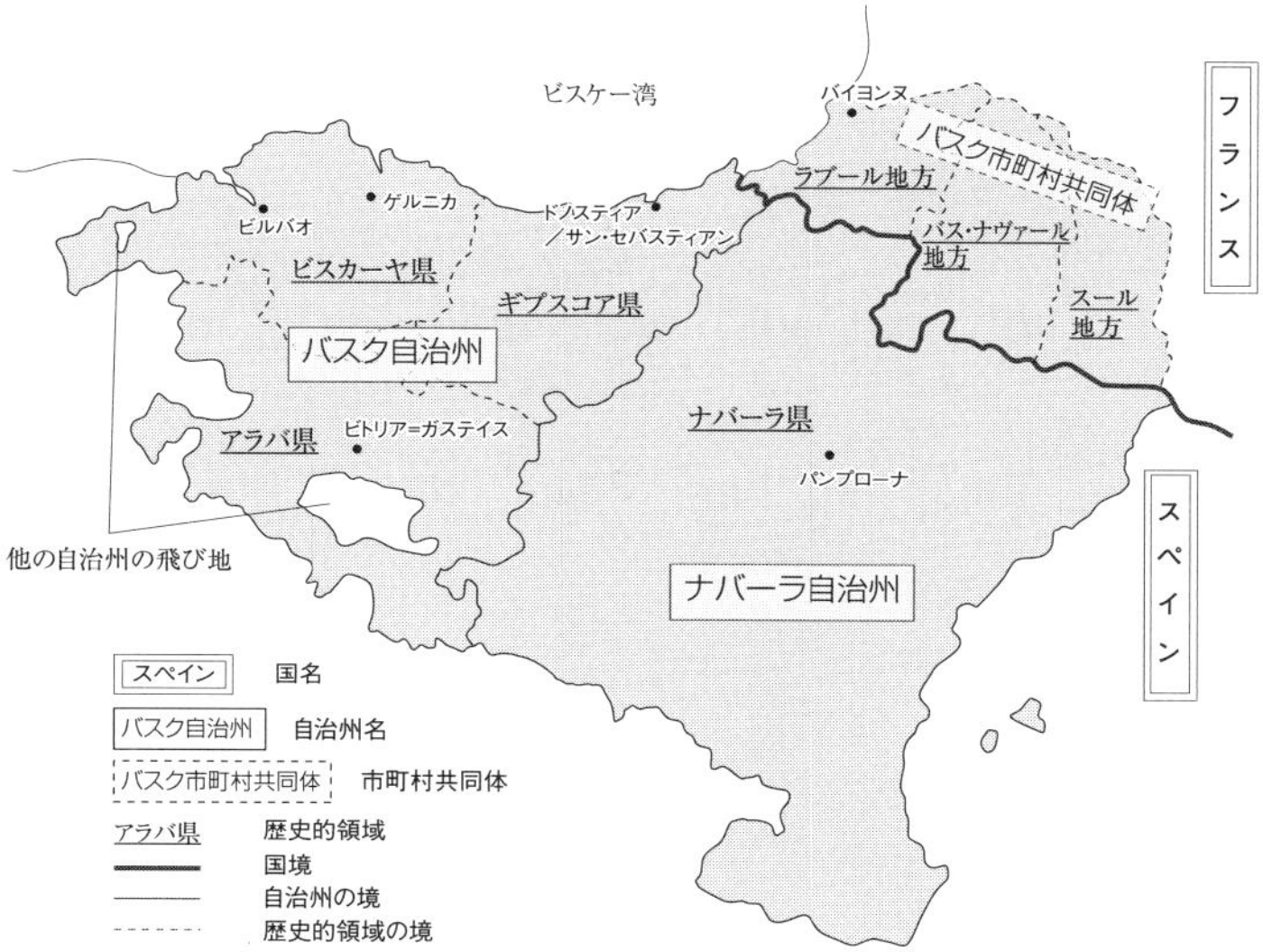

第二は、「バスク地方」を、バスク自治州のみならず、隣接するナバーラ自治州、さらには国境を跨いだフランス領バスク地方まで含む地理的範囲とみなす理解の仕方である。ナバーラ自治州はナバーラという一個の歴史的領域に起源を有し、フランス領バスク地方は、今日のフランスのいかなる行政区分とも合致しない、ラブール、バス・ナヴァール、スールという三つの歴史的領域から構成される。よって、この理解の仕方による「バスク地方」とは、計七つの歴史的領域から成り立っている。これは通常バスク語で「エウスカル・エリア（Euskal Herria）」と呼ばれる（図1）。意味は《バスク語の（話される）くに》である。

第一の「バスク地方」を「政治的・行政的な」バスク地方、第二の「バスク地方」を「歴史的・文化的な」バスク地方と称しても、あながち間違いではなかろう。バスク語の話者でバスク人意識の強いひとは第二の理解を示す傾向が強く、そうでない人びとは第一の理解に傾きがちである。したがって、総じてバスク人意識の強いバスク自治州の住民は第二の理解を示し、ナバーラ人意識とフランス人意識がそれぞれ強いナバーラ自治州とフランス領バスク地方の住民は、第一の理解になびく傾向にある。

バスク語アカデミーは、「エウスカル・エリア」が第二の「バスク地方」を指す用語であることを２００４年に明言する一方で、「エウスカディ」については政治的含意を持つ用語だと、やや曖昧に言及した［Euskaltzaindia 2004］。しかし、19世紀末に案出された「エウスカディ（Euzkadi）」[1]の語が、当初は七つの歴史的領域から成る「祖国バスク」を想定していたことや、１９７９年に発足したバスク自治州が、バスク語とカスティーリャ語の二言語主義を採用し、自治州の公称として、バスク語の「エウスカディ」と「エウスカル・エリア」、さらにはカスティーリャ語の「パイース・バスコ」の計三つの呼び名を採用したことから、政治的な立場の違いにより、アカデミーの見解に納得しない人びとも少なからず存在する。

バスク人のことをバスク語で「エウスカルドゥン（euskaldun）」と呼ぶ。意味は「バスク語の話し手」である。これは、バスク語以外の言語の話し手を意味する「エルダルドゥン（erdaldun）」に対置され、言語が自他集団を区別する一指標であることが象徴されている。当のバスク語は、言語構造上、周囲のインド＝ヨーロッパ語族とは異なる系統不明の孤立言語である。また、「バスク地方」の住人の約３割がＲｈマイナス血液型を呈するという、形質人類学上の特質がうかがえる。こうしたことから、この地域では集団内婚姻が長期に継続してきたことが推測され、バスク社会は一枚岩のように誤解されることも多い。しかし今日、バスク語の話者はバスク7領域の住人の3割強にすぎず、バスク自治州とナバーラ自治州では、両自治州民の3割前後が、他地域の出身者である。出自や言語文化から見たバスク社会の多様性は、否定できない現実である。

バスク研究協会が2004年に7領域全土で実施した精緻な社会調査［Baxok et al. 2007］からも、7領域に居住する人びとの間に、「バスク地方」という地理的空間に対する共通の見解が必ずしもないことが、裏打ちされている。(2) この事実は、「地域から国民国家を問い直す」という本書の主題を考えるに当たり、「国家」を問い直そうとする土台としての「地域」の認識枠組みが、バスクの場合には必ずしも盤石でないことを示唆している。

2　バスク・ナショナリズムの系譜

前述したように、「バスク」という空間領域に対する共通認識は、いまだ存在しない。とはいえ、そのことが、バスクの一体感や政治的結束を訴える主義主張、すなわちナショナリズムの欠如を意味するわけではない。

歴史的にみると、バスク7領域は19世紀になるまで個別独自の史的発展を遂げてきた。11世紀初頭

（1）今日のバスク語正書法では Euskadi と綴る。
（2）より詳しくは、萩尾・吉田（2012: 24-28）を参照されたい。

のナバーラ王国が、バスク7領域をほぼ包含する領土を短期間統治したことがあったものの、バスク7領域から成る一つの独立したバスク国家が形成されたことはない。

これら7領域が、「バスク民族」の人種（民族）的、言語文化的、宗教的、歴史的な共通性を有することを「発見」し、7領域から成る「エウスカディ」という新造語を案出してその政治的独立を主張したのは、サビノ・デ・アラナ（Sabino de Arana, 1865-1903）である。彼のナショナリズムは、19世紀末にビスカーヤ県で急激に展開した工業化と、それに伴う近隣地域からの非バスク系労働者の流入に対する反発に根ざした、カトリック伝統保守回帰の主張であった。

たしかにアラナ以前にも、マヌエル・ララメンディ（Manuel Larramendi, 1690-1766）のように、「ナシオン（ネーション）」としてのバスクを主張した者がいたのは事実である。しかし、その意味するところは今日の「ナシオン」と同義ではなかったし、そもそも彼の主要著作が「発見」されたのは19世紀に入ってからであった。ララメンディ個人の内にバスク・ナショナリストの原型を読み取ることは不可能でないが、同時代人に与えた政治社会的な影響の大きさという点で、「バスク・ナショナリズムの始祖」としてのアラナの位置づけは、不動である。

１８９３年に政治活動を開始したアラナは、１８９５年に創設したＰＮＶ（Partido Nacionalista Vasco）[3]《バスク・ナショナリスト党》をその拠点にしていく。そして、10年足らずの間に、アラナの政治思想は三転した。最初はビスカーヤ地方の独立を主張したが、まもなく、スペイン人とは異なる「バスク民族」の同族性、かつまたバスク7領域の一体性を「再発見」し、その政治的独立を視野に入れていく。しかし、スペイン当局の弾圧を受け、資金源に苦慮したアラナは、党の活動維持と発展のため、財力を有す地元の自由主義ブルジョワの参入を容認した。ところが彼らは、バスク７領域の政治的独立にこだわらず、むしろスペイン国内での自治権拡充を目指していた。やがてアラナは、最晩年になってスペイン国内の地方自治を訴える「思想的転回」を獄中で表明したのだが、直後の早すぎる死によって、真意は曖昧にされた。以来、バスク・ナショナリストの内部には、分離独立派と地方自治派の二つの立場が拮抗することとなり、今日に至るまで、分裂と合流を繰り返しているのである。

１９３６年に勃発したスペイン内戦において、ＰＮＶは共和国陣営に与し、同年10月から翌年６月までの短期間、バスク自治政府を樹立し、統治した。そして内戦後40年に及ぶフランコ独裁体制の下で、ＰＮＶはパリに亡命政府を設置して、国際世論に訴えかけながら反フランコ体制活動を展開する。この間、スペイン領バスク地方のバスク・ナショナリストは諸々の抑圧を被ったが、そのカトリック的性格ゆえに、国家カトリック主義を掲げたフランコ独裁の抑圧の程度は、アナーキストや共産主義者に対する弾圧に比べると、相対的に低かった。

しかし、内戦を知らない世代の台頭とともに、１９５９年、政治の非宗教性とバスク７領域の政治的独立を掲げるＥＴＡ（Euskadi Ta Askatasuna）《祖国バスクと自由》がＰＮＶより派生して誕生する。この組織が、後にマルクス・レーニン主義寄りの立場を高唱しながら、ついには武力闘争を展開すると、それに呼応して体制側からの弾圧も尖鋭化した。ＥＴＡは、その周囲に夥しい数の関係組織を立

（３）バスク語表記は Euzko Alderdi Jeltzalea（ＥＡＪ）。本稿では、慣例に従って、カスティーリャ語表記に基づくＰＮＶの略号を用いる。

ち上げては解散させながら、当局の摘発を周到に回避し、フランコ体制崩壊後も、2011年10月に武力闘争の恒久的放棄を宣言するまでの間テロ行為を継続し、最終的には2018年5月に解散した。

一方のPNVは、フランコ体制末期にはバスク社会における求心力を失いかけたが、民政移行後のスペインにあっては、過去に自治政府を率いた実績を買われ、今日のバスク自治州体制をほぼ一貫して主導していくこととなる。

以上のように、バスク・ナショナリズムといっても、とくに「独立vs.自治」、「政治の宗教性vs.非宗教性」という二つの対立軸[4]に関して、主義主張が揺れ動く。ただし、今日存在するさまざまなバスク・ナショナリストの組織の根っこは、すべからくPNVにある。その歴史は120余年にも及ぶ。あるいは、たかだか120余年でしかない。

3 バスク自治州体制

(1) 1978年スペイン憲法とゲルニカ憲章

フランコ独裁体制は、1975年のフランコ総統の死とともに崩壊した。その後スペインの民主化の法的基盤を築いたのは、1978年憲法である。これは、今日にまで至るスペインの現行憲法である。

同憲法は、スペインの「ナシオン（Nación）」としての不可分一体性を謳う（第2条）。この「ナシオン」という概念は、英語の「ネーション（nation）」に相当し、日本語では《国家》、《国民》、《民族》

などと解釈される多義的な概念である。問題は、当時も今も、自らをスペインとは異なる「ナシオン」だと主張する人びとが、わけてもカタルーニャ、バスク、ガリシアに少なからず存在することである。ところが、同憲法は、国内に複数の「ナシオン」が存在することを認知しない。そこで妥協策として案出されたのが、「ナシオン」ではないが、それに近い性格を有する「ナシオナリダー（nacionalidad）」という概念である。そしてさらには、この「ナシオナリダー」としての資質を有する領域と、「ナシオン」的性格をまったく持たない「地域（región）」に対して、自治権付与の可能性が認知されたのであった。こうして1983年までに、スペインには17の自治州[5]が誕生した。加えて憲法第3条は、カスティーリャ語を国家公用語と定める一方、それ以外の言語も各自治州においてカスティーリャ語とともに公用語となりうる可能性を開いた［萩尾 2007］。

結果として今日のスペインは、連邦制ではないが、政治行政面での地方自治が保障された「自治州国家」、ないしは言語文化的多様性を尊重する「多言語／多文化国家」としての顔を持つ。もっとも自治州の自治権の範囲は、その時々の中央政府との関係によって個別に決定されており、17の自治州で一律ではない。こうした側面から、今日のスペインを、近代国民国家の十全なる建設に至らなかった国家だと見なす向きも依然存在する。だが、憲法発布から40年近くが経過する中で、多様性を放任で

（4）20世紀後半からのバスク社会の全般的世俗化の中で、「政治の宗教性」をめぐる対立軸は後景に退いた感がある。バスク・ナショナリスト勢力の中では、PNVのみがキリスト教（カトリック）民主主義を謳っている。
（5）後に、セウタとメリーリャの二つの自治都市も誕生。

はなく容認する姿勢が、民主主義の成熟の発露と解釈されるようになった全般的潮流は否めない。

この1978年憲法制定の過程で、バスク・ナショナリズムを標榜するさまざまな政党や政治団体が生まれた。それらは、中道右派のPNVと、急進左派のETA系組織の二派に大別することができる。[6]

憲法起草委員会にバスク・ナショナリストとスペイン政府との交渉が行われたものの、合意には至らず、憲法制定のさまざまな段階で、バスク・ナショナリストは含まれなかった。1978年12月の憲法の認否を問う国民投票において、ETA系組織は、バスク民族の自決権が保障されていないことを理由に反対を呼びかけた。一方のPNVは、バスク地方が歴史的に享受してきた諸特権に対する配慮が不十分だとして、投票棄権を訴えた。その結果、アラバ、ビスカーヤ、ギプスコアのバスク3県の投票率は、スペイン平均の67・1%を大きく下回る44・7%と低迷し、投票者のうち賛意を示した者の割合は69・1%に留まった。[7]すなわち有権者全体の3割しか憲法に賛同しなかったのである。この事実から、後にバスク自治州を構成することになるバスク3県では、1978年憲法は承認されず正統性を欠くという認識が、バスク・ナショナリストの間にいまだ根強く残っている。

ともあれ、1978年憲法は施行された。そして、バスク3県とナバーラ県の歴史的経緯に鑑みて、後述する「歴史的諸法／諸権利（derechos históricos）」の保護と尊重が、本則ではないが、付則において明記された。これを受けて、PNVが率先して策定した1979年のバスク自治州憲章（通称「ゲルニカ憲章」）は、住民投票において、投票率58・9%でもって、投票者の9割が賛意を表明する中で承認された。[8]もっとも、武闘派のETA系組織は、バスク民族の自決権が謳われていないことと、ナバーラ県がバスク自治州に含まれないことを理由に、投票棄権を呼びかけた。

ナバーラ県は1982年に単独で自治州へと地位変更を行った。かたやフランス領では、1980年の大統領選挙の際にミッテラン候補が「バスク県」の創設を公約に掲げたが、大統領就任後、この公約は反故にされた。こうして現在、バスク7領域は、スペイン領のバスク自治州、ナバーラ自治州、さらにフランス領バスク地方の三つの地域で、相異なる政治行政上の歩みを進めている。

（2）「歴史的諸法／諸権利」と自治権の射程

スペイン領のバスク自治州とナバーラ自治州の自治権を考察するうえで無視できないのが、前述した「歴史的諸法／諸権利」という概念である。カスティーリャ語で derechos históricos と称されるこの概念は、オーストリア・ハンガリー帝国で展開した「歴史的国憲（historische Staatsrecht）」に由来する。ドイツ歴史法学の流れを引きつつ、法が、言語や習俗と同じく、民族とともに生成発展するとい

（6）ETAの周辺には、HB《人民統一》、EE《バスク左翼》、EH《我らバスク人民》、バタスナほか、多種多様な政治組織が誕生しては、消えていった。本稿では、紙幅の制限上、それらを逐一描出する余裕がないため、「ETA系組織」と一括して表現する。バスクの分離独立を掲げるETA系組織の中には、本文で後述するとおり、武闘派と非武闘派の二つの立場がある（図2）。

（7）スペイン下院のホームページより算出。http://www.congreso.es/consti/elecciones/referendos/ref_consti.htm（最終アクセス、2019年6月15日）

（8）スペイン下院のホームページより算出。http://www.congreso.es/consti/elecciones/referendos/ref_p_vasco.htm（最終アクセス、2019年6月15日）

う考え方が、１９２０年前後のスペインに入ってきたようである［Fernández 1985］。カスティーリャ語のderecho(s)には、ラテン語のiusがそうであったように、客観的な《法規範》と主観的な《権利》の二つの意味がある。

１９７８年憲法の付則1に明記されたderechos históricosについては、さまざまな法解釈が存在し、異論も多い。バスク3県とナバーラが中世以来個々に享受してきた法規範としてのフエロス（fueros）とまったく同じではないが、それに根ざす概念、というのが比較的広く受容されている法解釈である［Herrero de Miñón 1991, 1998; Herrero de Miñón y Lluch 2001］。フエロスとは、中世の慣習法や国王の勅許状に由来する、一種の地方特権のことである。スペイン各地のフエロスは、18世紀初頭にブルボン家が王位を継承して中央集権化に着手する中で、撤廃された。例外は、王位継承戦争においてブルボン家に与したバスク3領域とナバーラのフエロスである。これら4地域のフエロスは存続したが、19世紀前半の第一次カルリスタ戦争の結果、１８３９年10月25日法によってスペイン立憲体制との整合性を求められた。ナバーラは素早く対応し、１８４１年の法改正を通してフエロス体制を事実上存続させたが、バスク3県のフエロスは、最後のカルリスタ戦争を経て、１８７６年7月21日法でもって撤廃されたのであった。

１９７８年憲法は、これらの１８３９年と１８７６年の二つの法律を廃止した（廃止規定2）。バスク3県のフエロス撤廃は無効となったのである。一方ナバーラ県は、憲法付則1の「derechos históricos の保護と尊重」を根拠にして、法のさらなる更改でもって、単独で自治州に昇格している。複雑な法手続きと住民投票を経て成立した他の自治州とは大違いであった。ちなみに同憲法は、自治州の連合を禁じているが、ナバーラについては、バスク自治州への編入可能性を残している（経過規定4）。

スペイン中央政府と各自治州との間の権限分掌は、憲法の第148条と第149条に各々の権限項目が列挙されている。国防、外交、通貨、司法など国家の排他的専管事項を除く事項や、ここに規定されていない事項については、中央政府と自治州政府の個別交渉により、前者から後者への権限移譲が可能である。こうして、バスクとナバーラの二つの自治州は、固有言語、州警察、県行政府、徴税権を含む財政上の自治など、他の自治州よりも高度な自治権を享受している。なかでも徴税権は、スペインの中ではバスクとナバーラの二つの自治州にのみ移譲された自治権で、その一大根拠が derechos históricos なのである。

注意を要するのは、個々の derechos históricos の基盤が「歴史的領域」にあって、必ずしも自治州にはないという点である。この「歴史的領域」の境界線は、バスク3県ならびにナバーラの県境とたまたま一致する。今日のスペインでは、複数県から構成される自治州の成立とともに県議会と県政府の多くが形骸化したが、バスク自治州の場合は、県民の直接選挙によって選ばれた議員が集う立法機関としての県議会（Juntas Generales）と、執行機関としての県庁「特権ディプタシオン（Diputación Foral）」が十全に機能している。なお、国庫に納める税金を徴収する権限を持つのは自治州政府ではなく、県ごとの「特権ディプタシオン」である。(9)

（9）ナバーラの場合は、一県で一自治州を構成しており、特権ディプタシオンが自治州政府を兼ねている。バスク自治州では、自治州と三つの「歴史的領域」との関係が、1983年第27号法によって規定された。

以上のように、バスクとナバーラの自治州の自治権を特徴づけるderechos históricosではあるが、民政移行期のバスク・ナショナリストは、このderechos históricosにあまり関心を向けなかった。事実、1979年のゲルニカ憲章に、derechos históricosの用語そのものは含まれていない。スペイン憲法にderechos históricosの概念が挿入された背景には、民政移行期にテロ活動を激化させていたETAへの対処、はたまたナバーラおよびバスク3県との関係に配慮したスペイン・ナショナリスト側の譲歩、という要因が重なっている。ところがバスク・ナショナリストは、いったん1978年憲法が発効するや、憲政体制の中で最大限の自治を得るべく、このderechos históricos概念を援用していくのである。その過程で、客観的「法規範」としてよりも、主観的「権利」としての側面が強調されていった。[10]ゲルニカ憲章の付則には、同憲章の発布が、「バスク民族が歴史上獲得し得たかもしれない権利を放棄したことを意味しない」旨明記されている。この権利はderechos históricosのことだと遡及的に解釈されている。

(3) バスク・ナショナリスト勢力のさまざまな立場

バスク・ナショナリスト諸勢力の政治的影響力は、バスク自治州においてもっとも強い。自治州議会選挙に関する限り、1979年のバスク自治州成立以来、最大得票数を獲得しているのがPNV《バスク・ナショナリスト党》である。[11] 2009年5月から2012年末までの3年半の間、非バスク・ナショナリストのPSOE（Partido Socialista Obrero Español）《スペイン社会労働党》[12]に政権を奪われたものの、それ以外の時期は、つねに単独政権ないし連立政権を樹立しているのである。バスク・

ナショナリスト諸勢力の得票率は、若干の変動を伴いながら、有効投票数の5割前後から7割弱を、今日まで維持している。とはいえ、得票数が有権者総数の過半を超えたことはない[13]。

隣接するナバーラ自治州では、スペイン・ナショナリスト、ナバーラ地域主義者、バスク・ナショナリストの三勢力が拮抗する。1982年以来、前二者の政治勢力による自治州政権が継続してきたが、2015年に、バスク・ナショナリスト勢力が、初めて連立政権を樹立した。

なお、バスク・ナショナリストは、スペイン国会にも議席を持つ。党派ごとの議席数は一桁台で推移しているが、国政がPSOEとPP（Partido Popular）《国民党》の二大政党で事実上執り行われる中で、バスク・ナショナリスト勢力は、カタルーニャ・ナショナリスト勢力とともに、キャスティングボートを握るという、議席数に見合わない決定的な役割をしばしば担ってきた。

このようなバスク・ナショナリスト勢力は、先に示唆したとおり、決して一枚岩ではない。彼らは、スペイン（およびフランス）からの分離独立を目指すか、国内の地方自治に留まるかで、二派に分かれ

---

(10) 事実、「derechos históricos」の「derechos」のバスク語訳は、法規範としての意味合いの強い「zuzenbideak」ではなく、権利としての意味合いの強い「eskubideak」である。
(11) 欧州議会選挙、国政選挙、市町村選挙では、状況が異なる。
(12) バスク自治州ではPSE（Partido Socialista de Euskadi）《バスク社会党》として議会政治に参加。本稿では便宜上、すべてPSOEの表記で統一する。
(13) 過去の選挙結果はバスク自治州議会のホームページに掲載されている。http://www.euskadi.eus/hauteskundeak/（最終アクセス、2019年6月15日）

図2　バスク・ナショナリストのさまざまな立場

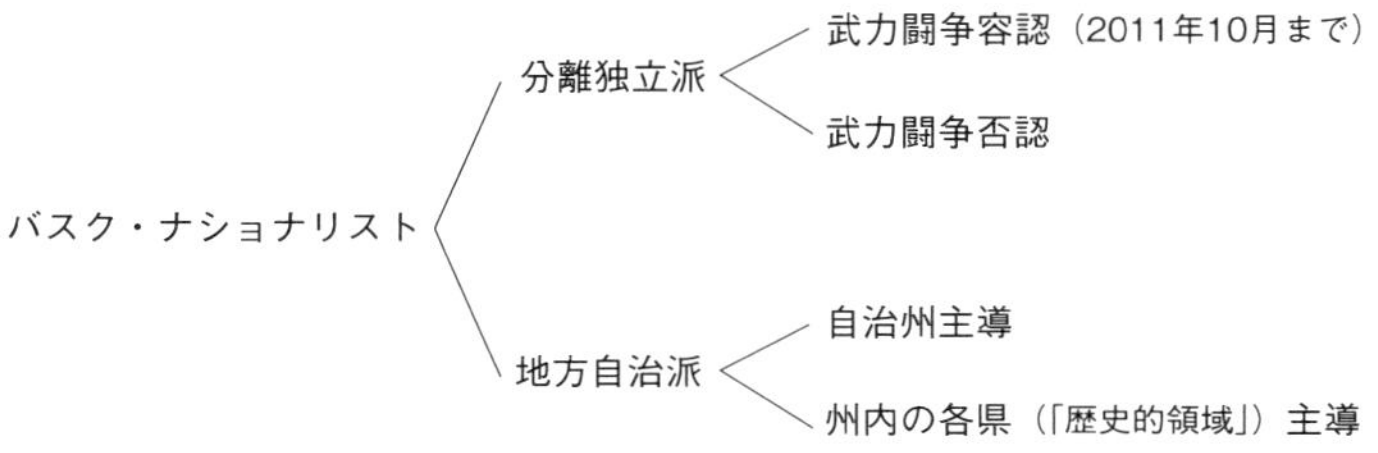

（筆者作成）

図3　主要政党のおおまかな立ち位置

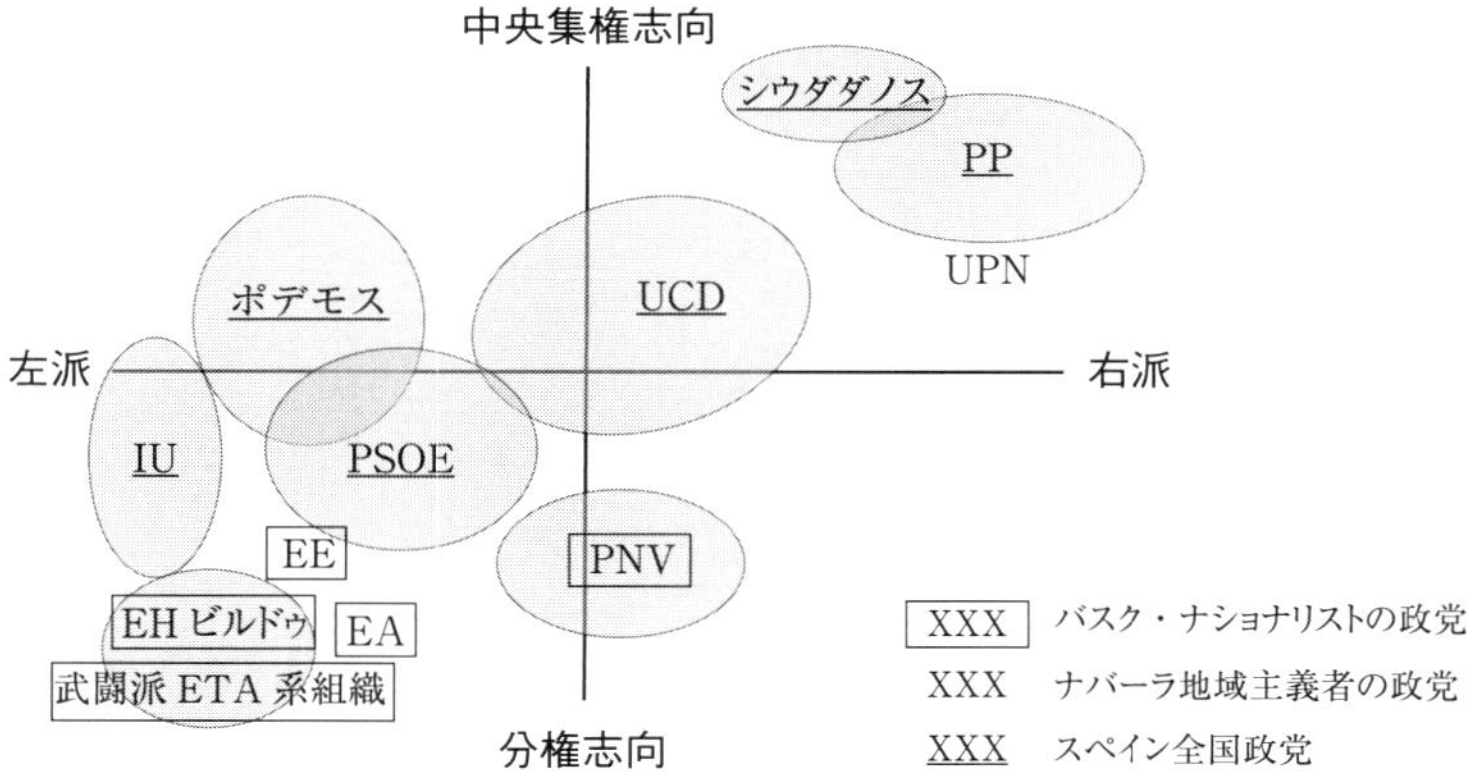

EA《バスク連帯》、EE《バスク左翼》、ETA《祖国バスクと自由》、IU《統一左翼》、PNV《バスク・ナショナリスト党》、PP《国民党》、PSOE《スペイン社会労働党》、UCD《民主中道連合》、UPN《ナバーラ人民連合》
2018年7月現在、EE、UCD、武闘派ETA系組織は存在しない。EAはEHビルドゥと連合している。

（筆者作成）

る。分離独立派は、武力闘争を容認するかしないかで二つに分かれ、地方自治派も、自治権の主体を自治州に置くか、「歴史的領域」としての各県に置くかで、二つに分かれる（図2）。PNVを中心とする穏健中道右派の中には、地方自治派と、武力闘争を容認しない分離独立派とが混在している。一方のETA系組織には、あらゆる分離独立派が集まっている。その一部は武力独立闘争路線を訴えてきたが、2011年10月以降、その路線は封印された。

政治イデオロギー別に見ると、親共産主義ないし社会主義の立場が分離独立派に多く、社会民主主義の立場は、非武力分離独立派もしくは自治州主導の地方自治派になびく傾向がある。キリスト教民主主義者は、ほとんどが地方自治派である。ただしこれは、バスク・ナショナリストの中での類型化であり、非バスク・ナショナリストについては、社会民主主義のPSOEがどちらかといえば地方自治容認の立場であり、カトリック保守のPPは中央集権の姿勢を固持している。

バスクとナバーラの両自治州で活動する主な政党の立ち位置を、いわゆる左派か右派かという対立軸と、中央集権的か分権的かという対立軸とを交差させておおまかに図示したのが図3である。

この立ち位置を念頭に置きつつ、1980年から2017年までのバスク自治州の政権担当党の推移を顧みると（図4）、PNVが連立して政権を担った相手には、非武闘派のETA系組織から、スペイン全国政党で中道左派のPSOEや共産党系のIU（Izquierda Unida）《統一左翼》まで含まれていることがわかる。また、ナバーラ自治州では、PNV系バスク・ナショナリストが、EHビルドゥ（Euskal Herria Bildu）《バスク人民結集》と新興勢力の左派ポピュリストであるポデモス（Podemos）を連立相手に選んでいる。[14] ここから看取されるのは、自治州体制を掌握するためには、政治思想上の相違

図4　スペイン政府からバスク自治州政府への権限移譲の推移

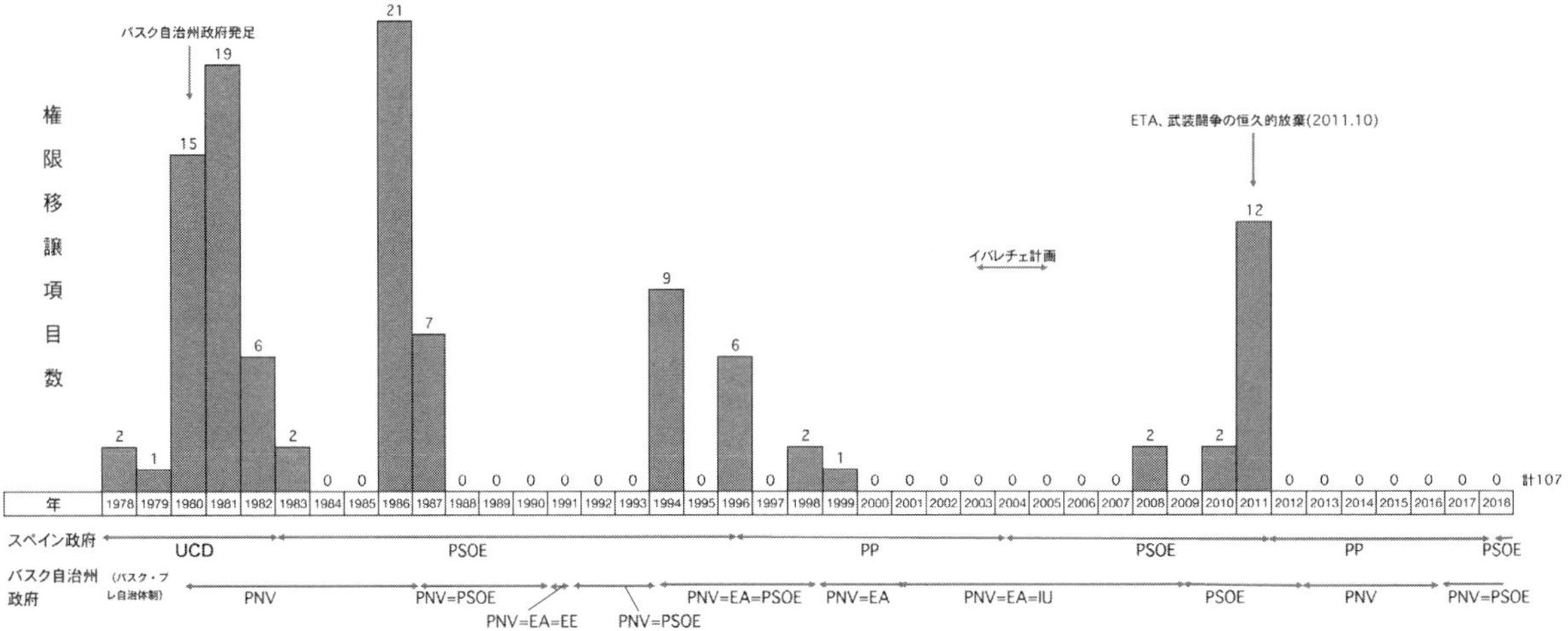

・全国政党：UCD《民主中道連合》、PSOE《スペイン社会労働党》、PP《国民党》、IU《統一左翼》
・バスク・ナショナリスト政党：PNV《バスク・ナショナリスト党》、EA《バスク連帯》、EE《バスク左翼》

（筆者作成。年度ごとの権限移譲については Eusko Jaurlaritza (2017) と Ministerio de Política Territorial y Función Pública (2015) を参照。）

を差し置いた連立も辞さない、頑なに機会主義的なPNVの姿勢である。

たしかにPNVは、武闘派のETA系組織と連立することがなかった。しかるに武闘派ETA系組織は、自ら否定した1978年憲法下の議会政治をボイコットしてきた。議員に当選しても議会を欠席することは、バスク自治州議会において絶対過半の議席数に満たないことのあったPNV（連立）政権の議決時における過半数票を保証することにほかならず、間接的な政治協力という側面を持っていた。さすれば、PNVが政治協力をしなかったのは、現在活動中の政党の中では、実質的にPPのみということになろう。(15)

このことは、スペイン政府からバスク自治州政府への権限移譲にも象徴的である。自治州政府発足前夜の時期を除けば、1983年以降、権限移譲は、スペイン政権がPSOEの時期に行われやすく、PP政権下ではほとんど実施されていない（図4）。PP政権下での数少ない権限移譲は、国政でキャスティングボートを握るPNVとの交渉を経て実現したのであった。なお、1979年のゲルニカ憲章は、中央政府からバスク自治州政府に移譲される権限として144の事項を挙げている。そのうち107項目が2017年までに移譲されたが、残り37項目はまだである［Eusko Jaurlaritza 2017］。

（14）ナバーラでは、PNV系バスク・ナショナリストが、2011年以降、ゲロア・バイ Geroa Bai《未来に Yes》という選挙連合体に結集している。

（15）新興のシウダダノスは、これまでのところバスク自治州議会に議席を得ていない。

4　自決権をめぐる駆け引き

（1）新たな国家像／地域像の模索

ポスト・フランコのスペインにおいて、自治州体制が既成事実として強化されていく中にあっても、バスク・ナショナリストは、「自分たちの将来は自らの手で決める」ことを断続的に表明してきた。なかでも以下の二つが、その実現性はさておき、内容に一定の具体性を伴っていた。

一つめは、1978年憲法が発布される以前の1976年に提示された「KAS代替案」[Pablo et al. 1998]である。ETA系組織[16]の合同提案で、その後ETAの政治部門と呼ばれたHB（Herri Batasuna）《人民統一》を結成する基盤となったものである。そして、提案の実現がETAの武装闘争放棄のための最低条件とみなされたのであった。

スペイン民政移行期に提出されたこの代替案は、政治犯の恩赦と治安警察等のバスク地方からの撤退、さらには労働者階級の生活水準改善をまず訴える。そのうえで、暫定措置としてスペイン領内にナバーラを含むバスク自治国家を設置することを掲げ、将来的には固有の独立国家建設を目指す。固有の国家の地理的範囲は明示されなかったが、フランス領バスク地方が含まれていることは明白である。当時ETAの活動家の亡命先として機能していたフランス領バスク地方については、フランス国家を刺激しないよう、あえて言及しなかったのである。

もっとも、この代替案は、目標達成に至る手段・方法に触れていなかった。しかもETA系組織が議会政治を否定する中で目的を達成するには、非合法的手段に訴えざるを得ないという無理を抱えていた。その後１９９１年にソビエト連邦が崩壊すると、社会主義に依拠する同案は見直しを迫られ、１９９５年に「民主主義代替案」に取って代わられたが、実効性のないまま立ち消えとなった。

しかも、その頃からバスク自治州とスペイン全土で高まった反テロリズムの社会的気運や、ＰＰスペイン政権下で進められた武闘派ＥＴＡ系組織の非合法化の中で、ＥＴＡ系組織は弱体化し、議会民主主義の場のみならず、公共空間からも次第に排除されていった。ところが、ＰＰ政権の反テロ政策は徐々にバスク・ナショナリスト全般に対する抑圧的措置の様相を呈し、独立派と自治派が混在していたバスク・ナショナリストの結束をかえって引き起こした。

２００３年10月にフアン・ホセ・イバレチェ（Juan José Ibarretxe, 1957–）首班率いるバスク自治州ＰＮＶ連立政権は、「イバレチェ計画」(17)を提議した［Eusko Jaurlaritza 2003］。ゲルニカ憲章の改正案という位置づけの同計画案が、バスク・ナショナリストによる二つめ自決権の表明である。同計画は、次の三本の柱から成る。①固有のアイデンティティを持つヨーロッパ内の一人民としてのバスク人民の認知。②基本的人権と自決権の確認。③住民投票を実施する権利の行使。ここにスペイン／フランスからの「分離独立」という用語は確認できないが、バスク７領域を相互連携が可能な一つのまとまった

（16）これらの組織を当時総称したのがＫＡＳ（Koordinadora Abertzale Sozialista）《バスク祖国主義者・社会主義者調整機関》であった。
（17）正式名称は「バスク自治州の自治憲章に関する提案」。

領域単位とみなし、スペインと対等かつ自由な連合関係を結ぶ権能を有すとしたのである。その根拠は、基本的人権としての自決権であり、スペイン１９７８年憲法が保障する「歴史的諸法／諸権利」というわけである。

同計画案は、２００４年にバスク自治州議会を僅差で通過した。それまで議会政治に参加してこなかった武闘派ＥＴＡ系組織が、同計画案の採決に参加し、結果的に議案の議会承認を後押ししたからである。[18] 同計画案は、バスク自治州憲章改正案として翌年スペイン下院に諮られたが、圧倒的多数で否決された。[19] あきらめきれないイバレチェは、２００８年に、国家の専管事項とされる「住民投票（referendum）」ではない、「民意調査[20]（consulta）」を強行しようとしたが、憲法裁判所の違憲判決を受けて断念した[21]［STC 103/2008; López Basaguren 2009］。

バスク・ナショナリストの描く将来の国家像ないし地域像が、バスク７領域を想定していることはほぼ間違いない。だが、そこに至るには、ナバーラとフランス領バスク地方との関係をどうするか、そしてまたＥＴＡに代表されるテロリズムをいかに解決するかという、二つの大きな課題が残されていた。

もっとも、２００８年のリーマン・ショック以降、バスク社会の主たる関心は経済社会問題へと移行する。そして２００９年に初の非バスク・ナショナリスト政権が発足すると、バスク人民の自決権を問う動きは、表面的には沈静化するのであった。

（2）カタルーニャ独立をめぐる近年のバスクの動向と民意

２０１１年10月に、ＥＴＡが武力闘争の恒久的放棄を宣言した。バスク独立を掲げるＥＴＡ系組織は、同様の政治的立場を表明する諸勢力とともにＥＨビルドゥという政治連合体に再編され、議会政治に復帰した。バスクの新たな将来像として「エウスカル・エリア連邦共和国（República confederal de Euskal Herria）」を掲げたりしているが、その具体的構想はまだ判然としない。かたやＰＮＶは、２０１２年に再びバスク自治州政府の政権を奪回し、「バスク市民権（ciudadanía vasca）」や「特権的ナシオン（nación foral）」といった新たな概念を提示しているが、それらの内実はやはり不明瞭である。

一方で２０１０年代には、バスク自治州の外で特筆すべき動きが確認された。２０１１年末に、国

(18) 全75議席中、賛成39、反対35、棄権1。自治州憲章改正には自治州議会の絶対過半数の38票の賛同が必要。それまで議会政治への参加を拒否してきた武闘派ＥＴＡ系組織は、バスク7領域の分離独立を明言しないイバレチェ計画に当初反対した。しかし、賛成3、反対3、棄権1でもって、同計画案を通過させた。賛成票と同数の反対票を投じて自分たちの体面をぎりぎり保ちつつ、ＰＮＶに対して恩を売ったのである。

(19) 賛成29。反対313。棄権2。

(20) この「民意調査」は、２０１４年の「スコットランド独立住民投票」と「カタルーニャの政治的将来に関する民意調査」の実施に影響を与えたといわれている。

(21) 実現しなかったこの「民意調査」には、二つの質問が設定されていた。一つは「もしＥＴＡが恒久的かつ最終的な武力闘争放棄を事前に明白に示せば、暴力を終結させるための最終的な交渉を支援することに同意するか」。もう一つは「バスク民族の自決権を行使していく民主的な合意を得るための交渉に、すべてのバスクの政党がもれなく着手し、２０１０年末までにこの合意を住民投票にかけることに同意するか」。

境を越えた連携協力の母体として、フランスのアキテーヌ地域圏とスペインのバスク自治州との間で「アキテーヌ＝エウスカディ・ユーロリージョン」が形成されたのである。そして2016年には、バスク・ナショナリスト率いるナバーラ自治州が、ここに加入することとなったのである。さらに翌2017年初頭には、フランス領バスク地方の158の市町村（コミューン）が、「バスク市町村共同体（Communauté d'agglomération du Pays Basque）」として、フランス革命後初めて「バスク」の名を冠する一つの公的な行政単位を形成するに至っている。いずれの連合体も経済・文化面での相互協力を基軸に据えるが、フランス領バスク地方が限定的ながらも公共行政上の領域性を獲得し、新たにバスク色を帯びたナバーラ自治州とともに、バスク自治州との連携に着手したことは画期的であった。[22][23]

はたまたスペインの国政においては、それまでのPSOEとPPによる事実上の二大政党制が、ポピュリストのポデモス（中央集権志向の左派）とシウダダノス（中央集権志向の右派）という新興二勢力の躍進によって瓦解した。2015年末の総選挙の結果、政治勢力が四分極化して組閣できず、再選挙を経て翌2016年10月にPPが組閣するまで政治的空白が続いたのである。その間に、カタルーニャ自治州政府（ジャナラリタト）は、カタルーニャ独立へ向けて賭けに出た。詳細は本書の第5章に譲るが、バスク・ナショナリストの反応はというと、2017年10月の「カタルーニャの独立に関する住民投票」の実施を、PNVもEHビルドゥもともに支持し、憲法第155条を適用してカタルーニャ自治権を停止することには、両者とも反対した。唯一の相違は、「カタルーニャ共和国独立宣言」の承認をめぐるバスク自治州議会の採決において、EHビルドゥが賛成したのに対し、PNVは「カタルーニャの主権を尊重・保護する」としながらも棄権したことである（この承認案は自治州議会で否決された)。

では、「バスク独立」に対する民意はどうか。ここでは、バスク自治州政府が自治州民に対して1996年以来継続的に実施している世論調査(24)が参考になる(図5)。21世紀に入ってからの動向を見ると、バスク独立に反対の立場がつねに30%強で推移し、賛成の立場を上回る。独立に賛意を示す者は、21%から30%の間で上下し、2014年のカタルーニャ独立運動高揚時にピークに達し、その後漸減している。そして住民の3割前後が、態度を決めかねている。同じ調査からは、「中央政府が住民投票を許可すれば」という条件付き設問にすると、独立に賛同する者の割合が、反対の者の割合を押さえて、30%台後半にまで上昇することがわかっている[Eusko Jaurlaritza 2014, 2015]。この場合、独立に賛成票を投じる理由としては、「自治権・自決権のさらなる拡大」、「固有のアイデンティティの

(22) フランス領バスク地方は、アキテーヌ地域圏の中のピレネー・アトランティック県の西半分を占める。

(23) フランスの地方行政再編により、この時点で、アキテーヌ地域圏は、ヌーヴェル・アキテーヌ圏に再編された。

(24) 原則として年3回実施。ただし、PSOE政権下の2009年5月から2012年末までの間、バスク独立に関する質問は設けられなかった。図5は年3回の平均値を表示。なお、「バスク独立」の基盤となる地理的領域について、同調査の質問は明言を避けている。世論調査の質問は二言語表記だが、「バスク地方」の表記は、バスク語で「エウスカル・エリア(Euskal Herria)」、カスティーリャ語で「パイース・バスコ(País Vasco)」。前者からバスク7領域が想起され、後者からスペインのバスク自治州が想起されることは、言うまでもない。

図５　バスク自治州民の「バスク独立」に対する姿勢（%）

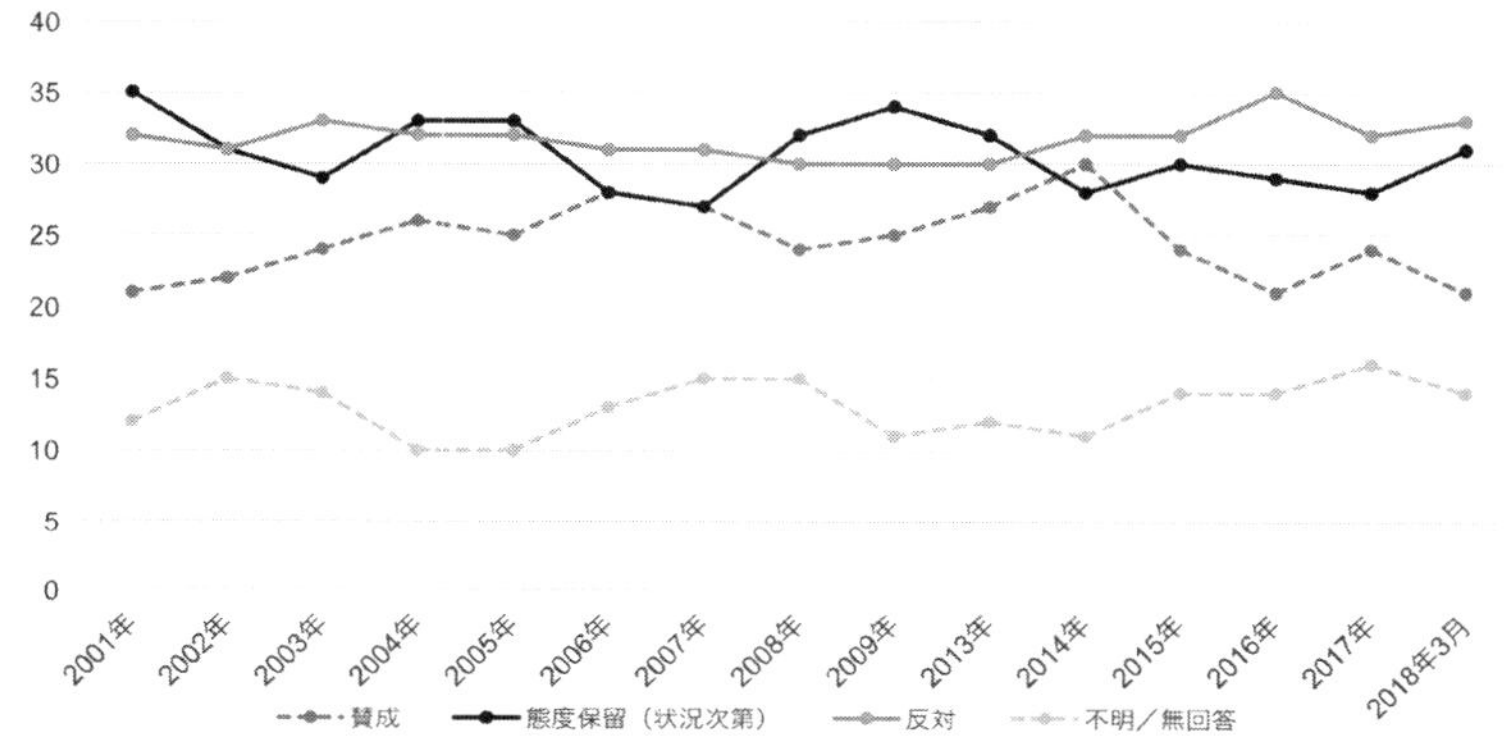

スペイン政府がバスク独立に関する住民投票を許可すれば、バスク独立に賛成するか（複数回答可）

独立に賛成する理由（上位３つ）	%
さらなる自治権、決定権、自由の獲得	28
固有のアイデンティティの保証	27
経済状況の向上	24
独立に反対する理由（上位３つ）	**%**
市民の言語文化的多様性の保証に対する懸念	24
スペインと一体化している方がメリットが大きい	19
全般的に状況悪化の危険性	14

出典：Eusko Jaurlaritza (2014) (2018)

保証」、「経済状況の向上」の三つが際立つ。逆に反対票を投じる理由は多岐にわたるものの、「市民の言語文化的多様性の保証に対する懸念」を挙げる者の割合がもっとも多い［Eusko Jaurlaritza 2014］。いずれにしても、バスク独立に賛成の立場も反対の立場も、過半数に達するほどの勢いはなく、民意は割れ、かつまた流動的だと言わざるをえない。

　ただ、この世論調査の結果で注意したいのは、バスク独立の賛否にかかわらず、スペイン政府、とりわけＰＰに対する信用度が過去18年間、ほぼ一貫して低下し続けているという点である。バスク独立の否定は、スペイン政府に対する支持へと繋がっていない。反対にバスク自治州政府に対する信頼度は、高レベルを維持している。

このように、バスク独立をめぐるバスク自治州民の意向からは、カタルーニャ独立をめぐるカタルーニャ社会と同じく、バスク社会内部の分断が垣間見える。しかし、カタルーニャ独立をめぐって、対話による解決に消極的なPP政権への反感がむしろ喚起され、若干の温度差があるものの、バスク・ナショナリスト諸勢力の間に共感と結束が再び呼び覚まれつつある。

5　今後のシナリオ

２０１７年のカタルーニャ独立運動以降、バスク・ナショナリストとその周辺が、にわかに蠢き始めた。

新たな動きとして見逃せないのが、２０１３年に発足した「グレ・エスク・ダゴ（Gure esku dago）」（《我らの手中にある》の意味）という超党派的な市民社会運動である。独立であれ自治であれ、バスク7領域の将来は自ら決めたい、という主張を掲げるこの運動には、バスク7領域の全てのバスク・ナショナリストに加えて、ポデモスの支持者、さらにはカタルーニャ市民も、その一部が参画している。２０１４年に約１３５０人を集めて始まった「人間の鎖」示威行動は、２０１７年には10倍の約13万６０００人を動員するまでに、急成長している［Larrañaga 2018］。

政界の動きも慌ただしい。まず、政治勢力が四分極化して国家予算案の成立が難航していたＰＰ主導のスペイン国政において、ＰＮＶは、賛成票を投じて予算案を通過させる見返りとして、徴税権の拡大などさまざまな好条件をＰＰ政権から引き出した。２０１８年度予算案に関しても、２０１８年４月に、バスク自治州に対する社会保障関連予算の増額を取り付けたほか、カタルーニャの自治権を停止した憲法第１５５条の適用解除を合意文書の一角に盛り込んでいる。もっとも、６月にＰＳＯＥが突如提出した内閣不信任案において、ＰＮＶはちゃっかりと賛成票を投じ、国政の主導権は再びＰＳＯＥの手中に戻った。そしてこの間、５月にＥＴＡが解体した。組織の解散は、バスクの自己決定権を訴えていくうえで、この先有利に作用することは間違いない。

ＰＮＶ主導のバスク・ナショナリストは、まずは現行憲法の枠組み内で最大限の自治権を獲得することを目指すはずである。スペイン国会でキャスティングボートを握っている現状は、好機である。ゲルニカ憲章に明記された権限移譲１４４項目のうち、残された37項目の権限移譲が、次のステップになろう。じつはＰＮＶは再度ゲルニカ憲章の改正作業[25]に入っており、２０１８年5月には、ＥＨビルドゥとの間で新憲章の中に「決定権」の文言を挿入することを合意している。最終的な決着地点は目下不明だが、憲法に明記された「歴史的諸法／諸権利」を根拠にさらなる自治権の拡充を謳い、決定権を行使する裏づけとなり得る住民投票に関する権限の移譲を要求するのではないかと思われる[26]。

なお、既述したとおり、現行憲法下でナバーラ自治州をバスク自治州に編入することは、ナバーラでの住民投票を経て可能である。しかし、ナバーラでバスク・ナショナリスト政権が誕生したとはいえ、少数派である現状からすると、この住民投票は時期尚早であろう。

ナバーラおよびフランス領バスク地方との関係を、バスク自治州の新たな自治憲章の中で再規定することは、現行憲法下では困難である。であれば、次の選択肢は憲法改正となろうが、改正にはスペイン国民全体の意志が関わってくる。比較的実現可能性があるのは、スペインの連邦制への移行であろう。が、バスク・ナショナリストがむしろ参照しているのは、コソヴォの一方的独立宣言を認めた2010年7月の国際司法裁判所の判決である（第7章参照）。もっとも、同判決に強制力はない。また、救済的分離独立の性格を持つコソヴォの事例は、生命に関わる大規模な人権侵害が継続しているとは言いがたいバスク地方の現況とは異なる。しかし、基本的人権ないし自決権を根拠にして、国際法あるいは国際社会に訴え、国際社会の認知による一方的独立を達成する道筋は、選択肢の一つとして認識されているようだ。EU諸国の承認を得られなかったカタルーニャ独立宣言の経験に鑑み、国際社会との連携[27]は以前にも増して重要視されている。EU等の国際機関への代議権の獲得も、当然、中間目標として視野に入っている。

(25) 1979年末に成立したゲルニカ憲章は、スペイン国内の17ある自治州憲章の中で、ガリシア自治州憲章（1981年成立）とともに、今日まで一度も改正されたことのない自治州憲章である。

(26) 2010年代に入ってから、PNVとEHビルドゥの党員は、プエルトリコ（2012年）、スコットランド、カタルーニャ（2014年）、再びカタルーニャ、クルディスタン（2017年）の住民投票を、公式ないし非公式に、実地に視察している。

(27) スペイン憲法裁判所の判例によれば、条約のように相手側の承認を要し、法的拘束力を伴う「国際関係」は、国家の排他的専管事項である。だが、必ずしも法的拘束力を伴わない相手側の同意の下に実施することの可能な「対外活動」は、自治州の所管とすることができる［STC 165/1994 ほか］。

実際バスク自治州政府は、ニューヨーク、ブリュッセルほか中南米諸国等、計7カ所に設置した代表部を通して積極的なロビー活動を展開してきたし、ここ2、3年の間に、バイエルン（ドイツ）、ケベック（カナダ）、アイダホ（米国）といった連邦制国家の州政府や、各種国際機関との間で、経済、文化面での相互協力関係を相次いで合意している。また、世界38の高等教育機関において、バスク語・バスク文化理解促進のための寄付講座も支援している[28]。このほか世界25の国と地域に、バスク自治州政府が公認する191のバスク系在外同胞団体が存在する［萩尾 2016］。とくに南北アメリカ大陸のバスク・ディアスポラ社会には、当該国の政財界中枢近くまで登りつめ、国際的な発言力を持つ者が散見される[29]。ゲルニカ憲章の改正と併せて、在外バスク系同胞との関係を律する自治州法の改正も、アジェンダの中に入った。

「連邦制的な国家の中で最大幅の自治権を享受するのと、一独立国家を自ら統べるのとでは、どちらによりメリットがあるだろうか。それを決めるのはバスク市民である」。これはバスク自治州政府元首班イバレチェのかつての言[30]である。経済、教育、治安等の各方面でスペイン国内最高位の水準を維持しているバスクとナバーラの自治州は、住民の意志に反してまで分離独立を強行するリスクは負わないだろうが、将来の決定権の筋道をつける新たな一歩となりそうなのが、1、2年内に提示される予定のゲルニカ憲章改正案である。鍵は、「バスク」という領域性の再定義、そしてそこで営為を成す人びとの意志である。

(28) 実施機関は、2007年に設立されたエチェパレ・バスク・インスティテュート。バスク語とバスク文化の対外普及を任務とする［Hagio 2013］。

(29) 例えば米国のレーガン元大統領の「第一の友人」と呼ばれたポール・ラシャルト（ラクサルト）上院議員や、元ウルグアイ大統領のホセ・ムヒカ。その他多数の事例あり。

(30) 各地で発言しているが、筆者が直接耳にしたのは、2012年10月、アルゼンチンのバイア・ブランカ市とロサリオ市の在外バスク系同胞団体の講演会において。

【法令・資料】

Euskaltzaindia (2004), *139. Araua. Euskal Herria izena.*

Eusko Jaurlaritza (2003), EUSKADIKO Erkidgoaren ESTATUTO POLITIKOAren Proposamena / Propuesta de ESTATUTO POLÍTICO de la Cumunidad DE EUSKADI.

—— (2017), *Relación 37 Competencias Pendientes de Traspaso a Euskadi (1979-2017).*

Ministerio de Política Territorial y Función Pública (2015), *Traspasos aprobados para las Comunidades Autónomas y las Ciudades Ceuta y Melilla -1978 a 2015-.*

STC 165/1994, de 26 de mayo

STC 103/2008, de 11 de septiembre

【参考文献】

Baxok, Erramun et al. (2007), *Euskal nortasuna eta kultura XXI. mendearen hasieran*, Eusko Ikaskuntza, Donostia-San Sebastián.

Eusko Jaurlaritza (2014), *56. Euskal Soziometroa: Estatus politika berria*, Vitoria-Gasteiz.

——— (2015), *57. Euskal Soziometroa: Euskadi munduan*, Vitoria-Gasteiz.

——— (2018), *66. Euskal Soziometroa: Kultura*, Vitoria-Gasteiz.

Fernández, Tomás-Ramón (1985), *Los Derechos Históricos de los Territorios Forales*, CIVITAS, Centro de Estudios Constitucionales, Madrid.

萩尾生（2007）「自治州国家スペインにおける《歴史的諸法》――地域自治に対する歴史的独自性の射程」宮島喬・若松邦弘・小森宏美編『地域のヨーロッパ――多層化・再編・再生』人文書院、93～116頁

———（2016）「在外バスク系同胞の過去・現在・未来――世界に広がるウチナーンチュとの比較研究を念頭に」『移民研究』第12号、沖縄移民研究センター、3～30頁

Hagio, Sho (2013), "External Projection of the Basque Language and Culture. The Etxepare Basque Institute and a Range of Public Paradiplomacy", *BOGA -Basque Studies Consortium Journal-*, Vol. 1, Iss. 1. Article 4. https://doi.org/10.18122/B2HQ5D

萩尾生・吉田浩美編著（2012）『現代バスクを知るための50章』明石書店

Herrero de Miñón, Miguel (1981), *Idea de los Derechos Históricos*, Espasa-Calpe, Madrid.

——— (1998), *Derechos Históricos y Constitución*, Taurus, Madrid.

Herrero de Miñón, Miguel y Lluch, Ernest, eds. (2001), *Derechos Históricos y Constitucionalismo Útil,* Crítica, Barcelona.

Larrañaga, Iñaki (2018), "Donostia-Bilbo-Gasteiz giza katea. Irabazteko etorri dira." *Argia*, 2,602 zenbakia, 2018/06/10, pp. 34-37.

López Basaguren, Alberto (2009), "Sobre Referéndum y Comunidades Autónomas. La Ley Vasca de la 'Consulta' ante el Tribunal Constitucional (Consideraciones con Motivo de la STC 103/2008)", *REAF*, núm. 9, octubre 2009, pp. 202-240.

Pablo, Santiago de et al., eds. (1998), *Documentos para la historia del nacionalismo vasco.* De los Fueros a nuestros días, Ariel, Barcelona.

付記：本稿は２０１８年７月に脱稿した。その後本書が刊行されるまでの間に、いくつかの新たな政治状況が生まれたが、筆者の見解に変更を迫るものでないため、当時の原稿をほぼそのまま掲載することとした。

第5章〈スペイン②〉

カタルーニャ・スペイン問題
――問われているのはスペインの多様性、民主主義、人権

奥野良知

カタルーニャの独立問題は、２０１７年10月１日に同地でスペインからの独立の是非を問う住民投票が行われ、その際にスペイン国家警察が投票に来た市民に暴力を振るったことで、日本でもいくらか知られるようになった。

カタルーニャの独立問題をめぐって、当初日本のマスコミはこぞってその原因がもっぱら経済的な理由にあると報じた。カタルーニャはスペインで最も豊かな地域であるが、リーマン・ショック以降のスペインの経済危機で全体のパイが少なくなったことにより、自分たちの税金が他の地域へ再分配されることを負担に感じるようになり、自決権に目覚め、独立を主張するようになった、つまり、裕福な地域の地域エゴであるというような内容だった。

そして、この手の説明は、スペイン政府、スペインの全国政党（左派新党のポデモスを除く）[1]、主にマドリードに拠点を置き、カタルーニャの独立やカタルーニャそのものに否定的な論陣を張るスペインの主要マスコミや知識人そのものが、繰り返し流している言説の一部とほぼ一致する。そこでは、しばしば、カタルーニャの独立派がカタルーニャ・ブルジョワジーと同一視され、同地の独立主義は連帯の精神を欠いたエゴイズムであり、ポピュリズムであるとされる。

したがって、そのような言説では、カタルーニャの独立主義は右派の運動とされ、さらには、フランスの極右である国民戦線になぞらえられ、ナチであるとのレッテルを貼られ、人種差別的、排他的、反民主的な運動とされる。さらには、独立の是非を投票で問うことそのものが民主主義の否定であるともされる。

そして、このような言説を展開する側は、あくまで自分たちはスペイン・ナショナリズムを押しつけているのではなく、憲法を遵守しているだけであり、カタルーニャが一方的に偏狭で危険なナショナリズムを高揚させているとする。

また、このカタルーニャ・ナショナリズムは、閉鎖的で停滞的なカタルーニャ社会から再生産されており、カタルーニャ語の存在がその閉鎖性を助長させている。とりわけそれは農村部で顕著であり、つまり、独立だと騒いでいるのは農村部だけで、バルセローナでは誰も独立を望んでいないともされる。

そして、大言語であるカスティーリャ語（スペイン語）をもっぱら話し書く人は、それだけで世界に通じる開明的な人で、これに対し、マイノリティ言語であるカタルーニャ語の使用にこだわる人は、彼らのほぼ全員がたとえカスティーリャ語とのバイリンガルだとしても（実際バイリンガルなのだが）、それだけで閉鎖的なメンタリティの持ち主だとされる。もちろん、バイリンガル話者は第3・第4の言語の習得がより容易だとされることや、スペインでもカタルーニャには英語に長けた人が多いといわれることには何ら言及されない。エドゥアルド・メンドサ『カタルーニャで今起きていること』（立石博高訳、明石書店、2018年）も、大筋では、このような見方と同一線上にあり、そこではカタルーニャの独立主義の「単色性」が強調される。

しかしながら他方では、例えば、スペイン司法当局から国家反逆罪の罪で逮捕状を出され、現在7名の独立派幹部がスペインの外に「亡命」（スペイン政府によると「逃亡」）していて、9名が予防的措置として刑務所に1年半以上にわたって拘束されているのだが、ドイツ、ベルギー、スイス、スコットランドの司法当局は、亡命中の幹部の国家反逆罪の罪状を否定した。また、国連、アムネスティ・インターナショナル、国際ペンクラブ、ノーム・チョムスキー等の国際的に著名な多くの知識人、フランス上院議員41名、前フランス大統領候補ブノワ・アモン（フランス社会党）などは、これはあくまで政治問題であり、それを司法問題化して裁判で決着させようとするスペイン政府・司法の行動を、基本的人権を蔑ろにする非民主的なものであるとして強く非難し、政治犯の即時釈放を要求している。それらのことを考慮すると、やはりカタルーニャの独立派を断罪している側に何ら問題がないとはとても思えない。

（1）ポデモスは旧スペイン共産党の統一左翼（IU）と選挙連合 Unidas Podemos を組んでいる。

ましてや、住民投票時の国民党スペイン政府の外務大臣ダティスが、住民投票での警察の暴力の映像をフェイクと断じ（ＢＢＣのキャスターと激論となった）、２０１８年5月に新たに政権の座に就いた社会労働党政権のブレイ外務大臣はじめ幹部が、ダティスと同様にそれらの動画をフェイクとしているが、これは、住民投票で警察の暴力を目の前で見た筆者としては、とても信じ難い発言である。

では、実際のところ、カタルーニャでの独立主義の高まりの主要因はどこにあるのか。カタルーニャの独立運動とは、本当に、裕福な地域の閉鎖的な農村社会を基盤とする極右的で不寛容で危険なナショナリズムなのか。本論の問いは、まずこのような点にある。そして、むしろ原因のかなりの部分は、一つのナショナル・アイデンティティしか認めない、多様なアイデンティティを認めないスペイン・ナショナリズムが、スペインの統一はあらゆることに優先するとの立場から、カタルーニャの民意を否定していることにあることを論じる。また、着実に進展しているカタルーニャ問題の国際化やカタルーニャの独立派の路線対立にも言及する。

まずは、世論調査のデータを用いて、カタルーニャにおける独立派と反対派(2)の思想傾向を確認することから始めていく。

1　カタルーニャの独立派と反対派

(1) カタルーニャの諸政党の基本的な立ち位置

最初に、諸政党の基本的な立ち位置を確認しておく。図1にある政党は、カタルーニャ州議会に議

図1　カタルーニャの諸政党の基本的な立ち位置

	政党	議席	右左	一方的路線	独立	自決権	ネイション	教育制度
独立派	人民連合（CUP）	4	左	○	○	○	○	○
	カタルーニャのための連合（JxC）	34	右	○→△	○	○	○	○
	カタルーニャ共和主義左派（ERC）	32	左	○→×	○	○	○	○
中間派	カタルーニャ・アン・クム・プデム（CatECP）	8	左	×	△	○	○	○
反対派（統一派）	カタルーニャ社会党（PSC）	17	左	×	×	×	○	○
	シウダダーノス（C's）	36	右	×	×	×	×	×
	国民党（PP）	4	右	×	×	×	×	×

議席：2017年12月21日のカタルーニャ州議会選挙での結果
一方的路線：共和国建設を一方的に進めていくべきか、住民投票を再度、今度は合意に基づく形で行うべきか。
自決権：カタルーニャに自己決定権はあるか。
ネイション：カタルーニャはネイションか。
教育制度：カタルーニャ語を教育言語としているカタルーニャの教育制度を支持するか。
出典：筆者作成

席を持つ政党である。まず、この図にあるように、政党は独立派と反対派に単純に二分される訳ではなく、中間派が存在することと、独立派、中間派、反対派のいずれにもそれぞれ濃淡があるということである。

左派新党の全国政党であるポデモスと姉妹関係にあるカタルーニャ・アン・クム・プデム（CatECP）を中間派としているのは、反対派諸政党とは異なり、クム・プデムはカタルーニャの自己決定権（自分たちのことを自分たちで決める権利、この場合は高度な自治権〔＝主権〕を意味する内的自決権のみならず、独立の是非を問う住民投票を行う権利である外的自決権を含む）を認めているからである。ちなみに、

（2）独立への反対派は、カタルーニャ語やカスティーリャ語では unionista（統一主義者、統一派）とも表記される。

各種アンケートによると、支持者の約3割は独立を支持している。

また、左派の全国政党であるスペイン社会労働党（PSOE）の姉妹政党であるカタルーニャ社会党（PSC）は、独立に反対ではあるものの、スペイン・ナショナリズムの右派の全国政党である国民党（PP）やシウダダーノス（C's）とは異なり、カタルーニャはネイションだとしており、カタルーニャ語を教育言語とするカタルーニャの教育制度も支持している。ただし、この政党は、カタルーニャは、「同じ政治的アイデンティティを持つがゆえに自己決定権を持つ単位となる政治的共同体または政治的主体」という意味でのネイションではなく、「文化的意味」でのネイションに過ぎないとしている。

他方、独立派の3党も一様ではなく、右から左まであり、次項で確認するが、現在の独立主義には圧倒的に左派が多い。また終節で述べるが、独立派内では路線対立が大きくなっている。

（2）世論調査のデータを通して見る独立支持者と反独立支持者の思想傾向

次は、カタルーニャ自治政府の世論調査研究所（以下CEOと表記）が公表している世論調査データ(3)と、その未加工データをアメリカ人データ分析者ジョー・ブリューが図表化したものを用いて、カタルーニャの独立派と反対派の思想傾向を検討する。(4)両者の思想傾向についての言説はしばしば水掛け論に陥りがちだが、CEOのデータは両者のそれを多様な質問方法によって定量化しており、非常に説得力がある。今回主に用いるのは2019年3月に実施した世論調査のデータで、この調査は、同年4月28日の総選挙のカタルーニャでの結果をきわめて高い精度で予測した。(5)CEOのアンケートは、多くの新聞社が行っているバイアスのかかりやすい電話でのアンケートとは異なり、対面で行われている。

まず、独立支持の高まりが経済危機と直結するなら、失業と独立支持には密接な相関関係がありそうだが、図2を見るとそうではないことが分かる。また、カタルーニャの失業率は、スペイン平均を常に下回っており、しかも、カタルーニャの失業者に占める独立派の割合は反対派よりも低い（図3）。

また、独立主義が単なる裕福な地域の右派的な地域エゴであるならば、「政府は所得格差を是正するための措置を講ずるべきである」との意見に同意するか否かを尋ねる質問（図4）に対し、独立派の方が同意する割合が少なくなりそうなものだが、実際は、同意する人は独立派の方がやや多い。

また、「社会サービスが低下しても税を下げるべきである」との意見に同意するか否かを尋ねた質

（3） Centre d'Estudis d'Opinió (CEO), Baròmetre d'Opinió Política. 1a onada, Dossier de premsa2019. http://upceo.ceo.gencat.cat/wsceop/7008/Dossier%20de%20premsa%20-919.pdf.

（4） BREW, Joe (2019.05.03). ただし、経済状況と独立主義の関係についてはBREW, Joe (2019.06.28)、独立主義と言語の関係についてはBREW, Joe (2018.05.23).

（5） 2019年4月28日の総選挙のカタルーニャでの結果：ERC 9→15、PSC 7→12、ECP（アン・クム・プデム）12→7、JxC 8→7、C's 5→5、PP 6→1、VOX 0→1。同選挙のスペイン全体での結果は、PSOE 85→123、PP 137→66、C's 32→57、Unidas Podemos 71→42、VOX 0→24、ERC 9→15、JxC 8→7、PNV（バスク・ナショナリスト党）5→6、Bildu〔バスクの左派独立主義政党〕2→4。

図２　カタルーニャの失業率と独立支持の関係

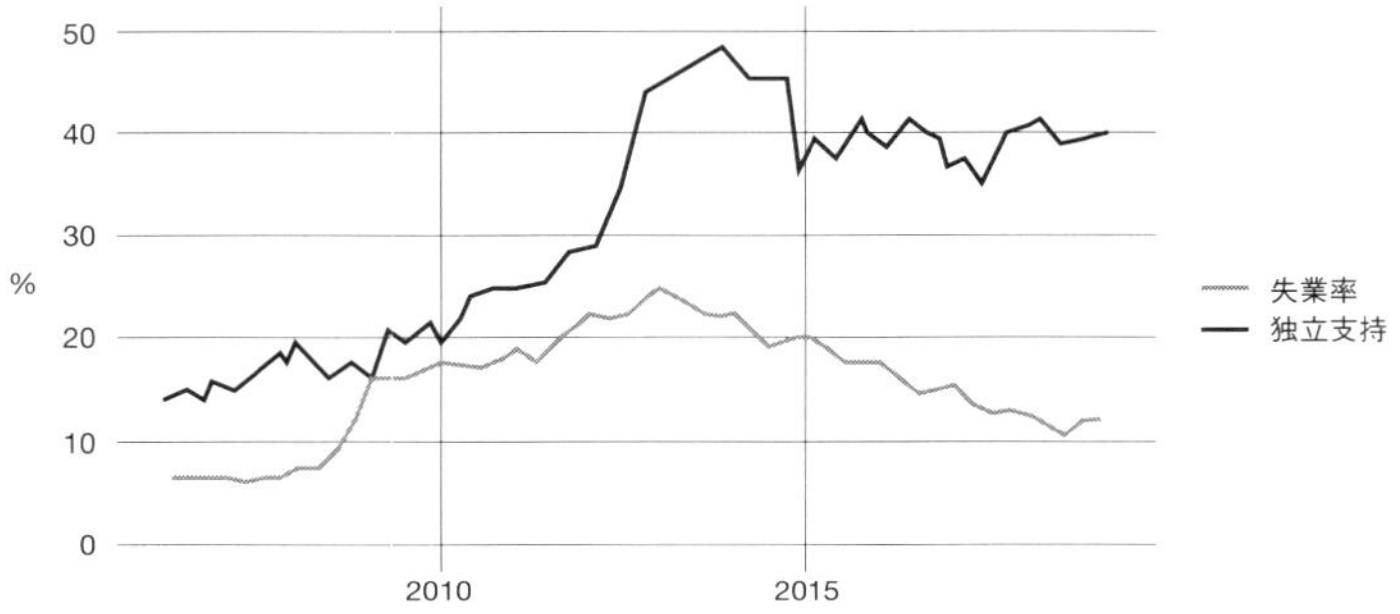

出典：BREW (2019.06.28)

図３　カタルーニャの失業者と就業者に占める独立支持者と独立反対者の割合

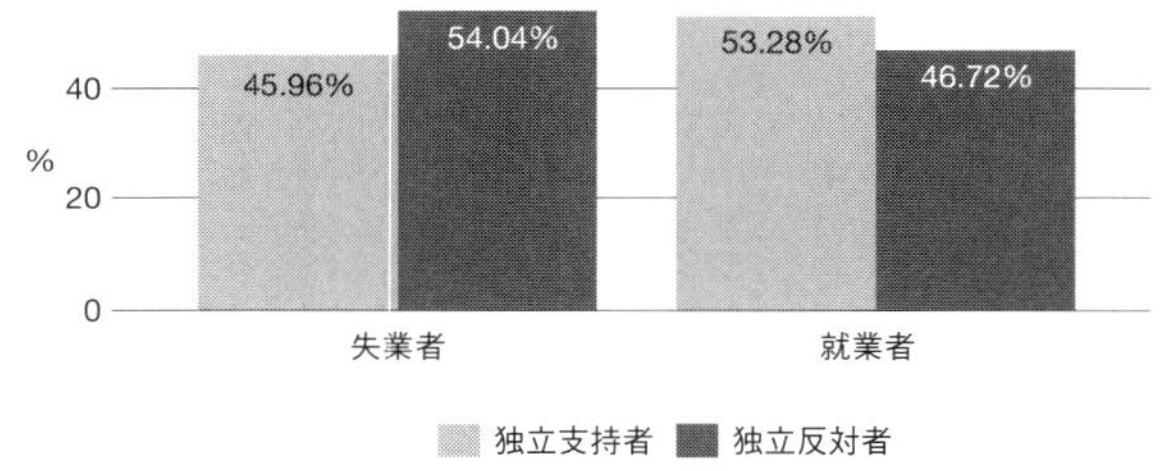

出典：BREW (2019.06.28)

図４「政府は所得格差を是正するための措置を講ずるべきである」、同意するか否か

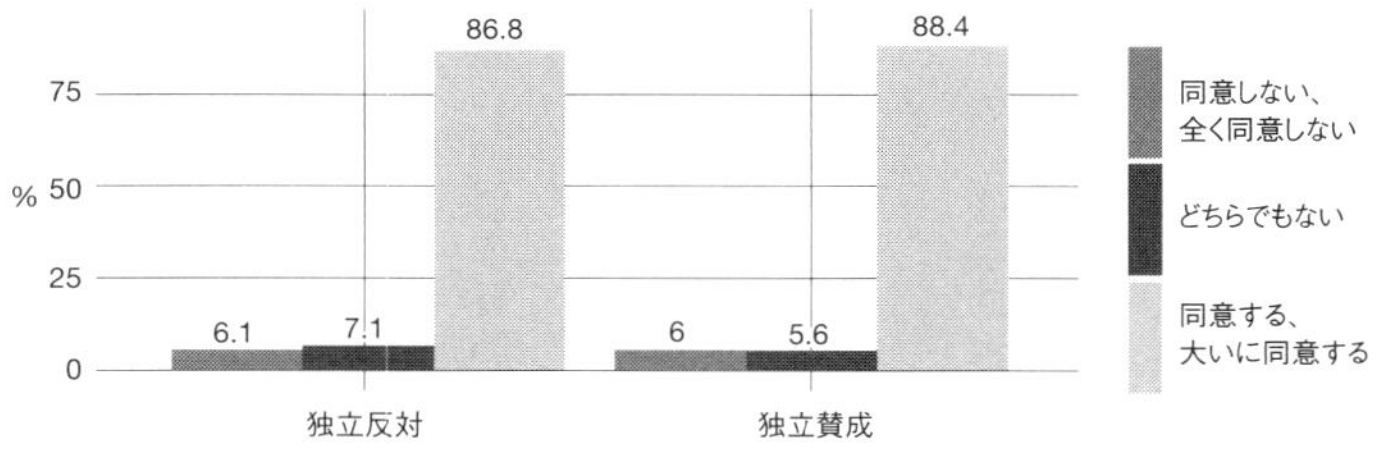

出典：BREW (2019.05.03)

図５　「たとえ社会サービスが低下してでも税を下げるべきである」、同意するか否か

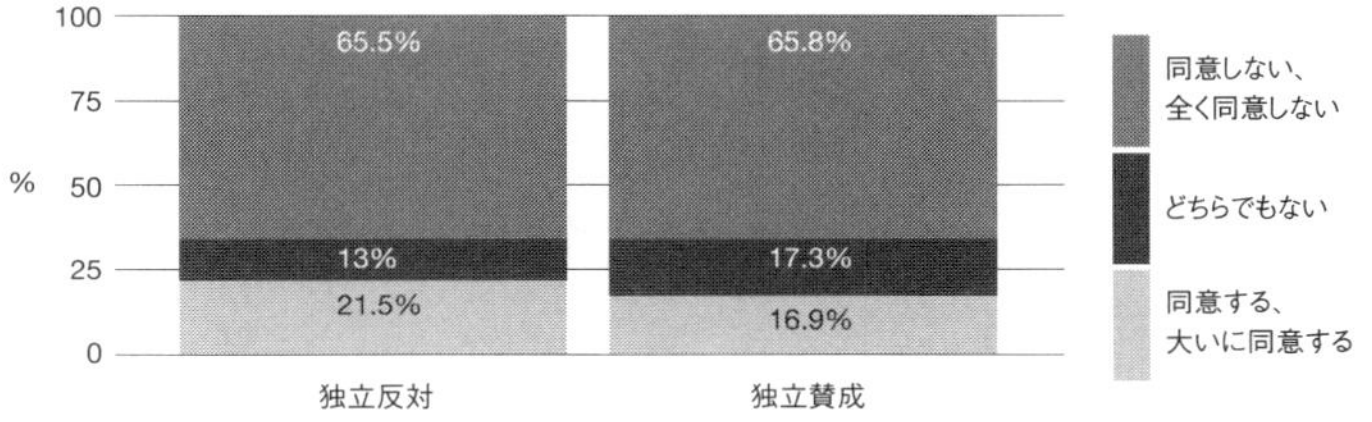

出典：BREW (2019.05.03)

図６　アンケート回答者の思想傾向（右か左か）と独立賛成か反対か

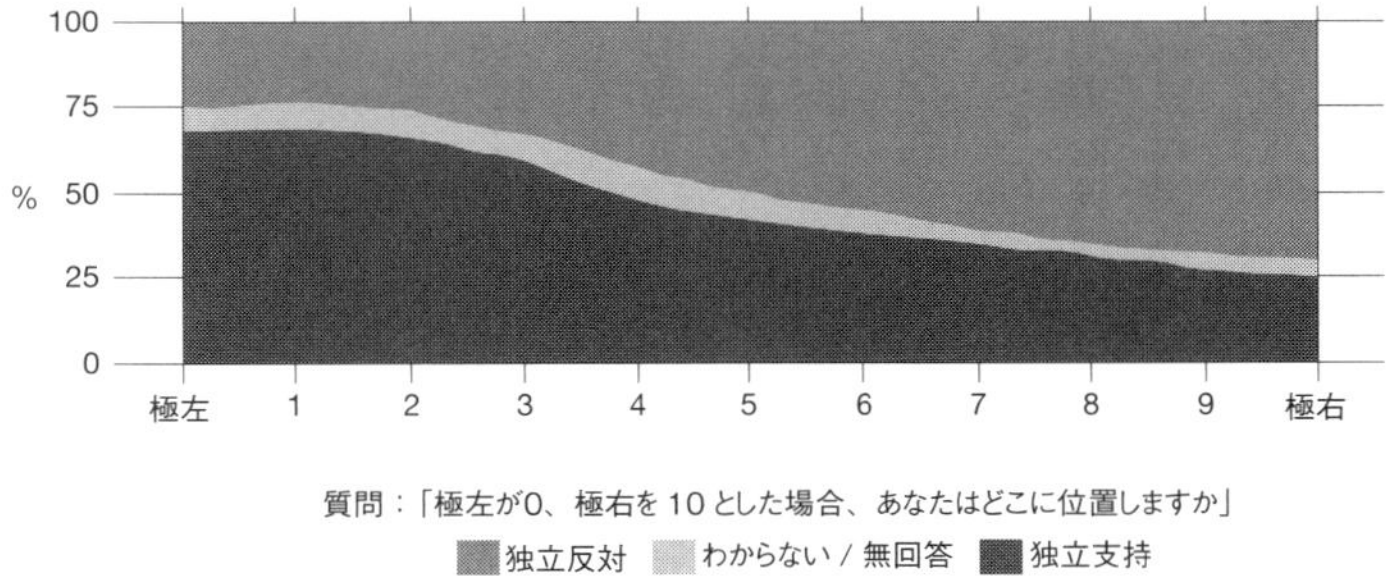

出典：BREW (2019.05.03)

図７　政党別の支持者の思想傾向（右か左か）

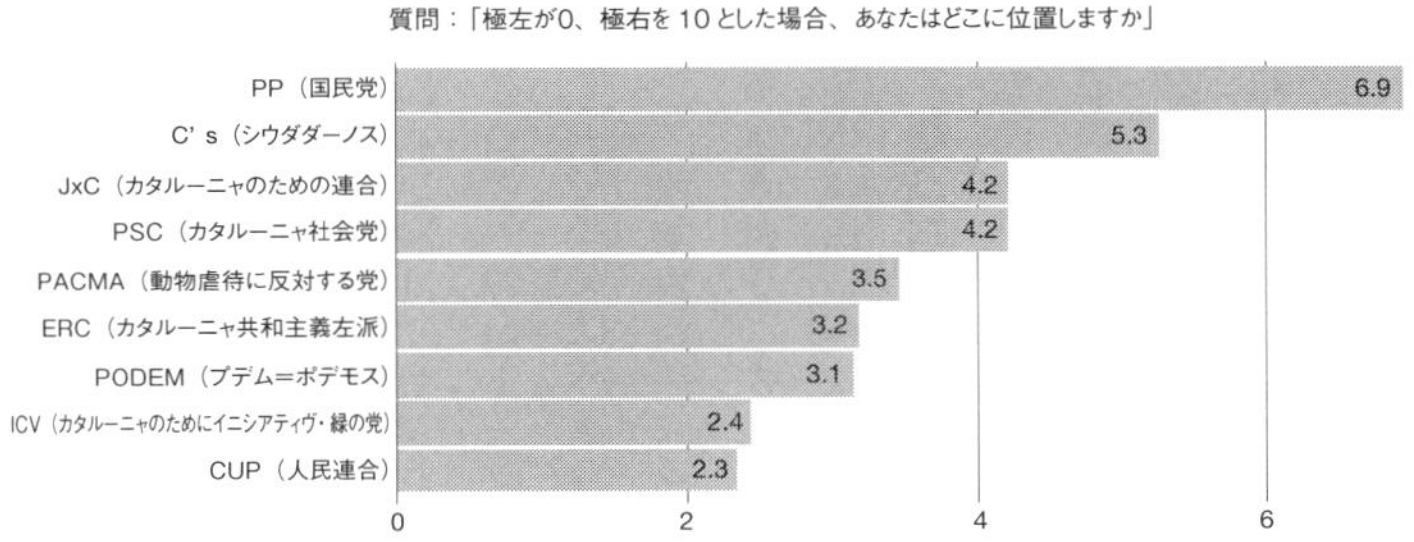

出典：BREW (2019.05.03)

問（図5）に対しても、独立主義が裕福な地域の右派的な地域エゴなら、この意見への同意は独立派でより多くなりそうなものだが、この意見への同意は反対派の方が高い。

次は、上記の点と重なるが、カタルーニャの独立主義は右派あるいは極右やナチだとの非難について。これは、図6を見ると一目瞭然だが、独立派には圧倒的に左派が多い。次に政党別の支持者の思想傾向（右か左か）を見てみると（図7）、中道右派を自認する独立派政党のカタルーニャのための連合（JxC）は、左派を自認する反対派政党のカタルーニャ社会党（PSC）と数値が同じであることが分かる。さらに、図8を見ると、カタルーニャのための連合（JxC）よりもカタルーニャ社会党（PSC）の方がフランコ独裁体制への評価が高いことが分かる。

また、カタルーニャの独立派は、不寛容な排外主義で、つまり極右でありナチであると反対派から批判され、しばしば、それは、偏狭なエスノ・ナショナリズムだともされる。エスノ・ナショナリズムとは、特定のエスニシティ（アイデンティティを重視するネイションとは異なり、言語・習俗・血縁等の外形的側面を重視した概念）に立脚したナショナリズムのことである（第1章「総論」参照）。

だがもしそうであるなら、「これほど移民が多くては、我が家にいる感じがしない」との言説に同意するか尋ねた質問に対しては、独立派で同意するが圧倒的に多くなるはずである。ところが、図9にあるように結果は真逆で、つまり、排外主義の度合いは、反対派の方が実に、1・6倍も多い。また、図10でこれを政党支持者別に見ると、カタルーニャのための連合（JxC）とカタルーニャ社会党（PSC）はほぼ数値が同じとなっている。また、独立主義を排外主義だとする批判は、とりわけ右派の反対派からなされるのだが、皮肉なことに、国民党（PP）とシウダダーノス（C's）の排外主義の度合いはきわめて高い。

不寛容で排外主義という批判は、しばしばカタルーニャ語との関連で語られる。19世紀以降スペイン経済の中心であるカタルーニャには、特にカタルーニャ語が公的場面で禁止されていたフランコ独裁時代の1960〜70年代に多くの国内移民が到来し、自身や近い先祖の誰かの出自がスペイン他地域にある人は、カタルーニャの全人口の70％近いとされる。そのような状況下、現在カタルーニャでは、大言語であり唯一の国家公用語であるカスティーリャ語（スペイン語）に囲まれた中で、カタルーニャ語（州の公用語）とカスティーリャ語のバイリンガルを育成するため、初等中等教育の教育言語をカタルーニャ語にしている。そして、同地の高校生のカスティーリャ語のレヴェルは全国平均を上回っているし、カタルーニャの教育制度は同地では、国民党（ＰＰ）とシウダダーノス（Ｃ'ｓ）を除く全政党から支持されている。にもかかわらず、この教育制度は、カタルーニャ語での教育を強制するものだとして、特にカタルーニャの外からしばしば批判されている。

では、独立に賛成か反対かという争点と言語の関係はどうなっているのだろうか。図11は、「自治州議会選挙への投票先」と「幼い頃に家庭で話していた言語」を２０１１〜２０１８年の７年間に渡って尋ねた結果を示している。これを見ると、独立派３政党では、いずれも支持者に占めるカスティーリャ語話者の割合が２０１８年に30％を超えており、全体として、カスティーリャ語話者の割合が増加し、言語的多様性が大きくなっていることが分かる。特にカタルーニャ共和主義左派（ＥＲＣ）は、７年間で15％近くのカスティーリャ語母語話者を獲得している。これに対し、反対派の諸政党は、いずれもカタルーニャ語母語話者が減っている。ここから、独立主義は、特定のエスニシティ

図8　政党別の支持者のフランコ独裁体制への評価

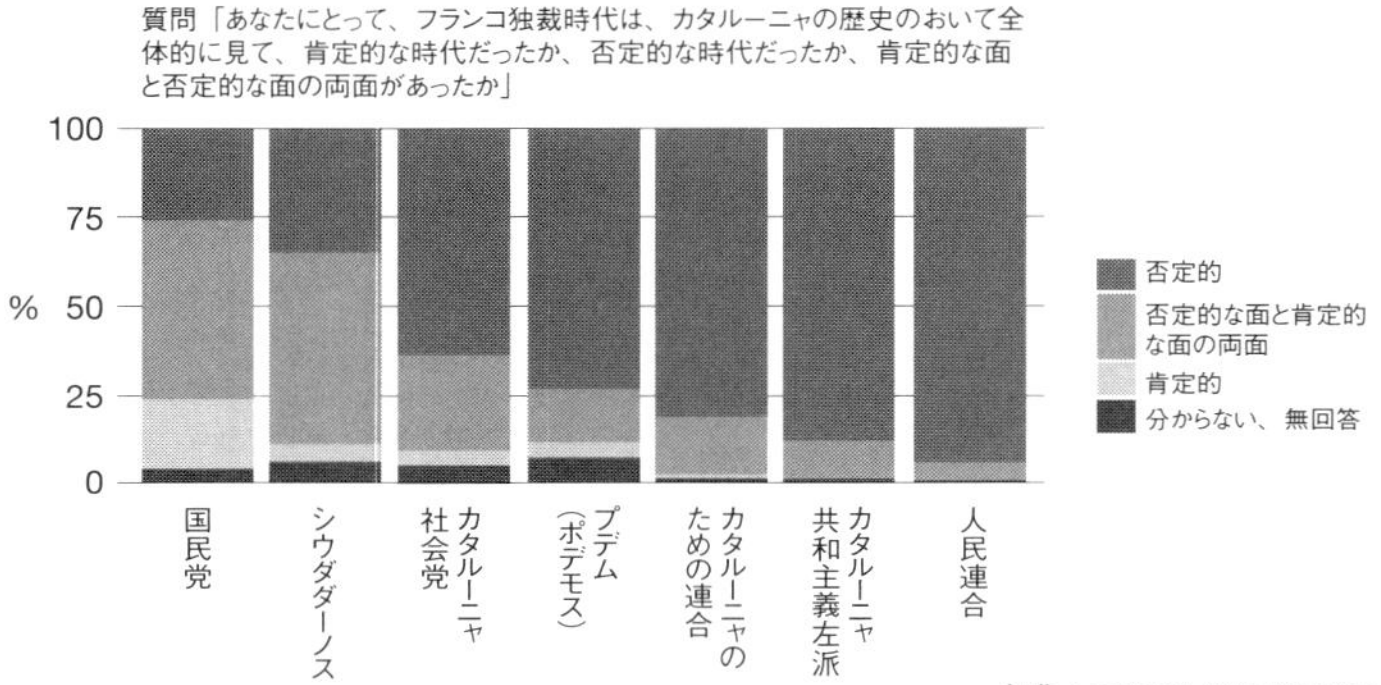

出典：BREW (2019.05.03)

図9　「これほど移民が多くては、我が家にいる感じがしない」、同意するか否か

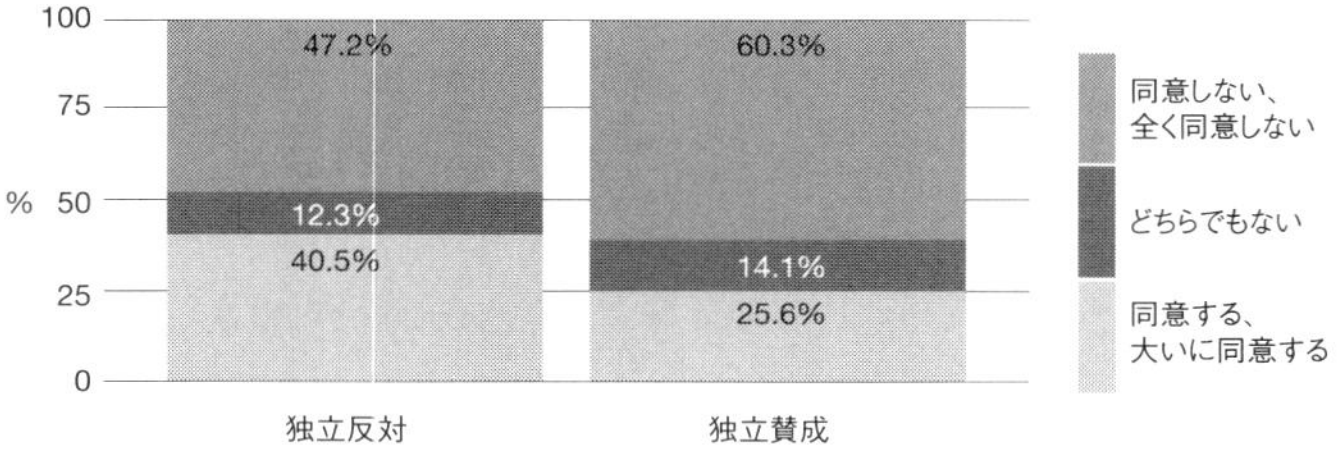

出典：BREW (2019.05.03)

図10　「これほど移民が多くては、我が家にいる感じがしない」、同意するか否か、政党支持者別

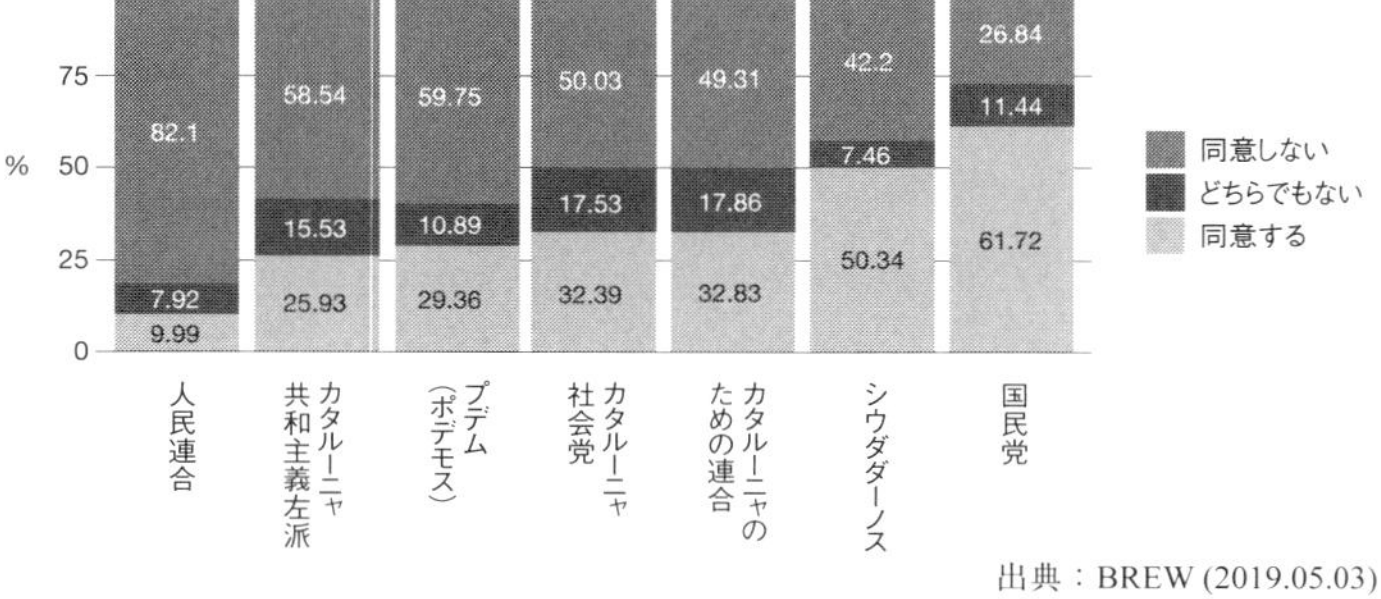

出典：BREW (2019.05.03)

図11　政党支持と母語の関係

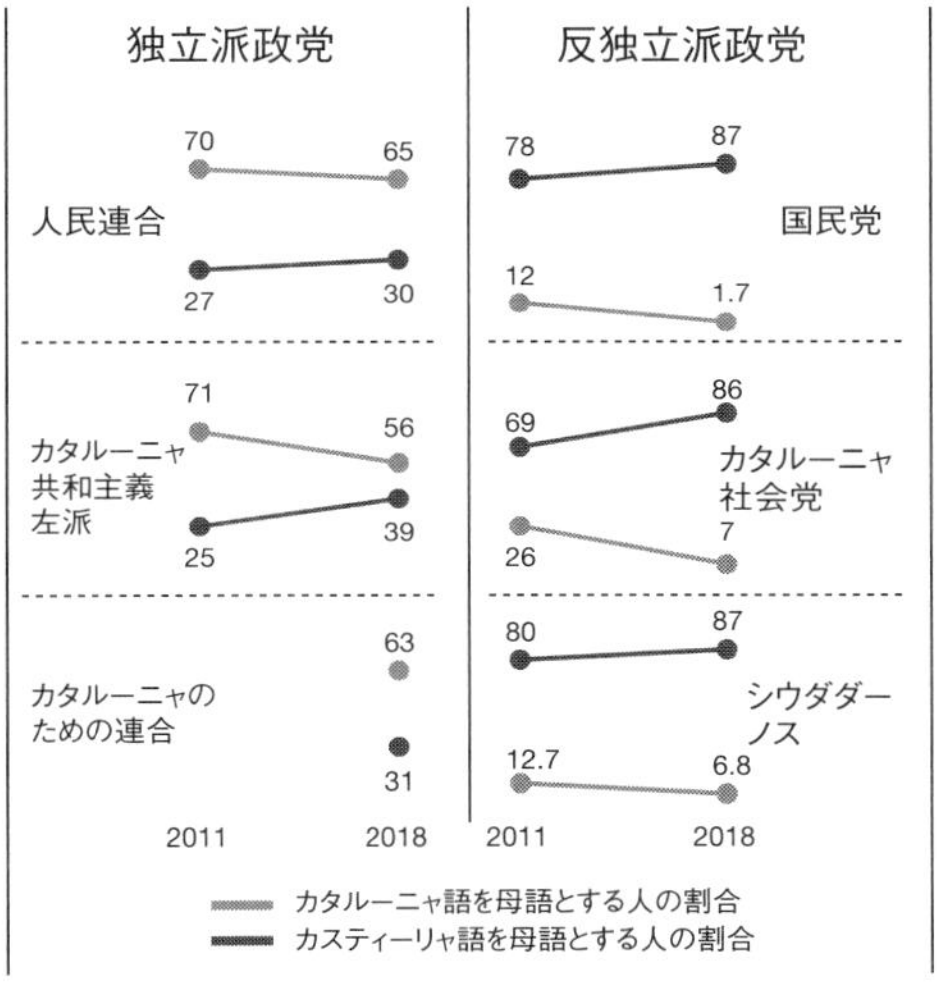

出典：BREW (2018.05.23)

図12　民主主義への選好

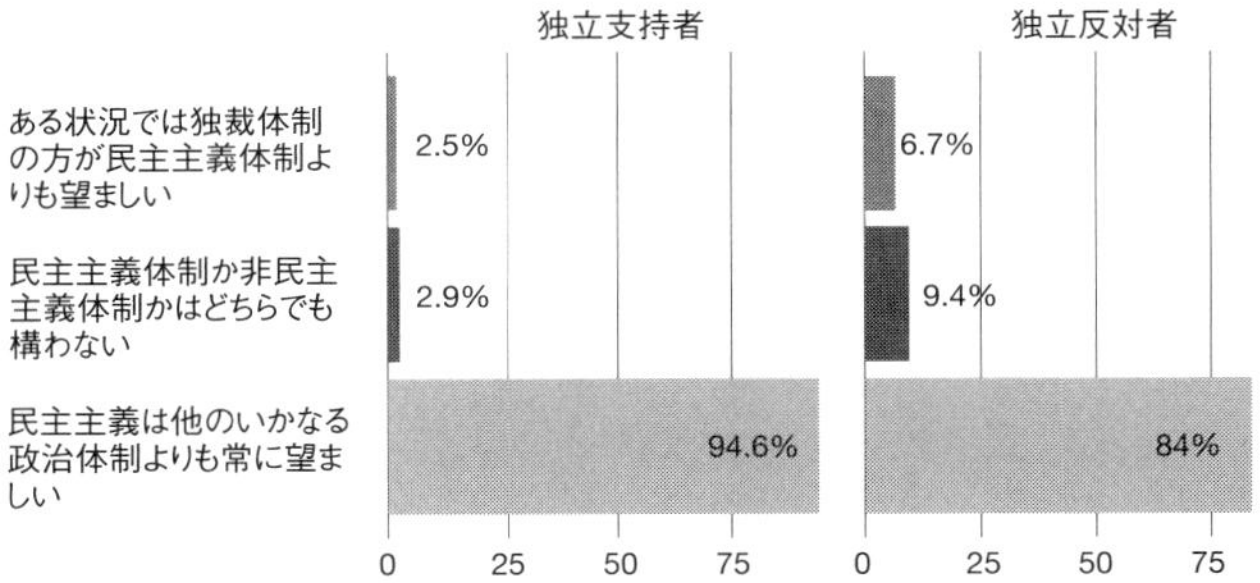

出典：BREW (2019.05.03)

図13　独立支持の割合（3択）

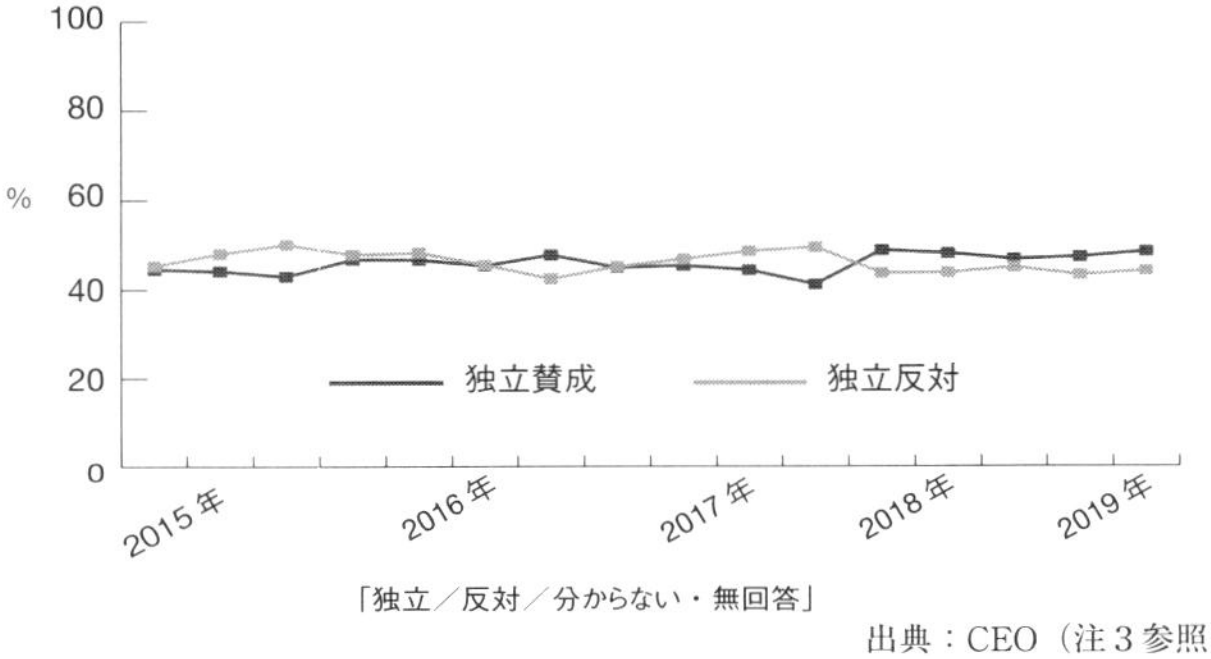

出典：CEO（注3参照）

図14　「カタルーニャ人は国 (país) として自らの将来を投票で決める権利（自決権）を持つ」、同意するか否か、政党支持者別

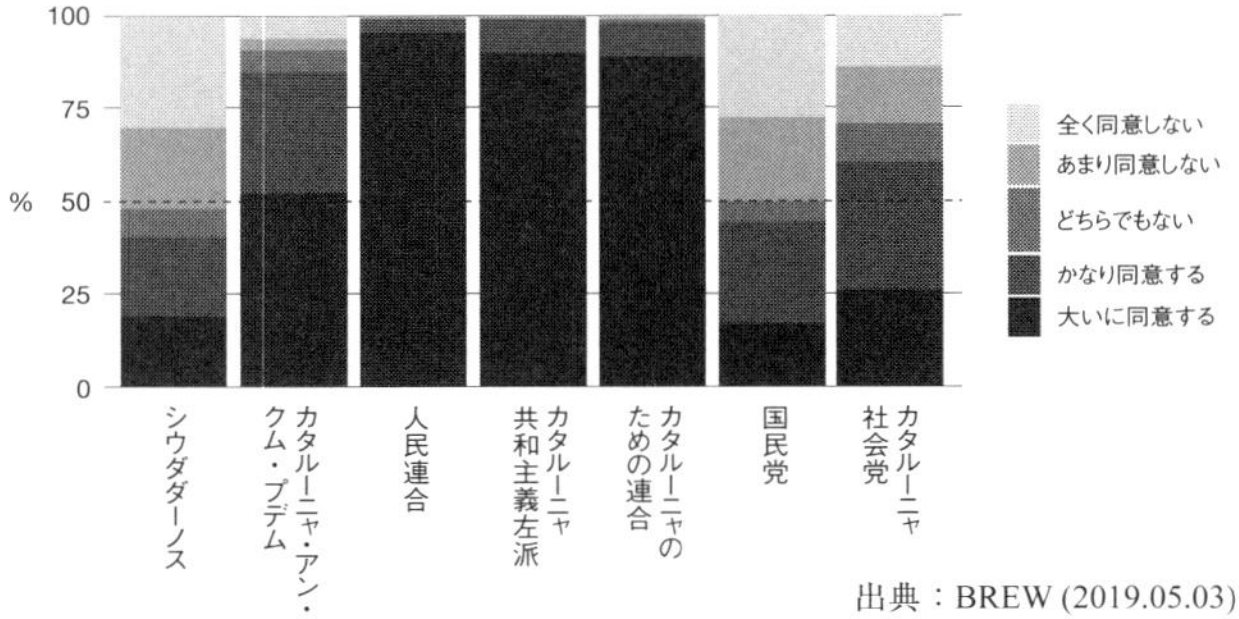

出典：BREW (2019.05.03)

図15　2017年12月21日のカタルーニャ自治州議会選挙でのバルセローナ市の得票率

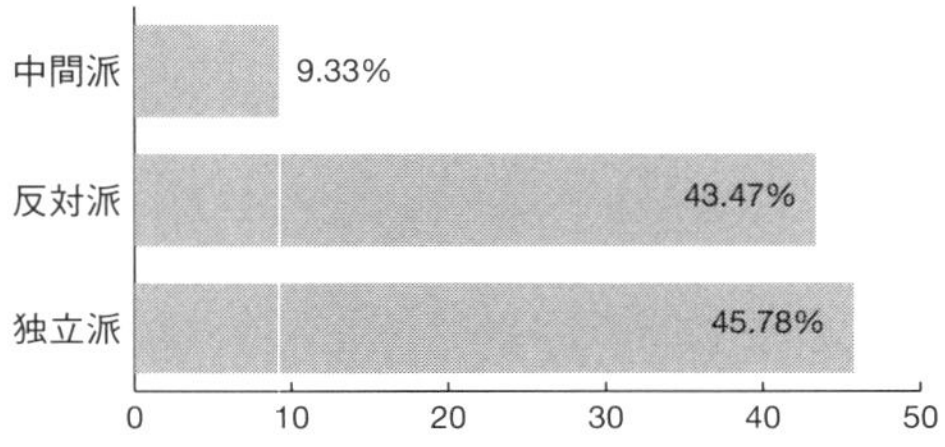

出典：注7を参照

に立脚したエスノ・ナショナリズムだと断定できないばかりか、多様性が減っているのはむしろ反対派だということが分かる。

次は、民主主義について。独立派は、反対派から、しばしば反民主的だと批判され、さらには、独立の是非を投票で問うことそのものが民主主義の否定とすらされる。だが、図12にあるように、「民主主義は他のいかなる政治体制よりも常に望ましい」との見解に同意する割合は、独立派の方が明確に高い。

また、反対派（例えばカタルーニャ社会党党首のミケル・イセータ）は、カタルーニャでは誰も独立も住民投票も望んでいないとして、独立派を批判している。だが、図13にあるように、2019年3月時点で「独立賛成／反対／分からない・無回答」の3択では、独立賛成48・4％、反対44・1％、分からない・無回答7・5％だった。さらに同じ調査で、「今住民投票があるとして賛成か反対か」を2択で尋ねた場合、賛成52・5％、反対47・7％となる。また、「カタルーニャ人は国（país）[6]として自分の将来を投票で決める権利を持つ」という見解に同意するか否かをという質問に対しては、78・7％が同意すると答えている。しかもこれを図14で政党別に見ると、イセータのカタルーニャ社会党支持者の約60％もが同意している。

最後に、独立を望んでいるのは農村部だけで、バルセローナでは誰も独立を望んでいないとの言説

（6）País「くに」は、ここではネイションに近い意味で用いられている。

について。これは、例えば２０１７年12月21日の自治州議会選挙でのバルセローナ市の結果を見てみると（図15）[7]、政党別では確かにスペイン・ナショナリズムの右派の新党であるシウダダーノス（Ｃｓ）が最も得票率が高いが、独立派３党全体の得票率は45・78％と、反対派３党よりも多い。また、２０１８年４月の総選挙では[8]、政党別でカタルーニャ共和主義左派（ＥＲＣ）が23・12％で第１位となっている。

以上のことから、独立派に対してなされる批判の多くは、科学的根拠を欠いたものだということが分かる。

２　スペイン・カタルーニャ問題略史

カタルーニャは、スペインとフランスにまたがる地中海に面する地域で、スペイン側カタルーニャは現在カタルーニャ自治州となっており、その中心地はバルセローナである。フランス側カタルーニャは、１６５９年のピレネー条約でフランスに割譲された。以下、カタルーニャと記す時は、ピレネー条約以後については基本的にはスペイン側を指すこととする。

カタルーニャ自治州の面積は関東平野とほぼ同じでスペイン全体の６・４％を占め、人口は約７５０万人でスペイン全体の16％を占める。独自の言語（カタルーニャ語）、独自の歴史（１７１４年まではカタルーニャ公国として独自の政治体制を持つ政治的主体として存続）、独自のアイデンティティとメンタリティを有する。歴史的に商工業が盛んで、スペインで唯一典型的な産業革命が生じた地域であり、Ｇ

ＤＰはスペイン全体の約20％を占める。

カタルーニャ語は、ラテン語から派生したロマンス諸語の一つで、カスティーリャ語（スペイン語）よりもフランス語やイタリア語に近い部分も多く（最も近い言語はオック語〔南仏語〕）、カタルーニャ以外でも、スペインのバレアルス諸島やバレンシア、フランス側カタルーニャ、アンドーラ公国などで話されている。カタルーニャでは１９７９年以後、スペインの国家公用語であるカスティーリャ語とともに、自治州の公用語となっている。また、カタルーニャの西北端のアラン谷で話されているオック語も、２００６年から自治州の公用語となっている。

カタルーニャの前身は、フランク王国が8世紀末に設置したイスパニア辺境領で、その主要部分がカタルーニャ諸伯領となった。１１３７年に、カタルーニャは隣国のアラゴン王国とカタルーニャ・アラゴン連合王国（アラゴン連合王国）を結成したが、これは、一つの王権の下に法体系、議会、言語、軍隊、等々が異なる複数の王国が存在する同君連合であり、カタルーニャとアラゴンは以後も別々の国家として存続した。

さらに、１４７９年に、カタルーニャ・アラゴン連合王国とカスティーリャ王国が連合し、スペイン王国が成立するが、これも同君連合国家であり、カタルーニャ公国は独自の法と議会を持つ国家として１７１４年まで存続した。

（７）https://eleccions.ara.cat/parlament-21d/resultats/municipi/8/19/99/9/barcelona ２０１９年5月20日最終閲覧

（８）https://eleccions.ara.cat/generals-2019-28-abril/resultats/municipi/8/19/99/9/barcelona ２０１９年5月20日最終閲覧

カタルーニャは、中世来の独自の集合的アイデンティティ（同じ土地の民）とメンタリティ（議会主義および合意を重視する政治文化ならびに自発的結社（アソシアシオー）が盛んな文化）を持つがゆえに、近世以降、マドリード（カスティーリャの中心地）の中央集権化と同化に対し、しばしば非常に強い抵抗を示してきた。カタルーニャの代表的歴史家ジュゼップ・フンターナによると、独自の集合的アイデンティティとメンタリティの起源の一部は、絶対的権力の不在ゆえに絶え間なく発生した領主間の紛争の解決手段として11世紀に始まった休戦会議に端を発する議会主義の伝統にある。この会議がカタルーニャ議会に発展していき、その参加者の間で「同じ土地の民」という意識が醸成されていき、彼らは自分たちの法や機関にアイデンティティを重ねるようになっていった。

ところで、スペイン継承戦争（1701〜14年）ではカタルーニャ公国を含むカタルーニャ・アラゴン連合王国の諸国は、それまでスペイン王家だったハプスブルク家を推す大同盟の側に与《くみ》し、ブルボン家を推すカスティーリャ・ブルボン連合と戦って敗れた。その結果、カタルーニャは独自の法体系、議会、政府（議会常設代表部）、等々を廃止され、国家として消滅した。ちなみに、バルセローナが陥落した1714年9月11日に因んで、9月11日は現在カタルーニャのナショナル・デーとなっている。

その後カタルーニャでは、18世紀末から19世紀前半にかけて、スペインで唯一の産業革命が生じた。その結果、後進的農業地域であるカスティーリャを中心とする他のスペインとの差異が、社会経済的にもメンタリティやアイデンティティの点でも、より一層拡大していくことになった。

19世紀になると、隣国フランスに倣って、スペインでも中央集権的な国民国家（一つのネイションの存在しか認めない国家、ユニナショナルな国家）の建設が行われていく。その際、スペインの国民形成（国家によるスペイン・ネイションの形成）において基準とされたのがカスティーリャだった。そして、地域間の言語、アイデンティティ、メンタリティ、社会経済的状況などの違いがきわめて大きいにもかかわらず、19世紀以降のスペイン国家は、後進的農業地域であるカスティーリャと同一視されたスペイン・ネイション（スペイン国民）の存在しか認めず、つまり、アイデンティティの多様性を認めず、マドリードからの画一的な中央集権国家の建設を進めていった。各地域の実情を考慮せず、「遅れた」カスティーリャを基準とした画一的な統治は、国家運営をきわめて不合理で不効率で非民主的なものとした。ただし、19世紀のスペインの政治家（カタルーニャやバスク等のそれを除く）には、「スペイン・ネイション（スペイン国民）というかつて存在したことのないもの」を創らなければいけない、という自覚はあった（現在は「スペイン・ネイション〔スペイン国民〕」は存在していることが大前提となってしまっている）。

綿工業を中心に工業化が進展し、ヨーロッパ有数の先進的社会となっていったカタルーニャでは、資本家層にも労働者層にも、その実情を理解しないスペインに対する不満が高まっていった。それゆえ、19世紀のカタルーニャ主義は、カタルーニャの側からスペインを近代化し、多様性を許容するスペイン・ネイションに基づいた連邦国家を創ろうとしたのだが、議会主義が容易に定着せず、軍人がクーデター等で政治を大きく左右するスペインでは、その目的を達成することはきわめて困難だった。そして、デモ等で頻繁に中央政府に対する異議申し立てが生じるカタルーニャは、19世紀から20世紀初頭にかけての7割の期間、方面軍司令官によって軍事的な統治が行われた。

その結果、カタルーニャでは19世紀末になると、近代的で多様性を許容するスペイン・ネイションに基づいた連邦国家を創ることを諦め、カタルーニャこそが政治的主体としてのネイションだと位置づけるカタルーニャ・ナショナリズムが誕生することとなった。ただし、これは、大きくいって、マルチナショナルな連邦国家（一つの国家内にいわゆる自己決定権〔自分たちのことを自分たちで決める権利〕〔＝主権〕を持つ複数のネイションの存在を認める連邦国家）を求めていく動きであり、即座に独立を求めるものではなかった。

カタルーニャ・ナショナリズムの悲願は、1833年の県区分によって四つの県に解体されていたカタルーニャを、行政団体として復活させることにあった。これは、文化行政等の権限しかなかったとはいえ、1914年にカタルーニャ4県連合体（マンクムニタッ・ダ・カタルーニャ）として部分的に実現したが、プリモ・デ・リベーラ独裁政権によって1923年に廃止された。

第二共和制期（1931〜39年）になると、カタルーニャはようやく自治政府（ジャナラリタッ・ダ・カタルーニャ）を1931年に実現することができたが、32年にカタルーニャの自治憲章が国会で可決される際、半数の国会議員がカタルーニャが自治州になることを不服として退席した。その後、36年にバスクとガリシアでも自治政府が成立したが、同年スペイン内戦が始まり、39年にドイツやイタリアの支援を受けたフランコ反乱軍が勝利し、スペインの一体性を至上命題とするフランコ独裁政権の下で、カタルーニャ、バスク、ガリシアの自治州は廃止され、カタルーニャ自治政府は亡命した。カタルーニャ語は公的な場で禁止され、旗だけでなく、カタルーニャを想起させる様々なものが禁止された。(9)

3　1978年憲法の制定と自治州(10)

独裁は、1975年に終了したが、それは打倒されたのではなく、フランコの死によって終わった。民主化に際しては、第二共和制期に自治州となり、フランコ独裁によって廃止されたカタルーニャ、バスク、ガリシアを自治州として復活させることについては、大方の合意が得られていた。だがどういう理屈で、この3地域のみを自治州とするかについては、新憲法制定の過程で大きな議論となった。民主化移行期において、スペイン政治で圧倒的な勢力を誇ったのは、フランコ独裁期で社会の中枢を占めた人々だった。彼らのほとんどは、スペインはスペイン・ネイション（スペイン国民）のみから成るユニナショナルな国家（国民国家）であり、例外は認められないとの立場だった。しかも、そのスペイン・ネイションとは、やはりカスティーリャと同一視されたものだった。他方、カタルーニャやバスクでは、カタルーニャやバスクは自己決定権を持つネイションであり、スペインは複数のネイションが存在するマルチナショナルな国家だとする意見が多かった。

結局、妥協の産物として成立した1978年憲法（現行憲法）は次のようなものとなった。まず第2条の前半で「憲法は、全てのスペイン人の共通かつ不可分の祖国であるスペイン・ネイション（ス

(9) 本節の内容は主に FONTANA (2016), DE RIQUER (2016) に依拠している。
(10) 3節から7節の内容については、奥野（2017）、奥野（2018）も参照されたい。

ペイン国民）のゆるぎない統一に基礎を置く」として、「共通かつ不可分の祖国」というスペイン軍の伝統的な言い回しを用いながら、スペイン・ネイションの一体性を強調している。

他方、後半部分では、「それ〔スペイン・ネイション〕を構成するナショナリティーズ（ナシオナリダッデス）と諸地域の自治権およびこれらの間の連帯を承認しかつ保証する」としている。ナショナリティーズとは、カタルーニャ、バスク、ガリシアを念頭に置いて入れられた用語で、ネイションと類似の意味で用いられているが、その定義はどこにも書かれていない。

つまり、前半部分を強調すれば、スペインはスペイン・ネイションのみから成る国民国家、逆に後半部分を強調すれば、スペインはマルチナショナルな側面を持つ国家、というように、多様な解釈が可能な憲法となった。だがこれは、後にカタルーニャの新自治憲章への違憲判決を生むことになる「ぼたんの掛け違い」の始まりであった。

というのも、フランコ派を中心とする当時のスペインの多数派にとって、憲法とは最終到達点を示しているものだった。つまり、カスティーリャと同一視された一体不可分のスペイン・ネイションの中に、あくまでその構成要素にしか過ぎないのだが、ナショナリティーズが存在するとしたことは、最大限の譲歩であり、それ以上先に進むということはあり得ないことだった。ベルギーやスイスやカナダとは異なり、国家語としてはあくまでカスティーリャ語しか認めていないことも、今から思えば、そのことを端的に示していた。

他方、カタルーニャでは、憲法はマルチナショナルな国家を目指すための出発点として受けとめられた。78年憲法が成立する前年の１９７７年に亡命カタルーニャ自治政府首相タラデーリャスが帰還し、カタルーニャ自治政府が復活した（民主化移行プロセスの中で第二共和制時の政治機関の復活が認められた唯一の例）こともあって、カタルーニャでは多くの人が憲法をそのように受けとめたのだとされる。[11]

いずれにせよ、スペイン・ネイションは一体であり、例外を許さないとする当時のフランコ派を中心とする多数派が考え出した解決策は、スペイン全土をすべて自治州にする、つまりスペインを17の自治州に区分し、自治州をいわば単なる行政区分にするというものだった。その結果、歴史的に自治への切なる思いが特になかったような地域も「自治州」となることになった。この措置は、「皆にコーヒーを」と呼ばれている。ちなみに、スペインの自治州体制は、連邦政府と連邦参加国家（州）によって主権を分有する建前を取っている連邦制とは似て非なるものである。

4　新自治憲章の制定（2006年）と違憲判決（2010年）

カタルーニャは78年憲法体制下で、より多くの権限の獲得と独自のアイデンティティの承認を目指した。だが、確かにカタルーニャが管轄下に置く権限は増加していったものの、それらの決定権の多くはマドリードにあるままで、自分たちで自分たちのことを決める権限（内的自己決定権＝高度な自治

（11）バスクでは、78年憲法がバスクを自己決定権を持つネイションと規定していないとして、憲法の信任を問う住民投票では棄権者が多数出た。

権）はさほど増加はしなかった。例えば、カタルーニャは商工業が盛んで、なおかつ現在ではスペイン随一の観光地でもあるにもかかわらず、小売店の休日を決定する権限もなかった。

加えて、躊躇なきスペイン・ナショナリズムが徐々に復活し、フランコ主義の流れを多分に汲むスペイン・ナショナリズムの右派政党である国民党が２０００年に絶対過半数を獲得し、ユニナショナルな国家観に基づいて、カタルーニャが獲得した諸権限やカタルーニャが独自のアイデンティティを持つことへの強い批判を展開していった。

このような背景の下、２００４年に社会労働党が中央政府の政権を奪取し、スペイン首相サパテーロがスペインのマルチナショナルな側面を強調する発言を展開したこととも相まって、カタルーニャでは自治州の憲法に相当する自治憲章の改正作業が始まった。改正作業を行ったのは、１９８１年から２００３年まで州政権の座にあった中道右派のカタルーニャ・ナショナリズム政党である「集中と統一」（「集中」はカタルーニャのための連合の前身の一つ）ではなく、２００３年に政権に就いた左派３党（カタルーニャ社会党、カタルーニャ共和主義左派、カタルーニャのためのイニシアティブ・緑の党〔コミュニストとエコロジストの政党でカタルーニャ・アン・クム・プデムの母体の一つ〕）だった。

新自治憲章を制定する主たる目的は、民主的な憲法解釈に基づいて、カタルーニャを自己決定権を持つ政治的主体としてのネイションと規定し、スペインをマルチナショナルな連邦国家に近づけることだった。新自治憲章は、州議会での可決を経て、重要な内容が少なからず削減されたものの国会でも可決され、カタルーニャでの住民投票を経て２００６年に成立し、施行された。

ところが、これを受けて、２００６年当時野党だったラホイ党首率いる国民党が、この新自治憲章

図16　カタルーニャが取るべき道は（４択）

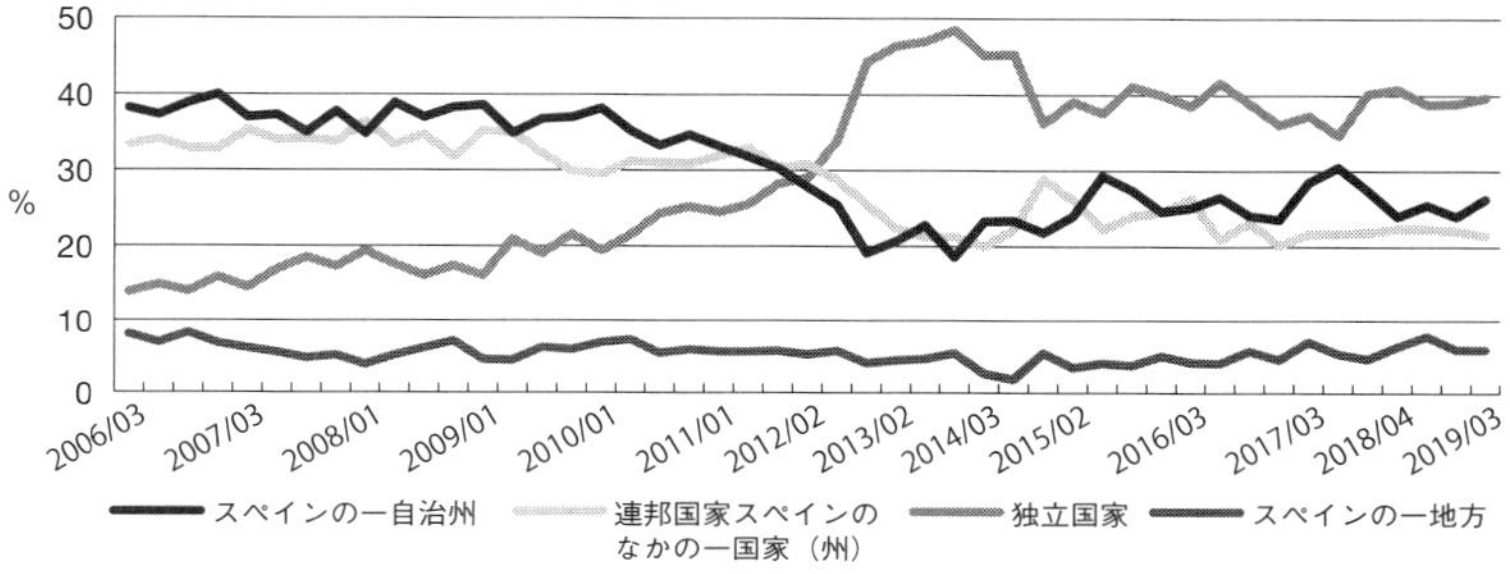

出典：CEO（注３参照）

を、「スペイン・ネーション（スペイン国民）の一体性」を定めた憲法に反するとして憲法裁判所へ提訴し、新自治憲章に反対する署名活動を全国で展開した。その際、人々がカタルーニャそのものを罵りながら署名した映像が広く報道で流れたことで、それまで15％に満たなかった独立主義が増加する最初の契機となった（図16）。

そして、施行から４年が経った２０１０年に憲法裁判所から違憲判決が出された。このことは、カタルーニャでは多くの人に、民主的なプロセスを経て表明された民意が司法によって否定された、と受け止められた。

違憲判決によって、自分たちのことを自分たちで決める権利（自己決定権＝主権）の「自分たち」・「我々」の単位となるネイション（同じ政治的アイデンティティを持つ共同体）は、スペイン国家にはスペイン・ネイションしか存在せず、カタルーニャは自己決定権（この場合は高度な自治権を意味する内的自決権）を持つネイションではなく、スペイン・ネイションの単なる部分でしかない、という憲法解釈が定まることになった。

その結果、この違憲判決は、カタルーニャ州議会とスペイン国会での議決を通ったカタルーニャの民意が司法によって否定された以上、スペインの中にカタルーニャの適切な居場所はもはやなく、独立へ向けた外的自決権の行使を摸索するしかない、と思う人が急増する重要な契機となった。実際、図16にあるように、それまで20％に満たなかった独立支持は、約25％前後に達していく。

5　ラホイ国民党政権による再中央集権化

新自治憲章の違憲判決により定まったユニナショナルな憲法解釈に我が意を得たラホイ国民党は、2011年末の総選挙で勝利し政権の座に就くと、いわゆる「再中央集権化」を開始していった（「再」は、フランコ独裁期以来の本格的な中央主権化という意味）。これは、国民党からすれば、民主化以後の分権化とアイデンティティの多様化の「行き過ぎ」を是正し、本来あるべき「（カスティーリャと同一視された）一つの強いスペイン」に戻すためであった。

再中央集権化は多岐に渡るが、国民党政権は特に、カタルーニャ州政府が出資し同地で高視聴率を誇るカタルーニャ語放送局のTV3と、同州の教育制度を、カタルーニャ・ナショナリズムを再生産する諸悪の根源として強く批判した。そして、二重行政解消の名目でカタルーニャ自治政府の多くの機関（TV3を含む）が削減対象リストに入れられた。同州の教育制度に対しては、「カタルーニャの子供たちをスペイン化する」（当時の教育大臣ベルト）として、州政府の教育に関する権限を削減する法律が制定された。これは、カタルーニャでは、多くの人に復古的スペイン・ナショナリズムに基づくスペイン化（＝カスティーリャ化）と受けとめられ、強い反発を引き起こした。

また、財政赤字に苦しむカタルーニャ州政府への財政的締め付けも行われた。ここで、税の配分問題について言及しておく。カタルーニャ自治州には、特別財政制度下にあるバスク自治州やナバーラ自治州が持っている徴税権がない。バスクとナバーラに徴税権があるのは、この二つがスペイン継承戦争でブルボン・カスティーリャ連合に与したことで独自の政治制度の存続を許されたことの名残である。そして、物価を考慮した一人当たりの税の配分額は、一般財政制度下にある15自治州中カタルーニャは14位（2014年度）で、同州の財政赤字は毎年約8％に達する。また、高速道路や国有鉄道などでの、同州へのきわめて低いインフラ投資もつねに問題となっている。つまり、独立問題で税が問題となる場合、それはカタルーニャへの不当な扱いに対する異議申し立てとしてだといえる。

対話や交渉を行わず、憲法裁判所を多用・濫用し、政治を司法化することもラホイ政権の政治手法の特徴だった。同政権は、カタルーニャ自治州議会が可決した闘牛禁止法、貧困世帯のためのエネルギー法（電気やガスの供給会社に対して、料金を払えない利用者が出た場合、供給を停止する前に利用者の住む自治体へ報告する義務を定めた法律）、原子力由来電力への課税法、等々を、憲法の定める「スペイン・ネイションの一体性」に反するとして憲法裁へ提訴し、次々と違憲判決が出された。

このように、ラホイ政権とスペイン司法によってカタルーニャの内的自己決定権は次々と否定され、同地では強い閉塞感が生じていった。また、司法と行政が一体化しているのではないかという強い疑念も増していった。その結果、同地では独立支持が2012年に50％近くに達した（図16）。「ラホイ政権は独立主義者を量産する工場」といわれたゆえんである。そして、12年以後、カタルーニャのナショナル・デーである9月11日に毎年、百万人を超える人出で、独立を求める行事が行われている。

また、独立主義の裾野も拡大していった。もともとカスティーリャ語圏の苗字を持つ独立派は幹部の間ですら何ら珍しい存在ではなかったが、それに加えて、カタルーニャにナショナル・アイデンティティをそれほど強く感じていた訳ではない人々の中にも、独立支持者になった人が多数生じていった。彼らは、カタルーニャに住む住民として、スペイン政府の非民主的な言動への強い拒否感から独立主義者になっていったといえる。図11で、独立派政党の支持者にカスティーリャ語を母語とする人々が増えていたのは、このためである。ここからも、独立主義はかなり多様で、特定のエスニシティに立脚したエスノ・ナショナリズムだとは単純には決して言えず、むしろ出自を問わないシヴィック的（市民的）側面がより強くなっていると言える。

6　独立に向けた「プロセス」の開始（2014年～）とスペイン政府の対応

独立支持の急増を受け、2014年から独立に向けた「プロセス」が始まることになる。だが、州議会が可決した独立の是非を問う住民投票に関する一連の法律に対しては、憲法の定める「スペイン・ネーション（スペイン国民）のゆるぎない統一」に反するとして次々と憲法裁から中止命令が出され、同年11月9日に行われた非公式の住民投票（通称9N）も違憲とされた。また9Nを実施した廉《かど》で当時の自治政府首相マスが起訴され、17年3月に憲法裁の中止命令への不服従の罪で520万ユーロ（約6億2000万円）の支払い命令が出ている。16年10月には、住民投票に関する議論を自治州議会で許可した罪で、州議会議長のフルカデイが起訴されている。

このようなスペイン政府やスペイン司法の対応は、スコットランドに対するイギリス政府の対応や、ケベックに対するカナダ政府のそれとはまったく異なるものである。例えば、1998年8月にカナダ最高裁が出した意見書では、カナダ憲法の枠内ではケベックは一方的にカナダから独立することはできないが、住民投票で「明確な設問」のもとに「明確な多数」の賛成があれば、連邦政府と他のカナダはケベックとの交渉に応じなければならないとされた(12)。

ともかく、カタルーニャ州議会は、2016年10月、独立に向けたロードマップを可決し、17年6月までには中央政府の合意の下で独立の是非を問う住民投票が行われるよう努力するが、合意が得られない場合でも、秋には「一方的」に実施するとした。

そして、中央政府がまったく交渉に応じなかったことから、2017年9月6日に住民投票法、7日にスペインからの分離手続きを定めた移行法が自治州議会で可決され、同年10月1日に法的拘束力を持つ住民投票が中央政府との合意なしで「一方的に」行われることになった。これに対し中央政府は、住民投票を告知する自治政府のHPの閉鎖等を行った。9月20日には中央政府は、自治州政府高官14名を住民投票の準備を進めた罪で逮捕した。これに対し、同日午後、独立運動を主導してきたカタルーニャ国民会議(ANC)と文化オムニウムという二つの市民団体の呼びかけで、大規模な抗議集会が行われた。

(12) 太田(2011)、816頁。

7 住民投票、独立宣言、自治権停止

2017年10月1日、住民投票が実施された。その際、投票にきた市民にスペイン警察による暴力がふるわれ、負傷者は1066人に達し、319の投票所が閉鎖された。投票率は43%。独立賛成は90%だった。カタルーニャでは10月3日に独立を求めるゼネストが実施された。同日、国王は会見を行い、カタルーニャ自治州政府を強く非難した一方で、スペイン警察による暴力にはいっさい触れなかった。

中央政府が暴力に訴えるという事態を想定していなかったカタルーニャ自治州政府は、その後の方針をめぐって揺れ動いた。自治州政府首相プッチダモンは、欧州理事会議長トゥスクから「カタルーニャとスペインは対話すべきである」という連絡を受けた。これを「EUに仲介の意思あり」と解釈したプッチダモンは2017年10月10日、州議会に投票結果を伝達したものの、国際社会（特にEU）による中央政府との仲介を期待して、独立宣言発効の一時的停止を州議会に要請し、承認された。だが、トゥスクによる仲介が行われることはなかった。

他方、ベルギーは国際社会による仲介の必要性を強く主張し、スイスや「エルダーズ」（元南アフリカ大統領マンデラが設立した国際人道グループで現代表は元国連事務総長アナン）が仲介に動き出したものの、中央政府は応じなかった。また、欧州委員会委員長ユンケルは、カタルーニャ問題はあくまでスペインの国内問題であり、ラホイ政権を全面的に支持するとした。

他方、中央政府は２０１７年10月16日、独立運動を主導してきたカタルーニャ国民会議代表、ジョルディ・サンチェスと、文化オムニウム代表のジョルディ・クッシャルを、９月20日の抗議集会を組織したとして騒乱罪で逮捕した。また中央政府は、独立宣言を完全に放棄しなければ、憲法１５５条（国家の利益に反する行動をとった自治州の自治権を停止できるとした条項）を適用すると通告していたが、仲介に動いていたバスク自治州政府首相ウルクーリュの、カタルーニャ自治州政府が州議会選挙を実施すれば１５５条の適用を免れうるとする言に従って、プッチダモンは議会選挙の実施に動いた。だが独立派内で異論が多く、また、中央政府が州議会選挙を実施しても１５５条を適用するとしたことで、プッチダモンは10月27日にカタルーニャ共和国の独立宣言に踏み切り、同日、中央政府は同州の自治権を停止した。

これに対して州政府は、スペイン軍が出動準備をしているとの観測や、「独立を実行に移せば大量の死者が出る」と中央政府が州政府に忠告してきた（中央政府は否定）ことで、ベルギーのブリュッセルに亡命政府をつくることにしたが、「亡命」するかどうかは最終的に州政府閣僚ひとりひとりの判断に委ねられることとなった。その結果、閣僚はプッチダモン（カタルーニャのための連合）らベルギーに亡命する組と州政府副首相ジュンケーラス（カタルーニャ共和主義左派）らスペインに留まる組に分かれることとなった。そして、国家反逆罪の廉で全閣僚にマドリードにある最高裁への出頭命令が出され、スペインに留まった閣僚は、出頭後に予防的措置としてマドリードの刑務所に収監された。

8 「政治犯」とカタルーニャ問題の国際化

中央政府は、カタルーニャ自治州を直轄下においた状態で、２０１７年12月21日に自治州議会選挙を実施した。だが、中央政府の思惑は外れ、独立派3党が絶対過半数の68議席を上回る70議席を得てふたたび勝利した（図1）。だが、独立派が提示する州政府首相候補（プッチダモンやジョルディ・サンチェス等）を中央政府は認めず、組閣は難航した。

他方、スペイン最高裁はその後新たに独立派幹部に逮捕状を出したこともあり、２０１９年4月時点で、９名が刑務所に勾留され、７名が亡命していて（ベルギー4名、スコットランド1名、スイス2名）、計16名の独立派政治家が勾留か亡命の身となっている。彼らの罪状は国家反逆罪（クッシャルだけは騒乱罪のみ）だが、独立派と中間派は、これは彼らの思想が罪に問われているのであり、彼らは「政治犯（思想犯）」だとして強く抗議しているのに対し、スペイン政府・司法や独立反対派は、彼らは国家反逆罪という「罪を犯した政治家」だとしている。ちなみに、18年11月、前州政府副首相ジュンケーラスに25年、前州議会議長フルカデイと独立派市民団体代表の２人のジョルディに17年、前州警察総監トラペーロに11年の求刑が出ている。

だが、スペイン政府・司法の主張は、カタルーニャ問題が国際化するにつれ、分が悪くなりつつある。ベルギーとスイスの司法当局は、亡命独立派幹部は犯罪者ではなく、彼らをスペインに引き渡すことはないとしていたため、スペイン司法は２０１７年12月、欧州逮捕状を取り下げていた。そして、プッチダモンが18年3月25日、フィンランドでの講演を終えベルギーへの帰途にドイツを移動中、スペイン司法がその2日前に再度欧州逮捕状を出していたため、彼はドイツで拘束された。だが、ドイツのシュレスウィヒ・ホルシュタイン州裁判所は、独立派は暴力沙汰を引き起こしていないとしてプッチダモンの国家反逆罪でのスペインへの引き渡しを拒否し、4月6日に彼を保釈した。結局、スペイン司法は7月19日に欧州逮捕状を再度取り下げ、その結果、亡命中の独立派幹部は、スペイン以外は基本的にはどこにでも行けることになった。このように、独立派幹部は政治犯として罪に問われているとの独立派の主張が、国際社会から裏づけを得つつあるといえる状況になっている。

ところで、中央政界では、２０１８年5月25日、社会労働党党首ペドロ・サンチェスの提出したラホイ首相に対する不信任決議案がカタルーニャの独立派政党の支持も得て可決され、社会労働党サンチェス政権が誕生した。カタルーニャでは、自治権停止が解除され、プッチダモンの推挙するトーラが自治州首相となり、トーラとサンチェスの会談が実現するなど、両政府による直接対話が可能となった。

だが、社会労働党はカタルーニャの自己決定権を認めておらず、カタルーニャの独立派が求める住民投票に応じなかったため、カタルーニャ独立派政党は、サンチェスの予算案に賛成せず、２０１９年4月28日に総選挙が行われることになった。

他方、カタルーニャ問題の国際化は沈静化するどころか、逆に拡大していった。例えば、ベルギー・フランデレン（フランドル）州議会議長は、２０１８年9月、政治犯のいるスペインの民主主義のレヴェルは、ＥＵが求める民主主義のレヴェルに達していないとしたが、これに対し、サンチェス社会労働党政権の外務大臣ブレイは、駐スペインのフランデレン大使を国外追放処分とするなど、外交問題にまで発展した。

そして、本章の冒頭で述べたように、国連、アムネスティ・インターナショナル、国際ペンクラブ、チョムスキー等の国際的に著名な多くの知識人、フランス上院議員41名、前フランス大統領候補ブノワ・アモン（フランス社会党）などは、「政治犯」の即時釈放を求めている。例えば2019年4月、アモンは、独立派幹部は住民投票を実施しただけなのに、勾留され裁判にかけられており、それゆえ、スペインとヨーロッパの民主主義は、とても健全とはいえない状況にある。これは、あくまで政治問題であり、司法ではなく政治的に解決されるべきである。これは、民主主義や基本的人権の問題であって、独立を支持するかどうかは全く関係ない。カタルーニャ・スペイン問題を解決するには、ヨーロッパが介入すべきである、という趣旨の発言をしている。

むすびに代えて――終わらないスペイン・カタルーニャ問題

住民投票でのスペイン警察の暴力や、カタルーニャの自治権の停止、独立派幹部の長期勾留など、「スペインの一体性」はあらゆること（民主主義と人権）に優先するというスペイン・ナショナリズムの姿勢が改めて明らかになったことで、独立の大義に変化が生じている。それまでの大義は、スペインではカタルーニャの自己決定権が認められないので、民主主義的な手続きに則って手順を踏んでいけば独立は可能である、というようなものだった。それが、今度は、そもそもスペインでは民主主義や基本的人権が保障されていないので、それゆえ、当たり前に保障されるべき民主主義や基本的人権を手に入れるには、カタルーニャはスペインから独立するしかない、というように変化してきている。とはいえ、独立派内の独立に向けたプロセスをめぐる路線対立は大きくなっている。一方では2017年10月10日に独立宣言をしておくべきだったとの意見があり、他方では、独立に賛成していない人たちが世論調査で40％以上いる中で、たとえ住民投票を行うことへの賛成が14年以降常に80％近くあるとはいえ、独立派が17年9月に州議会で「一方的」路線を採択したことそのものが拙速だったとの意見もある。

また、中央政府がカタルーニャの自己決定権を認めず非民主的に弾圧してくる以上、独立に向けたプロセスを今後も「一方的」に進めるしかないし進めるべきだとの立場（主に人民連合〔CUP〕）から、カタルーニャの自己決定権を認めているポデモスを介して、社会労働党も巻き込んで中央政府との合意を得る道を模索すべきだとの立場（特にカタルーニャ共和主義左派〔ERC〕）まで、意見の相違がある。また前者は、2017年10月1日の住民投票での独立賛成支持90％（投票率42％）という結果を受けて独立支持は絶対多数であるとするのに対し、後者は、独立支持はまだ不十分で、70～80％を目指すべきだとする。

最後に今後の見通しについて。これを述べることは容易ではない。だが、一つだけいえることは、カタルーニャ・スペイン問題は、スペインがナショナル・アイデンティティの多様性を認めない限り、半永久的に終わらないということである。

国際的な同情はあっても外交的な支援のない現状では、カタルーニャがネイションとしての内的自決権（高度な自治権〔＝主権〕）を手にするには、中央政府との合意の下で住民投票を実施（外的自決権の行使）して独立するか、スペインがマルチナショナルな連邦制になるしかない。そのいずれも、まずスペインが、スペイン国家内のナショナル・アイデンティティの多様性を認め、自己決定権を持つ複数のネイションの存在を認めることが前提となる。

だが、この二つの選択肢は、以下の理由でいずれも全く容易ではない。まず、カスティーリャと同一視されたスペインと自己とを同一視するようなスペイン・ナショナリズムの人たちにとって、独自のアイデンティティを主張するカタルーニャは、自分たちへの攻撃と映る。この反カタルーニャ感情を利用して国民党はカタルーニャを叩くことで一時的に票を増やしたものの、落とし所は全く持っていなかった。その結果、カタルーニャを住民投票に追い込み、それをさらに叩くことしかできなかった。そして、ボックス（VOX）などのスペイン・ナショナリズム極右勢力を台頭させた。スペインの一体性を至高のものとし、カタルーニャをヘイトする考えは、かつてないほど高まってしまっている。ちなみに、国民党、シウダダーノス、ボックスのスペイン・ナショナリズム右派3党は、カタルーニャの自治権の即時停止を主張している。またボックスは、独立派政党の即時非合法化も要求している。この3党が目指すのは、ユニナショナルな中央集権的スペインであり、スペインのマルチナショナルな多様性はもちろん、ユニナショナルな連邦制すら決して認められるべきものではない。

そもそも連邦制の主張は、カタルーニャには歴史的に存在してきたものの、スペインにはほとんど存在してこなかった。社会労働党は政権を取る前は連邦制を主張したこともあったが、現在ではほとんど口にしないし、カタルーニャ社会党は、連邦制に言及することはあるものの、その本気度は全く疑わしい。その結果、カタルーニャが取るべき道を4択で尋ねた場合、図16にあるように、独立の選択肢は最近は40%を切り、連邦制の選択肢は20%を超えるものの、連邦制の実現性が高くはないために、「独立／反対／分からない・無回答」の3択で問うと独立支持が48・4%（図13）、さらに「独立／反対」の2択で問うと独立支持が52%となるである。

そして、社会労働党がスペインを自己決定権を持つ複数のネイションから成るマルチナショナルな国家だと認める可能性も非常に少ない。この党には、アラゴン州首相ランバンのように、カタルーニャの独立主義を「外科的に除去すべき癌」だと、国民党顔負けで声高に主張する幹部もいる。この政党の多くの支持者にとって、スペインのナショナルな一体性は問い直すことは許されない大前提であるというスペイン・ナショナリズムの立場に立つという点では、国民党をはじめとする右派の全国政党と大きな違いはない。他方、ポデモスは、カタルーニャやバスクの自決権を認め、スペインをマルチナショナルな連邦制らしきものにすることを主張しているものの、党勢は衰退を続けている。

【引用文献】

BREW, Joe (2018.05.23), "Els partits unionistes, cada vegada menys plurals. Les dades del CEO indiquen que PSC, PP, Cs i Comuns perden votants de llengua materna catalana", *VilaWeb*.

——— (2019.05.03), "Cinc mentides sobre l'independentisme català. L'analista de dades Joe Brew fa una radiografia de les cinc mentides que es diuen sobre el moviment independentista català", *VilaWeb*. / Joe Brew (2019.05.06) Five lies about the

Catalan independence movement. Data analyst Joe Brew reviews five lies that are told about the Catalan independence movement", *VilaWeb*.

——— (2019.06.28) "Economia i independentisme: una falsa associació. L'analista de dades Joe Brew explica per què és una fal・làcia vincular l'independentisme i l'economia", *VilaWeb*.

FONTANA, Josep (2016), *La formació d'una identitat. Una història de Catalunya*, Eumo Editorial, Vic.

DE RIQUER, Borja (2016), *Anar de debò: els catalans i Espanya*, Rosa dels Vents, Barcelona.

奥野良知（2017）「カタルーニャの独立へ向けた『プロセス procés』の現状（２０１７年１月時点）と経緯」『共生の文化研究』11号、48～72頁。

———（2018）「カタルーニャはなぜ独立を求めるのか？——補論：２０１７年10月１日の住民投票と12月21日の選挙結果」『共生の文化研究』12号、１１２～１３０頁。

太田唱史（2011）「ケベック問題は終わったのか——ケベック・ネイションの論争が意味するもの」『同志社法學』63巻１号、７９９～８２７頁。

また、次の新聞の記事も参照した。Diari ARA, VilaWeb, Les notícies de TV3, La Vanguarida,, El País, El Mundo.

第6章〈カナダ〉

ケベック問題が問いかけるもの

太田唱史

はじめに

現カナダ首相であるジャスティン・トルドーは、就任当初受けたインタビューで、カナダを世界で「最初のポストナショナル国家（postnational state）」と位置付けた(1)［Lawson 2015］。いったいそれはどういう国家なのだろうか。ここでは、トルドーのこの国家観を足掛かりとしてカナダがどういった国家体制をとってきたのかを考察する。そこから現れるのはトルドーが言及することがなかったもう一つ

（1）以下、トルドーの発言はこのインタビューのものである。なお、2019年10月21日に行われる連邦議会選挙で政権交代の可能性もある。

の国家観、マルチナショナル国家（multinational state）である。カナダには二つの異なる国家観が存在し、その関係性を考察することなしにはカナダという国を理解することはできない。

1 国民国家とトルドーの国家観

トルドーの言うポストナショナル国家とはどういう国家なのか。ポストナショナル国家という言葉はその英語表現からわかるように、現在の国家形態である「国民国家（nation state）」を前提としてそこからの変容を印象付けるものである。したがって、その変化を検討するためにはまず国民国家がどういう国家なのかを理解しておくことが必要となる。(2)

18世紀後半以降、国民国家形態は世界的に波及し、国際社会の単位として定着することになった。国民国家がそれ以前の国家と決定的に異なる点は、その領域に住む人々が「ネイション」という集合体で括られ、国家を主体的に運営する政治共同体として確立されたことである。nation stateが「国民国家」と訳されているように、日本では政治共同体としてのネイションに「国民」という訳が当てられた。

ただ、こうした国家形態が一朝一夕に築き上げられるわけもなく課題も多かった。中でも必須だったのは、共通のナショナル・アイデンティティを持つ「国民」を形成することであった。国家がうまく機能するためには、人々が同じネイションの一員であるという「われわれ意識」を共有することが必要だとされたのである。そして、「われわれ意識」を高める上で特に重要だとされたのが、言語、歴史、伝統、習慣などの文化的要素であった。こうしてネイションは文化的に同質な共同体としても確立されたのである。日本では、こうした側面を捉えてネイションに「民族」という異なる訳を与えた。

しかし、ここで注意が必要なのは、日本語話者が普通考える「民族」という言葉はネイションの「民族」と必ずしも一致していないということである。日本語で「民族」というと出自、血縁関係を同じくする集団（人種やエスニック・グループ）という意味で考えられることが多いが、ネイションの「民族」はそうした生物学的な繋がりとは必ずしも一致するものではない。ネイションの「民族」的側面をみる上で重要なのは、ネイションが最初から「民族」としてまとまっているのではなく、マジョリティのものを基準にした文化的に同質な共同体として常に想像／創造されているという点である。しかもそれは一種のナショナリズムとしてあらわれる。

どういうことなのか。その説明にはアーネスト・ゲルナーのナショナリズムの定義が有用である。彼の定義は「政治的単位とナショナルな単位が一致しなければならないと主張する一つの政治的原理である」というものである［Gellner 1983: 1］。この原理には二つの作用がある。一つは、政治的単位である国家こそが先述した「国民」＝「民族」（ナショナルな単位）を創出するというものである（ゲルナーは主にこの点を論じている）。もう一つは、その帰結として「国民」（ナショナルな単位）＝「国家」

（2）ここでは、本稿の内容に関わる部分での説明であり、国民国家を総体的に論じるものではない。

（政治的単位）を成立させるというものである。つまり、一つの国家の中には一つのネイションしか存在しないのであり、多数存在するならば一つにまとめようとするということになる。このように、国民国家は常にナショナリズムを発動しているのである。

ナショナリズムといえば自国民、自民族中心を訴える排他的、閉鎖的な側面がどうしても注目されるが、この「国民」＝「国家」に関わるナショナリズムは国民国家を理解する上で非常に重要な意味合いを持つ特徴なのである。このことは、国民国家を自明のものとして認識しがちなわれわれにとっては見逃されやすいものなので、しっかりと心に留めておかなければならない。

以上が国民国家の説明であるが、では、トルドーのいうポストナショナル国家はどんな違いがあるのだろうか。「ポストナショナル」を辞書で調べると、「ナショナル・アイデンティティがより重要でなくなってきた時あるいは社会に関連する」［Oxford Living Dictionaries］という意味が出てくる。「カナダには中核となるアイデンティティも、主流もないのである」というトルドーの発言からもそのことがうかがえる。先述したように、ナショナル・アイデンティティは国民国家において国家存立の基盤となる重要なものだった。トルドーの考えでは、カナダはそれがもはや重要でなくなりつつある国家だということになる。ただ問題は、どういった意味でナショナル・アイデンティティが重要でなくなっているのかということである。

トルドーは同じインタビューの中で、ナショナル・アイデンティティを言語、宗教、文化といった観点から捉えている。となると、重要でなくなっているのはネイションの「民族」的側面ということになる。つまり、トルドーの言いたいことは、国民国家にあった「国民」＝「民族」の関係を成り立たせる必要がなくなったということであろう。したがって、トルドーの言うポストナショナルというのは「脱民族的」という意味で捉える方が妥当である。

しかしここで重要なのは、トルドーが「われわれ意識」自体が必要ではないと考えているわけではないということである。では、何によって「われわれ」は繋がっているのか。それは共有されたいくつかの価値観（開放性、尊重、思いやり、平等と公正への探求心など）である。「そうした特性こそがわれわれをポストナショナル国家にさせている」というのだ[(3)]。とするならば、これは国民国家とは異なる全く新しい国家ということができるのだろうか。答えは否である。たとえ「国民」＝「民族」という関係を断ち切ったとしても、ネイションは存在し「国民」＝「国家」の関係は依然として残っているからである。つまり、一つの国家に一つのネイションという前提は崩れていない。「国民意識」としてのナショナル・アイデンティティは重要でなくなっていないのである。トルドーの国家観は依然として国民国家の範疇にあるということになる。

このことは非常に大きな意味を持つ。というのも、先述したように、そこには国民形成という国家ナショナリズムが関わっているからである。しかも、トルドーの国家観は突然降ってわいてきたものではなく、カナダの国民形成の歴史の中から生まれたものであり、直接的には父親であるピエール・トルドー元首相の国家観を受け継いだものなのである。そしてそのピエール・トルドーの国家観はカ

（3）トルドーの言う意味で国家は成り立ちうるのかという議論自体も興味深いものではあるが、ここではそれについての正否の判断を控え、とりあえずそういう国家があるという前提で議論していく。

ナダ政治に非常に大きな影響を与えるものであった。中でも、国家内のいわゆる「マイノリティ」といわれる集団に与えた影響は重要である。というのも、そうした集団の中には、国家による国民形成ナショナリズムに疑義を差し挟み、自らのナショナリズムを立ち上げる集団がいたからである。ケベックと先住民族の人々がそうである。

かれらがナショナリズムを興したのには理由がある。かれらはもともと自治を行っており、それ自体が「国民」となりえたかもしれないのだが、一定の条件下で国家への参入を認めた（ケベック）、または征服や植民地化の結果、強制的に国家の中へ取り込まれた（先住民族）という歴史を持っているからである。したがって、かれらは失った主権を取り戻すため、あるいは現在も主権を保持しているとして自決運動を起こすようになったのである。ただ、それでもって自前の主権国家を持つことを目指す分離独立を絶対的なものとして主張しているわけでなく（選択肢の一つではある）、一般的には国家内における自治権（self-government rights）を要求するのである。

ここにおいて注目すべき点は、かれらが自らをカナダというネイションに属する「マイノリティ」ではなく、カナダ内で独自の政治共同体を形成する「ネイション」と位置付けていることである。また、こうした「内なるネイション（internal nations）」［McRoberts 2001］に対する誤解としてよくあるのだが、そのナショナリズムはエスニックな排他性を主張しているわけでもないし、その文化さえ守られればそれでいいと考えているわけでもない。重要なのは、自分たち共同体の将来は自分たちで決めるという政治的、民主的次元なのである。つまり、ネイションを「民族」としてだけでなく、「国民」としても認めよというのだ。したがってかれらは、国家内に存在するネイションがその社会を維持、発展できるような自治権を持つことを憲法上で公式に承認するよう主張する。そのうえで、それぞれのネイションが平等な関係で国政へと参加できるような法、政治制度を持つ国家に再編成されることを要求するのである。

ここから、トルドーが言及することがなかったもう一つの国家観、マルチナショナル国家が立ち現れることになる。本稿では、ケベックの主張に沿った観点からこの国家観を取り上げる。まずはカナダ国民形成とケベック・ナショナリズムの関係からみていくことにする。

2　カナダ国民形成とケベック・ナショナリズムの興隆

歴史的にみれば、国民国家として誕生した国家が「国民」を形成する際、その文化の基準となるものは往々にしてマジョリティのものであった（国民の民族化）。カナダではイギリス系の文化である。1867年の建国から第二次世界大戦までの間、独立したとはいえイギリス系の人々にとってカナダは、初代首相ジョン・マクドナルドの言葉を借りるならば、「イギリスの旗と制度の下にある英国民（British nation）」［McRoberts 1997: 3］であった。そのため、イギリス的なものと密接に結びついた国民形成政策がとられた。したがって、イギリス系以外の人々はその同化主義的圧力にさらされることになった。

ただ、国家制度的にみると、カナダが連邦制として成立したことは今日にまでつながる非常に重大な出来事であった。特に、フランス系の人々にとっては特別な意味を持った。かれらは、ケベック州という領域においてマジョリティを形成でき、その文化、制度を維持するための自治権をある程度確保できたからである。このことは、二つのネイション[4]の契約からなるカナダというかれらの国家観が連邦制に反映されたものであるという見解を強めることにもなった。

第二次世界大戦後、イギリス帝国の没落とともに本当の意味での独立したカナダ国民を形成しようという動きが本格化した。連邦政府が「国民」政府としての立場を明確にし、人々がカナダという一つのネイションへの帰属意識を強化するよう様々な政策を実行したのである。ただ、文化的にいえば、依然としてイギリス系文化が主流であり、同化主義的圧力は続いていた。

図　ケベック州

こうした状況を一変させるきっかけとなったのがケベック州での動きであった。いわゆる「ケベック問題」の先鋭化である。それにはケベックにおけるナショナリズムの変化が関係している。1960年代以前におけるナショナリズムは「エスニシティ（民族性）」に基礎を置くものであったため、「フランス系カナダ人」による「フランス系カナダ」のためのものであった。したがって、その対象はカナダ全体にわたるものであり、目的もただ外部の脅威からフランス系社会を守りさえすればいいというものだった。したがって、ケベック州政府と結びつき何らかの政治的アクションを起こすことはなかった。

しかし、1960年代になると新しいタイプのナショナリストが台頭してきた。かれらはケベック州政府へと参入し、ケベック社会そのものを変えようとしたのである。そのナショナリズムはフランス系カナダというエスニシティを守る旧来の内向的なものではなく、ケベックを政治、経済、文化の面において自律した共同体として発展させることを目的としていた。新しいナショナリズムは「ケベック」という共同体に依拠するようになったのである。こうして、ケベック州政府はケベックを単なるカナダの一州ではなく、「ネイション」を構成する共同体として位置づけ、その「国民」政府としての役割を担えるような大幅な権限の拡大を要求するようになった。

それとともに、フランス系の人々は自分たちのことを「フランス系カナダ人」ではなく「ケベコワ（ケベック人）」と自己規定するようになった。そしてこのケベコワには、エスニシティにかかわらずなりたい人は誰でもケベコワになれるという「シヴィック・ネイション」的考え方が反映されるようになっていくのである。

ケベック州でのこうした動きに直面した連邦政府は、イギリス系社会を中心とする従来のカナダ国民のあり方に問題があると考えるようになった。中でも新しいカナダ国民の形成に情熱を燃やしたのが先述したピエール・トルドーであった。彼は「国家内の固く結ばれたマイノリティが自らを一貫してネイションと考え始めると、完全な国家建設へと邁進するメカニズムが作動」してしまうとし、そ

（4）この当時はまだ先住民族の存在は全く考慮されていなかった。

うした分離主義を防ぐためには、「分離派グループのいかなるイメージも魅力的でないものとするような、アピール性のあるナショナル・イメージを作り上げなければならない」とし、様々な政策を打ち出したのである［Trudeau 1996: 193］。

その第一の政策が１９６９年に制定された英語とフランス語を公用語とする公用語法である。そこには、もしフランコフォン（フランス語話者）がカナダ全国でその言語権を行使でき、また国家運営へ参加、貢献できれば、カナダに対して居心地の良さや愛着を感じるため、ケベックはフランコフォンのアイデンティティの主要対象とならなくなるだろう、という意図があった。その結果として、フランコフォンはアングロフォン（英語話者）と一致団結して真に統一されたカナダを築くだろうと彼は信じたのである。

第二の政策は１９７１年に導入された多文化主義政策である。これは、「カナダ人の文化的自由を保障する最も適切な方法」であり、「文化的相違によって引き起こされる差別や嫉妬を減少するのに役立つはず」であり、「すべての人に同様の公正さが存在する社会」の基礎となるものであった［Couture 1996: 92-93］。

第三の、そして最も重要な政策が１９８２年憲法の制定とそこに挿入された「権利と自由の憲章：憲章」である。トルドーにとって憲章は「カナディアン・ネイションの新たな始まりであり、カナダ人民の主権をすべての人に共通な諸価値、特にすべてのカナダ人の平等という概念、に基づかせることによって国の統一を強固に」するものだったのである［Trudeau 1990: 363］。

こうした一連の政策はカナダ「国民」の繋がりを「民族」ではなく平等や公正といった理念に基づ

かせようとするものであり、現首相トルドーの国家観が父親のこの国家観を継承しているものだということがよくわかるであろう。しかし、こうした一連の政策はケベック・ナショナリズムを弱めるどころかむしろ逆に煽ってしまったのである。これはナショナリズム故の偏狭さ、閉鎖性を表しているのだろうか。そうした言葉で単純に片付けてしまえないところに問題の複雑さがあるといえる。そのことを理解するためには、それぞれの政策に対するケベックの反応がどういったものだったのかをみる必要がある。

公用語法制定と多文化主義政策の導入は同じ出来事をきっかけとしてなされた。トルドーが首相となる前、連邦政府はケベック・ナショナリズムの台頭に対処するために、「二言語主義及び二文化主義に関する王立委員会（the Royal Commission on Bilingualism and Biculturalism）」を立ち上げていた。その報告書には、英語とフランス語をカナダの公用語とすること、英語とフランス語両言語共同体の平等なパートナーシップを築くこと、などが謳われていた。つまり、個人の平等だけでなく共同体の平等が必要であるというのが委員会の見解であった。したがって、委員会はケベックを単なる一つの州ではなく「独特な社会」として位置付け、ケベックがフランス語共同体の中心的役割を担うことを期待したのである。

この報告を受けてトルドーは公用語法を制定し、多文化主義を導入した。しかし、それらは委員会の提言とは異なる理念の下になされた。公用語法は連邦政府の管轄分野において両言語でのサーヴィスを保障する制度上のものにしかすぎなかった。トルドーにとって重要なのは、あくまでもカナダ国家への参加、貢献において個人の平等が保たれているかどうかなのである。そこには委員会にあった言語共同体の平等という視点はなかった。

しかしケベックのフランコフォンにとって重要だったのは、ケベックが置かれている言語状況であった。英語の大海ともいえる北米においてフランコフォンは絶えず同化の圧力にさらされてきた。経済は英語系に支配され、フランコフォン労働者は社会の下層に留まった。また、移民の人々にとって、英語は圧倒的魅力を持っていた。したがって、フランス語を共通語とする共同体を維持、発展させたいケベックにとって社会全体のフランス語化は不可欠だった。これに対して連邦政府への参加における個人の平等性を保障する公用語法は無力なものだと考えられたのである。さらに、強力な多数派言語と共存する状況で、言語選択を個人の手に委ねては真の意味での言語的平等を確保できないという認識がフランコフォンにはあった。そのためケベックは独自の言語法、仏語憲章(5)を制定したのである。

多文化主義に関しては、その名称が示すように変更は明らかであった。これは、二文化主義は自分たちの存在を排除するものだというイギリス系、フランス系以外のエスニック・グループの批判を受けてなされたものであった。二文化主義の文化はネイションと結びついた「社会構成的文化(6)」[Kymlicka 1995: 76]であったが、多文化主義の文化はエスニックな文化という位置付けになる。そこにあったのは、カナダにはカナダという一つのネイションだけが存在し、その中に多数のエスニックなマイノリティが存在するという前提である。しかしケベックの人々にすれば、この変更こそがネイションとしての自分たちの存在を否定するものであった。

１９８２年憲法に関しては制定過程もさることながら(7)、その政治的インパクトが重要であった。多くのカナダ人は自らを権利保持者である市民として位置付け、カナダに対するナショナル・アイデンティティを強めたのである。こうしてカナダにはカナダという一つのネイションしか存在しないという国家観は人口に膾炙していくことになる。そこにはケベックの独自性やアイデンティティが認められる余地はなく、その社会の発展のために必要な権限も付与されなかった。結局、ケベック州はこの憲法を批准することはなかった。

以上のように、トルドーの国家観はケベックにおいて受け入れられることはなかった。これは何もケベコワが平等や公正という理念を否定しているというわけではなく、単一不可分なカナダというト

(5) フランス語をケベック州唯一の公用語とし、行政、経済、教育にわたって仏語化を目論んだものである。
(6) カナダの政治哲学者キムリッカの言葉で、「公的及び私的生活における広範な社会制度で使用されている共有の言語を中核とする、領土的に集中した文化」を意味する。
(7) 1982年以前のカナダ憲法は英領北アメリカ法（現在1867年法）を基本法としていたが、英国議会の制定法であり、改正は英国議会によってなされるものと解釈されていた。したがって、憲法を自国のものとするために憲法のカナダ移管が望まれていた。さらに、ケベックの州権拡大の要求などもあり、憲法改正の動きが1960年代から出ていた。こうした中ケベックでは、1976年に分離独立派であるケベック党が政権につき、ナショナリズムの盛り上がりを見せ、1980年には失敗したものの主権獲得を目指すレファレンダムを実施した。トルドーはそのキャンペーン中に、反対派が勝てば連邦制再編のための憲法改正を行うと約束していたのである。そのため全州首相との会議を行ったのだが合意に達しなかった。その後様々な駆け引きが行われた結果、ケベック州を除く諸州と連邦政府は合意に達することになった。これがそのまま1982年憲法となったのである。つまり、ケベックの拒否権は認められなかったのである。

ルドーの信念への反発であった。ただ、ケベックの国家観も潰え去ったわけではなかった。ケベックの憲法受け入れに向けての交渉が１９８０年代後半に始まることになったのである。

３　揺れ動く国家観

ケベック州は１９８２年憲法を受け入れる条件として次の五つの要求を含む憲法改正案を提示した。ケベックを「独特な社会」として認めること、カナダ最高裁判所判事任命に関して州の関与を認めること（9名中3名はケベックからの任命）、移民のセレクションと受け入れに関する州の権限を拡大すること、州管轄分野における連邦財政支出権を制限すること、憲法改正に関してケベックの拒否権を認めること、である。これを土台として連邦と各州の首相11人が連邦－州首相会議において検討を重ねできあがったのが１９８７年憲法改正協定、通称ミーチ・レイク協定（Meech Lake Accord）である。(8)

ケベックはネイション間の契約によってカナダ連邦制は結成されたと考えてきた。つまり、連邦政府がカナダ人の「国民」政府としてその文化、経済、社会、アイデンティティを支えているように、ケベック州政府がケベコワの「国民」政府として同じような権力を持つことを求めてきた。そこから、ケベックは他の州とは異なる法的地位にあり、他の州にはない権限を持つことを主張する非対称的連邦主義（asymmetrical federalism）という考え方も出てくる。ミーチ・レイク協定はこの理念に沿ったものということができる。

さて、この協定が正式な改正法となるには連邦議会と各州の議会の批准を受けなければならなかった。そこでケベック州が最初に批准をすませたのだが、期限内にすべての州の批准が得られずこの協定は不成立となってしまった。協定失敗の要因は様々あったが、トルドーが作り上げた国民ヴィジョンが協定によって掘り崩されてしまうのではないかというケベック以外のカナダの懸念は大きかった。トルドー自身もこれはカナダの解体へと導くものであると酷評した。ここにあるのは対称的連邦主義（symmetrical federalism）という考え方である。これは権限におけるすべての州の平等を主張するものである。非対称的システムを認めることは、その平等性を蔑ろにするものであるし、ひいては市民間の平等をも侵害することに繋がるということになるため受け入れられないのである。

ここに、ケベックとケベック以外のカナダとの国家観の違いが改めて鮮明になった。ケベックにしてみれば、その要求は最小限のものであったのにそれさえも受け入れられなかったという思いであった。そこで、ケベック州政府は他のカナダから新しい憲法改正案が出されない限り主権獲得への道を歩むことを宣言した。それに対応する形で連邦政府は新たな憲法改正案のための協議を開いた。そこでできあがったのがシャーロットタウン協定（Charlottetown Accord 1992）であった。

この協定はミーチ・レイク協定よりもさらに扱う範囲が幅広いものになった。[9] その意味ではケベックのための憲法改正ではなくなったということができる。まさに、先の協定の失敗の経験をふまえて作られた妥協の産物であった。ただそれでも、ケベック、先住民族といった複数のネイションの存在

（8）ケベックの五つの要求に、上院改革のための暫定措置の挿入、経済・憲法に関する連邦－州首相会議の定例化が加えられた。

を承認するという点ではトルドーの国家観とは一線を画すものであったことは間違いない。

この協定は全国におけるレファレンダムによって問われることになったが、反対派多数により失敗に終わることになる（賛成44・8％、反対54・2％）。失敗の要因は多々あるが、ケベックに譲歩しすぎだという意見は今回も大きかった。ただ注目すべきことは、先の協定と異なり今回はケベックも反対にまわったことである。先の協定が拒否されたことによってナショナリズムが高まり、ケベコワにとってこの協定は「小さすぎるし遅すぎ」たのである［Balthazar 1995: 51］。

皮肉なことに、ケベック統合を目論んだトルドーの国民ヴィジョンはケベック以外のカナダにしっかりと定着したため、ケベック・ナショナリズムを煽り、衝突することによってケベックの統合を逆に妨げてしまった。この確執が、カナダ分裂の一歩手前という結果をもたらした1995年のケベック・レファレンダムへの流れを作ったのである。[10] しかしこの結果を単にケベック独立を望んでいる人が増えたと解釈すると、それは単純に過ぎる。多くの投票者は、ケベックを「独特な社会」あるいは「ネイション」と認めてくれない他のカナダへの失望、苛立ちから賛成票を投じたのである。そこにあったのは、連邦体制に変化を求めるケベコワの意思であった。

このように、1980年代から1995年までのカナダは二つの国家観（ユニナショナルとマルチナショナル）の間を揺れ動いたが、結果として、憲法的にはユニナショナルな国家観が維持されることになった。ただ、連邦制の運営においてケベック融和が図られてきたことも確かである。例えば、ミーチ・レイク協定失敗後の1991年には、移住の認定や市民権の付与を除くその他すべての移民に関する権限に関してケベック州が全責任を持つ協定が結ばれた。ケベック・レファレンダム後もこの路線がとられ、医療部門に関するケベックの独自性を認める協定やユネスコのカナダ代表団へのケベック代表の参加を認める協定などが結ばれたりしている。

また、連邦議会では、ケベック・レファレンダム後すぐに、ケベック州を「独特な社会」と認める決議が通された。そして中でも注目されたのが、2006年に可決された「ケベコワは統一されたカナダ内でネイションを形成する」という内容を含む動議である。これまでケベックに対してネイションという直接的な言葉が使われたことがなかったので、この動議はある意味衝撃を与えた。それゆえ、ケベックにおいて動議は好意的に受け取られたし、憲法改正のきっかけとなるのではないかと期待されもした。では、この動議は国家観の対立を解消する起爆剤となったのであろうか。

簡単にいうと、答えは否である。もともとこの動議は、連邦首相のスティーヴン・ハーパーがケ

---

(9) 内容は以下の通りであった。最初に掲げられたのはカナダの基本的価値を挿入したカナダ条項である。これには、民主主義、先住民族の自治、特別な社会であるケベック、少数言語社会の発展、人種的、民族的平等、個人的、集団的権利の尊重、男女平等、州の平等が含まれていた。次に、社会及び経済的統合、議会改革(上院における先住民代表枠、将来の人口比率の増減にかかわりなくケベック州が下院議席の25%を保障されることなど)が盛り込まれた。連邦政府と州政府の管轄権限も再調整され、連邦から州への権限移譲(森林、鉱業、観光、住宅、レクリエーション、都市政策)が行われ、文化政策は州の排他的管轄とされた。さらに、先住民族の権利として固有の自治権を有することを承認した(その管轄領域、機構、権限は今後の交渉に委ねられた)。

(10)「独立」賛成49・44%、反対50・56%で、その差わずかおよそ5万3000人であった。

ベックとの融和を意図して提出したものではなく、いわば偶然の産物であった。[11] しかもネイションの考え方がそもそもケベックとは異なっていた。ハーパーはネイションを言語、文化的に象徴的なものとしか説明していない。さらに、英語系社会でケベコワという言葉が使われると、古くからケベックに住む生粋のフランス系の人々という意味で解釈されることが多い。つまり、「ケベコワはネイションを形成する」というのは、ケベックに住むフランス系の人々が文化共同体を形成する、という意味になる。限りなくエスニック・グループに近い捉え方である。したがって、動議は文化的意味合いを持っているにすぎないため、ケベック州の領域や政府とは繋がっておらず、そこから権限の委譲や連邦体制の変革、ましてや憲法改正という問題は出てきようがないということになる。その後の動きをみれば、ケベック以外の社会では動議がこのような意味で理解されたといってもいいだろう。したがって、この動議は象徴的なものにすぎず、ケベックとその他のカナダの国家観に関する溝は埋まることはなかったのである。

4 ケベック問題の本質

２００６年の動議以降、ケベック問題に関して特筆すべき出来事は起こっていない。１９６０年代から40年以上、カナダ政治は何らかの形でケベック問題で彩られてきた。もうその議論にはあきあきした、うんざりだ、一休みしたい、という雰囲気になったとしてもおかしくはない。また、２０００年代に入り、テロや難民・移民問題、不況や格差といった経済問題など世界規模の問題に直面したことも議論が低調した一因であろう。ただ一つはっきりしていることは、ケベックは現在の法・政治体制に満足していないが、カナダから出ていくことはなかったということである。

そもそもケベックでは独立を望む声がそれほど大きかったわけではない。1995年のレファレンダムはある意味特異な出来事だったのである。特にここ10年ほど独立派勢力は停滞したままであるし、支持を得ていない。2014年の独立をめぐるスコットランド住民投票が何らかの影響をケベックに与えるかと思われたが何も起こらなかった。

ケベックで独立が大きな支持を得ないことには理由がある。一つは、皮肉なことだが、ケベック・ナショナリズムの成果である。そのナショナリズムは州政府と結びつきその社会の発展のために様々な政策を実行してきた。つまり、自立したケベック・ネイションを形成することにある程度成功したのである。したがって、カナダ内で発展できる可能性があるならば、あえて独立する必要はないということになる。

カナダ内で発展できる可能性、このことが重要となる。ここにもう一つの要因がある。そもそもケベック・ナショナリズムが成果をあげることができたのはカナダが連邦制を敷いたため、その制度を

(11) ことの発端は、当時野党であった自由党の党首選で候補者の一人がケベックを憲法上でネイションとして認めるべきだという公約を掲げたことであった。これが大きな話題となり、連邦議会の場でも取り上げられ、連邦首相ハーパーが事態を収束させるために動議を提出したのである。またそこにはケベック州での議席を増やしたいというハーパーの選挙戦略も絡んでいた。

利用することができたからである。ケベックの望むように連邦制が再編成される余地があるならば、ケベックはそれを求めるし、実際求めてきたのである。その可能性がある限り、独立よりもそちらを選ぶということになる。

そこにはケベコワの持つ重層的なアイデンティティが関係している。ナショナリズムの力によってケベコワというアイデンティティを持つようになったとはいえ、カナダの建国に深く関わり、その後の発展にも貢献してきたという思いはケベコワにも強くある。何よりもカナディアンというのはもともとフランス系の人々を指す言葉だったのである。多少の強弱はあるにせよ多数の人々がケベコワと同時にカナダ人であるとも思っているのである。その一方を切るという決断はそうやすやすとできるものではないだろう。

さらに、連邦政府の対応も忘れてはならない。ケベックと何とか融和しようという姿勢は随所にみられたし、行財政的に譲れるところは柔軟に対応してきた。たとえ対立があろうとも、こうした対応をみせることによって連邦制の再編成の可能性が存在することをケベコワは感じとれるのである。

したがって、ケベック問題の本質は独立問題にあるのではなく、ケベックとその他のカナダの国家観の相違にあるということになる。そして、このことを考察する上で見逃してはいけないのは、そこにはケベックだけでなくカナダの方のナショナリズムも深く関係しているということである。つまり、問題はよくいわれるようにケベック・ナショナリズムだけにあるのではなく、カナダという一つのネイションを維持・発展させようとするカナディアン・ナショナリズムとそれを強固に支えるケベック以外のカナダにおけるナショナル・アイデンティティにもあるのだ。

かつてピエール・トルドーは国家内のマイノリティがネイション意識を持つと国家建設へと邁進する恐れを強調した。皮肉なことに、その恐れを現実へと近づけるきっかけとなったのは彼の一連の政策であった。たとえ「民族」的要素を取り払った「国民」であろうが一つのネイションを強調することは内なるネイションの反発を招くことになる。そうなれば、最終的に独立しか選択肢がなくなってしまう。国民国家の論理では新たな国民国家を生み出すだけである。カナダの歴史が示したことは、内なるネイションを否定し、一つのネイションを押し付けるよりも複数のネイションの存在を認めそれにあった政治体制を築く方が融和という観点から効果的である、ということである。右でみたように、それこそが多くのケベコワが求めてきたことなのである。

こうした観点からみると、現在のカナダは社会学的には明らかにマルチナショナル国家であるといえるが、法的、政治学的にみるとユニナショナル国家のままである。もちろん、連邦制下での柔軟な対応は評価しなければならないし、完全なマルチナショナル国家というものは存在しえないだろう。ただ、カナダ国民の圧倒的多数がカナダにはカナダという一つのネイションしか存在しないことを固持し、内なるネイションを否定し続けるという状況は気にかかるところである。[12] さらに、1982年の憲法移管以来ケベックがその憲法を批准していないことは、やはり民主主義的にみて健全とはいえ

---

(12) 2012年の調査では、ケベックをネイションとして憲法で認めるべきだという質問に、ケベック以外のカナダでは13・7%の人しか賛成していない。また、再編された連邦主義の下、ケベックにもっと権力を与えるべきだという質問には9%の賛成だった［Séguin 2012］。

ないであろう。

重要なのは、ケベックとその他のカナダとの間で常に開かれた形で対話が保たれているかどうかである。そういった意味でカナダ建国150周年に当たる2017年は象徴的な年であった。そのお祝いムードが盛り上がりをみせる中、ケベック州政府がある文書を公表したのである。「ケベック人――カナダ人であることの我々なりのあり方（Quebecers, our way of being Canadians）」と銘打たれたそれは、まさにその他のカナダに対するケベックからの対話への呼びかけであった。カナダとはどういう国であり、これからどのような国にしていくのか、お互いをよりよく知るために今一度話し合おうというものである。もちろん、そこには憲法改正も視野に入れられていた。しかし、すぐに交渉に入れとか、期限はいつまでとかには一切触れていない謙虚なものであった。これまでケベックは要求を認めてくれなければ独立を目指すというように、いわば「独立」を人質として憲法改正を主張することが多かったが、今回はそれもなかった。

これに対してトルドー首相は全く興味を示すことなく冷たくあしらった（ケベックの文書を読むことさえしなかったといわれている）。たしかに、彼の国家観からすれば憲法改正はないかもしれない。また、交渉決裂した場合にケベック・ナショナリズムが再燃することを恐れたのかもしれない。しかし、ケベックの要求を拒み続けることもまた同じ効果を持ちえる。彼の言うところの「開放性、尊重、思いやり、平等と公正への探求心」といった価値観はマルチナショナルな関係においてこそ発揮されるべきものなのではないか。そうした状況では、度重なる対話、相互における信頼、尊重に基づく関係が重要となる。ここ10年以上何もない状況が続いているためそうした関係が希薄化していることは否めない[13]。カナダにとってお互いが無関心になることが一番不幸なことである。ケベック問題は「カナダ」問題でもあるのだ。

おわりに

日本において、国民国家の「国民」＝「民族」関係に目を向けられることは多いが、「国民」＝「国家」は自明なこととして顧みられることはほとんどない。しかし、日本を含め世界の多くの国家はマルチナショナルな状況にある。カナダはその状況に早くから取り組んできた国の一つである。その考察からみえたのは、マルチナショナル国家の可能性とともにカナダ「国民」の凝集力の強さであった。近い将来カナダにおいて劇的な変化が起こるとは考えられないが、その経験から多くの示唆を得られることだけは確かである。

(13) 2018年のケベック州議会選挙で、これまで政権を担ったことのない新しい政党が勝利した。この政党の主張を見る限り、ケベック－カナダ関係の希薄化がさらに進む可能性も考えられる。

【参考文献】

Balthazar, Louis (1995), " Quebec and the Ideal of Federalism," *The Annals of the American Academy of Political and Social Science*, March .

Couture, Claude (1996), *Paddling with the Current*, The University of Alberta Press.

Gagnon, Alain-G. and Tully, James, eds. (2001), *Multinational Democracies*, Cambridge University Press.

Gagnon, Alain-G. and Iacovino, Raffaele (2007), *Federalism, Citizenship, and Quebec: Debating Multinationalism*, University of Toronto Press.［アラン＝G・ガニョン、ラファエル・イアコヴィーノ（2012）『マルチナショナリズム――ケベックとカナダ・連邦制・シティズンシップ』、丹羽卓監訳、彩流社］

Gagnon, Alain-G. (2014), *Minority Nations in the Age of Uncertainty: New Paths to National Emancipation and Empowerment*, University of Toronto Press.［アラン＝G・ガニョン（2015）『マルチナショナル連邦制――不確実性の時代のナショナル・マイノリティ』丹羽卓訳、彩流社］

Gellner, Ernest (1983), *Nations and Nationalism*, Cornell University Press.［アーネスト・ゲルナー（2000）『民族とナショナリズム』加藤節監訳、岩波書店］

Kymlicka, Will (1995), *Multicultural Citizenship*, Clarendon Press·Oxford.［ウィル・キムリッカ（1998）『多文化時代の市民権――マイノリティの権利と自由主義』角田猛之・石山文彦・山崎康仕監訳、晃洋書房］

Lawson, Guy (2015), " Trudeau's Canada, Again," *The New York Times Magazine* (https://www.nytimes.com/2015/12/13/magazine/trudeaus-canada-again.html)

McRoberts, Kenneth (1997), *Misconceiving Canada*, Oxford University Press.

——— (2001), "Canada and the Multinational State," *Canadian Journal of Political Science*, xxxiv:4.

Oxford Living Dictionaries (https://en.oxforddictionaries.com/definition/postnational)

Séguin, Rhéal (2012), " On constitutional questions, it's still Quebec vs. the rest of Canada," *The Globe and Mail*, 4/12. (https://www.theglobeandmail.com/news/politics/on-constitutional-questions-its-still-quebec-vs-the-rest-of-canada/article4239268/)

The Gouvernement du Québec (2017), *Quebecers: Our Way of Being Canadians—Policy on Quebec Affirmation and Canadian*

Relations. (https://www.saic.gouv.qc.ca/documents/relations-canadiennes/politique-affirmation-en.pdf)

Trudeau, Pierre Elliott (1990), " The Value of a Just Society," in Thomas S. Axworthy and Pierre Elliott Trudeau, eds., *Towards a Just Society*, Viking.

——— (1996), "Federalism, Nationalism, and Reason," in *Against the Current—Selected Writings 1939-1996—*, McClelland and Stewart.

第7章〈旧ユーゴスラヴィア〉

コソヴォの独立を考える

――独立宣言から10年を経て

柴　宜弘

はじめに

コソヴォの面積は約1万平方キロで岐阜県と同じであり、総人口も約190万人でほぼ同数である。このコソヴォが、2008年にセルビア共和国から一方的な独立を宣言し、世界に衝撃を与えてから10年が経過した。コソヴォ議会で2008年2月17日に独立宣言が採択された際、独立宣言の内容とは裏腹に、主要都市では住民の90％以上を占めるアルバニア人が、民族の象徴である赤地の中央に黒い双頭の鷲を描いた旗を掲げて熱狂的なデモを展開した。それから10年後の2018年2月17、18日の両日、コソヴォ独立10周年の記念式典が首都プリシュティナで行われた。式典では、EUの旗を模した青地の中央にコソヴォの領域が黄色で描かれ、そのうえに、アルバニア人、セルビア人、そのほかのマイノリティを象徴する六つの白い星が配された国旗の前で、サチ大統領が抑制的に独立を祝う姿が印象的だった。ニュース映像を見る限りでは、アルバニア人の民族旗は目立たなかった。

独立宣言から10年が経過したが、コソヴォ政府の思惑に反して、国際社会におけるコソヴォの位置はほとんど変わっていない。コソヴォの独立を承認する国家は193国連加盟国のうち102カ国（2019年2月現在）だが、同様の問題をかかえるロシアと中国が国家承認を与えないだけでなく、EU（欧州連合）加盟国のスペイン、ギリシア、ルーマニア、スロヴァキア、キプロスの5カ国も承認していないため、国連加盟が果たせないだけでなく、EU加盟プロセスも様々な分野の国際機関への加盟も滞っている。EUが仲介するセルビアとコソヴォの交渉もゼロサム・ゲームの様相を呈して、容易に解決の展望が見えてこない。新国家の国民は自由な渡航がままならず、とくに青年層の失業率が高い状態が続き、彼らのあいだで無力感と絶望感が広まっている。

独立を果たし、コソヴォ問題の最終的な解決の局面を迎えながら、なお解決への展望が開けない現状を踏まえて、本稿ではコソヴォ紛争の経緯を整理したうえで、独立宣言とはどのようなものだったのか、独立以後現在まで何が問題なのかを考えてみたい。

1　コソヴォ紛争とは

(1) ミロシェヴィチ政権下のコソヴォ

コソヴォのアルバニア人とセルビア人の問題は長い歴史的背景をもっているが、ここでは、コソヴォ紛争の直接的な契機となる1980年代末から整理しておく。ユーゴスラヴィア社会主義連邦の時代、コソヴォはセルビア共和国に属する一自治州であり、1974年憲法により、連邦を構成する六つの共和国とほぼ同等の権限、例えば経済主権、警察権、教育権などを享受した。しかし、社会主義連邦の求心力が弱まり、セルビアでミロシェヴィチが権力基盤を固めると、かれは1989年2月にはセルビア憲法を改正して、コソヴォ自治州の権限を剝奪した。自治権を奪われたコソヴォでは、アルバニア人勢力の自治権回復を求める動きが活発になる。

1990年代初めに、スロヴェニアとクロアチアが民族自決を掲げて旧ユーゴ連邦から独立を宣言し、これに伴ってクロアチア内戦、ボスニア内戦が生じた。この時期、コソヴォでは91年9月にどこからの支持もないままに独立が宣言され、「コソヴォ共和国」としてセルビアとは別の議会が設置され、独自の教育を行い、独自の社会保障体制を築いた。92年10月には、非暴力、セルビアとの交渉路線を貫くルゴヴァ(2006年1月死去)が「コソヴォ共和国」の「大統領」に選出された。

1995年にボスニア内戦が終結したあとも、コソヴォの自治権回復運動はなお継続した。96年9月、セルビアのミロシェヴィチ(2006年3月死去)大統領とコソヴォのルゴヴァとのあいだに、初等・中等学校でのアルバニア語教育を承認する「教育協定」が結ばれた。しかし、この協定が容易に実施されることはなかった。アルバニア人たちは対抗措置として、正規の学校とは別の場所に学校を設置して、正規のカリキュラムとは異なるアルバニア語による教育を行った。こうした状況下で、アルバニア人学生の不満が高まっていった。

97年秋頃から、アメリカの支持を受けて、武力によってコソヴォの独立を求めるアルバニア人青年を中心とする武装勢力（コソヴォ解放軍、KLA）の活動が激化した。98年3月、セルビア政府は治安部隊をコソヴォに導入して武装勢力の掃討作戦を始めた。コソヴォのアルバニア人が大量に難民となって、近隣諸国に流出したのはこの頃のことである。国際社会、具体的にはバルカンの政治に多大な関心を示すコンタクト・グループ（米・英・仏・独・伊・ロ）が仲介して、99年2月にフランスのパリ郊外ランブイエでセルビア代表団とコソヴォ代表団との直接交渉が行われた。両者に提示されたNATO（北大西洋条約機構）の起草によるランブイエ文書は、セルビア領域内でのコソヴォの自治に関して両者の合意を促すことが主目的であったが、軍事面を規定した付属文書にNATO軍のユーゴ領内での自由な展開が記されていたことから、セルビア側は国家主権の観点からこの文書を認めることはできなかった。

ランブイエ文書が合意に至らなかったことを受けて、99年3月末から6月初めにかけて、NATO軍の激しいユーゴ空爆が78日間も続いた。これはミロシェヴィチ政権によるコソヴォのアルバニア人人権抑圧に対する「人道的介入」を理由としていた。空爆による多大な犠牲を受けて、6月にミロシェヴィチはG8の和平案を受け入れた。国連安全保障理事会で、ユーゴの主権と領土の一体性を保障し、コソヴォはセルビア共和国の自治州であるとする決議１２４４が採択された。これに基づき、コソヴォは国連事務総長特別代表をトップとする国連コソヴォ暫定行政支援団（ＵＮＭＩＫ）が派遣されて民生面を担当し、軍事面ではＮＡＴＯ主体の国際部隊（ＫＦＯＲ）が展開され平和維持にあたった。今度はセルビア人やロマが難民となって、セルビアなどに流入する事態が生じた。約20万のコソヴォのセルビア人は、これ以後、３分の１ほどに減少した。

（2）国際社会による暫定統治

コソヴォに対するセルビアの実質的な統治が失われ、国連による暫定統治のもとで、２００１年11月にはコソヴォ議会（定数１２０議席）の選挙が実施され、翌年3月には、コソヴォ議会が穏健派のコソヴォ民主同盟党首のルゴヴァを大統領に選出した（04年12月に再選）。議会、大統領、政府からなる暫定自治政府機構が整備されることにより、アルバニア人の独立志向は揺るぎないものとなった。一方、03年2月にセルビア人が多数を占める地域の連合体として、「コソヴォ・メトヒアのセルビア人自治体および居住地の共同体」が創設され、セルビアとの関係を維持した。

コソヴォ政府とセルビア政府との対話は途絶えたままだったが、03年10月にはヨーロッパの問題としてコソヴォ紛争の解決を探るＥＵの呼びかけで、両者の直接協議が実現した。以後、ＥＵの呼びかけ、あるいは国連主導で協議が断続的に行われることになる。しかし、両者の見解の溝は容易に埋まらなかった。セルビア政府はセルビアの主権と領土の一体性を認めた99年6月の国連安保理決議１２４４に基づき、コソヴォの自治とセルビア人の保護を求めた。これに対して、コソヴォ政府は国連の暫定統治のもとで、独立以外の選択肢をもっていなかった。１９９０年代のコソヴォ紛争を通じて国際社会がアルバニア人に認めてきた民族自決の原則と、セルビアが主張する国家主権に伴う領土一体性の原則との矛盾が表面化してしまう。

こうした状況下で２００５年６月、コソヴォの従来の政党とは異なり、国際社会の支援を得てセルビアとの政治交渉による独立ではなく、アルバニア人の民族自決を掲げ、アルバニアとの統合に関する住民投票を主張する政党「ヴェテヴェンドシエ（自決）」が結成されたことは注目に値する。党首は90年代末に、プリシュティナ大学の学生時代からコソヴォの独立を唱えて非暴力のデモを組織する「反体制派」であり、国連の暫定統治に反対の立場をとる30歳の政治家クルティであった。クルティはコソヴォ解放軍の兵士から政治指導者になったサチらとは一線を画し、国連による暫定統治や政治交渉を嫌い、国内の汚職や犯罪の撲滅に積極的に取り組んだ。

セルビアの指導者ミロシェヴィチとコソヴォの指導者ルゴヴァがともに死去するなか、国連は平行線をたどる両者との協議を続けながら、暫定自治政府機構の統治能力の向上を促し、そのあとでコソヴォの最終的地位に関する結論を出す立場をとった。２００６年10月、セルビアで住民投票が実施され、「コソヴォはセルビアの領土」と憲法に明記する案が承認された。こうした状況のもとで、国連のコソヴォ地位交渉特使のアハティサーリ元フィンランド大統領を議長として、セルビア側とコソヴォ側との最終的地位をめぐる直接交渉が開始され、07年２月に国際社会の監視下でコソヴォの独立を事実上認めるアハティサーリの包括的提案が提示された。セルビア側はこれに反対の姿勢を示した。コソヴォでも、「ヴェテヴェンドシエ」支持者がアハティサーリ提案に反対のデモを行い、ＵＮＭＩ

K部隊の発砲によって2名が射殺された。アハティサーリは両者の合意を得られないまま、3月末には実質的なコソヴォの独立を容認する「コソヴォの地位決着のための包括的提案」を国連に提出した。

国連安保理では、ロシアが国家主権の尊重を重視し、両者が合意に至るまで交渉を続けるべきとして、コソヴォの独立に強く反対した。このため、国連安保理ではアハティサーリ提案を決議するには至らなかった。これ以後、アハティサーリに代わって、米、ロ、EUの三者がコソヴォ問題の交渉仲介者となり、さらにセルビア交渉団とコソヴォ交渉団との地位をめぐる協議を継続した。4カ月におよぶ交渉の過程で、完全独立、国際社会監督下の独立、領土の分割、さまざまな連合形態の模索、広範な自治などが提示されたが、結局、両者の歩み寄りはみられなかった。

米、ロ、EUの三者による仲介も実を結ばず、コソヴォの地位問題は手の打ちようがない事態に陥った。コソヴォでは、11月に行われた和平成立後3度目の選挙で、サチを党首とする中道右派のコソヴォ民主党が初めて、穏健派のコソヴォ民主同盟を破って第1党となった。08年1月、コソヴォ民主党とコソヴォ民主同盟の連立政権が成立し、サチが首相に就任した。サチ政権はアメリカと密接に協議を重ねながら、独立宣言の時期をさぐり、2月17日にコソヴォ議会で独立が一方的に宣言された。

2　どのような独立だったのか

（1）民族自決によらない独立

興味深いのは、1991年にユーゴから独立した共和国が一様に民族自決権を独立の論拠にしていたのとは異なり、12項目からなるコソヴォの独立宣言にはアルバニア人の民族自決はまったく記されていない。第1項でアハティサーリの包括的提案に依拠することがふれられ、第2項でコソヴォが世俗的な多民族共和国であり、コソヴォのすべての共同体の権利を保障し実現することが宣言されている。各都市の街頭では独立に熱狂するアルバニア人の民族旗が翻っていたが、この独立が多数民族の自決権に基づく独立でないことは、EUの旗を模した新国旗によく表されている。新国歌は歌詞のないメロディーだけの「ヨーロッパ」とされた。独立宣言の12項では，コソヴォは国際法や安保理決議1244を含む国連決議を遵守するとして、国際社会の支援と協力を求めている。

4月にコソヴォ議会で採択され、6月15日に施行された新憲法にも、民族自決権は記されておらず、前文では「すべての市民の権利、市民的自由、法の前のすべての市民の平等を保障する自由な市民の国家の創設」が謳われている。第1条で、「コソヴォは独立した、主権をもつ、民主的かつユニークで不可分の国家」とされ、「コソヴォ共和国はその市民による国家」と規定している。第5条の言語については、多民族社会において、アルバニア語とセルビア語が公用語であり、地方レベルではトルコ語、ボスニア語、ロマ（ジプシー）語も公的に使用することができるとされる。第6条の国家シンボルについては、国旗、国章、国歌は多民族の性格を反映するものであると記されている。

コソヴォは90年代にユーゴ、ソ連、チェコスロヴァキアの解体とともに、民族自決により誕生した一連の独立国とは論拠を異にする「ユニークな国家」（第1条）といえる。独立宣言に述べられているように、コソヴォという新国家の枠組みはアハティサーリの包括的提案に基づいてつくられた。15項からなる「コソヴォの地位決着のための包括提案」の第1項「一般原則」には、コソヴォが多民族社会であり、すべての市民の平等がまず示されている。民主的で、法の支配および国際的に認められたすべての市民の人権と基本的な自由を最大限に配慮して統治が行われるべきとされる。

アメリカを中心とした国際社会は国内外に与える多大な反響を配慮して、多数民族（アルバニア人）の自決権に基づく独立ではなく、民族に基づかない独立原則を模索した結果、コソヴォに居住するすべての「市民」による国家と多民族社会の創設という独立を合理化する原理が提示されたといえる。この地域で、民族自決は正義であるとするナイーヴな考え方を一般化するのが困難なことを認識するなかで生み出されたとはいえ、西欧型人権思想の定着を目指すコソヴォ憲法に規定された「市民」の概念はあいまいであり、コソヴォの実態を反映するものではなかった。

筆者は、言語が共通でありながら三民族の混住するボスニアで、ボシュニャク（ボスニア・ムスリム）、セルビア人、クロアチア人が民族自決を掲げる状態を打破するためには、「地域自決」といった考え方が必要だと指摘した［柴 2009］。コソヴォの場合、アルバニア人とマイノリティのセルビア人とは言語を異にしているので、相互のコミュニケーションが取りにくいだけでなく、居住する地区も別々である。セルビア人はコソヴォ北部地区に集中して居住する以外は、「飛び地（エンクレイヴ）」状態で暮らしている。コソヴォでは、言語を同じくするボスニアにおいてより、共通の「市民」意識をつくりあげるには時間がかかる。独立の基礎を多数民族の自決権に求めることが困難である以上、コソヴォに生きる住民が民族と同様にいだく、地域に対する帰属意識に依拠し、自決の原則を地域に結びつけて考えてみることも必要である。問題は、共通の地域に住むマイノリティの権利を保障する仕組みの構築だろう。

（2）なぜ国際問題となるのか

バルカンの一地域にすぎないコソヴォ自治州の独立問題が、なぜ国際的な関心を引いたのだろうか。それは、欧米諸国のコソヴォに対する利害関心から二つに分けて考えることができる。まずアメリカの場合、遠く離れたバルカンの歴史的背景やそこに住む人々の実情を十分に理解することなく、人権や正義という大義名分を掲げミロシェヴィチ政権と対峙し、コソヴォ問題に関与した。１９９０年代のユーゴスラヴィア内戦を通じて、アメリカではセルビアのミロシェヴィチ政権のもとで「抑圧されたアルバニア人」という図式がつくられてしまい、アルバニア人の民族自決権の行使は正義であるとの考えが根強く残された。コソヴォの問題は同様の問題のなかでも特殊なケースととらえて、独立に向けて積極的な行動をとった。一方、軍事面においては90年代末のコソヴォ解放軍を支援するなかで、コソヴォ東部にボンドスティール米軍基地を築いた。36万平方キロにおよぶこの基地は、７０００人の兵士が従事するバルカン最大の米軍基地であり、コソヴォ暫定統治の軍事面を担ったＮＡＴＯ中心の国際部隊（ＫＦＯＲ）の最高司令部が置かれた。宗教的にはムスリムであるアルバニア人からの絶対的な信頼を勝ち得て、バルカンの一角に親米国家を築いたといえる。

これに対して、ロシアやヨーロッパにはコソヴォと同様の問題をかかえる国や地域が多数見られる。アメリカ、トルコ、アルバニア、オーストリア、ドイツ、イタリア、フランスなどは即座にコソヴォの独立を承認し、イギリスや日本もいち早く承認したが、一部の国は現在に至るまでコソヴォを承認していない。

例えば、ロシアはセルビアとの関係が強く　コソヴォの独立に対して、当事者の合意を得ない一方的な独立は承認できないとの立場をとっている。しかし、ジョージア（グルジア）からの独立を主張する南オセチアとアブハジア、モルドヴァ共和国からの独立を主張する沿ドニエストルに対しては支持する立場を示している。2014年3月、クリミア最高会議がコソヴォの独立宣言が国際司法裁判所によって違法ではないという勧告（2010年7月）を出したことにも言及して、民族自決に基づく独立宣言を採択した。この直後に、クリミアのウクライナからロシアへの編入を問う住民投票が実施され、97％の賛成を得ると、ロシアはクリミアの要求を受け入れた。ロシアはクリミアのセヴァストポリ特別区に黒海艦隊の基地を置いており、国際的な批判を受けながら領土の変更を行った。ロシアの一連の問題に対するダブル・スタンダードは明らかである。

ＥＵ加盟国でコソヴォの独立を承認していないのは、スペイン、スロヴァキア、ルーマニア、ギリシア、キプロスの5カ国である。スペインはバスクとカタルーニャの問題をかかえ、ギリシアとキプロスには、トルコからしか承認を受けていない「北キプロス・トルコ共和国」の問題が依然として横たわっている。スロヴァキアの南部とルーマニアのトランシルヴァニア地方には、ハンガリー人が多数を占めており、コソヴォの独立はよそごととすることができない。

コソヴォの独立が影響を及ぼしかねない地域は、旧ユーゴスラヴィア諸国のなかにもある。北マケドニアには、コソヴォおよびアルバニアと隣接する北西部にアルバニア人が多数を占める地方が存在している。また、もっとも影響を受けやすいのは、二つの政体からなるボスニア・ヘルツェゴヴィナのスルプスカ（セルビア人）共和国であろう。ここでは、ボスニアからの独立を主張する政治勢力が存在しているからである。ドディク大統領は現在でも、折にふれてその主張を繰り返している。

このように問題をかかえたままの地域が数多くある現状において、アメリカやＥＵはコソヴォの独立を「特殊なケース」として限定する姿勢で臨んでいるが、一方で、自治州の共和国からの独立を承認することで、パンドラの箱が開かれてしまったことも事実である。コソヴォの独立が既成事実化するなかで、コソヴォとＥＵとの加盟をめぐる長いプロセスの端緒が開かれた。今後、コソヴォの独立を承認していないＥＵ加盟5カ国の責任はますます大きくなるものと思われる。

3　独立以後の問題

（1）増大するＥＵの関与

コソヴォが独立宣言を出した影響を受けて、セルビアの国内政治は大きく変化した。コソヴォ独立とＥＵ加盟問題の対応をめぐり、連立与党間の対立が決定的になり、２００８年5月に臨時の議会選挙が行われた。タディチ大統領の民主党中心の連合勢力が第1党に躍進し、連立を組んでいたセルビア民主党は第3党を維持した。しかし、セルビア民主党はコソヴォ独立をめぐり、ＥＵ加盟よりセルビア領土の一体性を強く主張する第2党のセルビア急進党との接近を強めた。この結果、民主党は第4党であり、宿敵であったミロシェヴィチのセルビア社会党と連立を組むことになった。民主党とセルビア社会党の「歴史的」和解が進み、ＥＵ加盟を最優先課題とする方針がとられた。単独の政党としては最大政党であったセルビア急進党はＥＵとの関係をめぐり分裂し、ニコリッチがＥＵとの協調路線に転じて、セルビア進歩党を結成し、さらに勢力を拡大した。民族主義政党のセルビア急進党は凋落の一途をたどることになる。

セルビアは、コソヴォの一方的な独立がセルビア共和国憲法、国連憲章、安保理決議1244および国際法によって保障されたセルビア共和国の主権と領土の一体性を侵害する行為だと主張して、国連を舞台にして、コソヴォ独立の違法性を訴える手段を講じた。08年10月、国連総会はセルビアが提案した「コソヴォの地位問題について国際司法裁判所（ICJ）に勧告的意見を求める決議」を採択した。国際司法裁判所（当時は、小和田恆が裁判長）は09年12月、コソヴォ政府とセルビア政府を含む30カ国の代表団の口頭弁論を開始した。10年7月にコソヴォの独立は国際法に違反するものではないという国際司法裁判所の勧告的意見が公表された。これを受けて9月の国連総会でコソヴォ問題が議論され、今後、EUを仲介者としてセルビアとコソヴォが解決策を求める対話を開始すべきとする決議が採択された。12月には、EU法の支配ミッション（EULEX）が国連の管轄下にあった警察、司法、税関の業務を引き継ぎ、EUが中心となってセルビアとコソヴォの関係の正常化に取り組むことになる。

２００９年11月、コソヴォの独立後初めての地方選挙が実施された。セルビア人が多数を占める北部の自治体では選挙のボイコットがみられたが、セルビア人の投票率は予想されたより多く、選挙はコソヴォ政府の実質的な統治への第一歩となった。しかし、10年5月には、セルビア政府が従来と同様にコソヴォ北部地域に定数30の地方議会をもうけて、地方選挙を実施したため混乱が生じた。10年12月に初のコソヴォ議会選挙（定数１２０議席中、10議席がセルビア人に割り当てられている）が行われ、北部地域では選挙のボイコットがみられたが、コソヴォ全土で2万人を超えるセルビア人が投票した。

ＥＵはセルビアもコソヴォもともに加盟を望んでいる現状を踏まえて、11年3月からブリュッセルで、両政府の直接協議を断続的に続けた。12年9月、独立後も25カ国からなる国際運営グループ監督下に置かれていたコソヴォで、４年の監督期限が終了した。10月には、アシュトンEU外交・安全保障政策上級代表の呼びかけで、コソヴォのサチ首相とセルビアのダチッチ首相（セルビア社会党）との首相間の会談がブリュッセルで開催された。12月の両首相の協議で、国境（境界）検問所の共同管理の実施などが合意された。13年2月には、前職がコソヴォ警察庁副長官であり、バルカン諸国初の女性大統領となったヤヒャガとセルビアのニコリッチ大統領との初の首脳会談が実現し、両国の首相間の協議の継続とEU加盟のプロセスを相互に妨害しないことが確約された。

（2）ブリュッセル合意と住民の反応

サチ首相とダチッチ首相の協議が繰り返され、２０１３年4月にはセルビアのコソヴォ承認に言及せずに、両者の関係を正常化する15項目の原則（ブリュッセル合意）がようやく合意された。この合意により、セルビア人が多数を占める自治体からなる自治組織の「セルビア人自治体の共同体（ZSO）」が創設されることになった。03年2月につくられていた同様の共同体はコソヴォ政府が承認しない、「非合法的」な組織であったのに対して、この共同体は合意の4項で、ZSOは地方自治の欧州憲章とコソヴォの法律に依拠した組織であると記され、経済発展、教育、保健、都市計画・農村計画などの領域に権限をもつと規定された。また、第7、8、9項で、コソヴォの警察権の一元化がふれられ、北部地域の警察権はコソヴォ警察に統合され、北部地域統合警察にはセルビア人が長官となることが述べられている。第10項は、司法権の統合についてである。

ZSOに加わる自治体はセルビア人が多数を占める北部地域の北ミトロヴィツァ、レポサヴィチ、ズヴェチャン、ズビンポトクの4自治体、中部のグラチャニツァ、東部のノヴォ・ブルド、ラニルグ、クロコト、パルテシュ、南部のシュトルプツェの6自治体、合計10自治体（図1を参照）である。合意の第11項に基づき、11月に欧州安全保障協力機構（OSCE）の選挙監視団のもとで、北部地域のセルビア人が初めて参加してコソヴォ地方選挙が実施された。北ミトロヴィツァで投票妨害が生じたが、選挙自体は平穏に行われた。しかし、セルビア政府がセルビア人に選挙への参加を呼びかけたにもかかわらず、北部地域の自治体の投票率は20％前後と極端に低かった。12月に決選投票が実施され、ZSOの10自治体市長選挙のうち9自治体で、コソヴォの独立を承認する立場のセルビア人市民イニシアティヴが勝利を収めた。

ブリュセル合意がコソヴォの住民にどのようにとらえられたのかは、きわめて興味深い問題である。これについて、10カ月後の14年2月8～22日に実施された世論調査結果がある。全米民主主義基金（NED）の支援を受けて、全米民主国際問題研究所（NDI）が、1205人にインタヴュー調査を行った。コソヴォをアルバニア人が多数を占める自治体、セルビア人が多数を占める北部の4自治体、セルビア人が多数を占める中部・東部・南部の6自治体に区分して、調査対象者の住民が抽出された。

まず、この合意によるコソヴォの将来の方向について、北部地域のセルビア人はもっとも悲観的にとらえているのに対して、中部・東部・南部のセルビア人の多くは判断しかねているが、個人の生活については楽観的なことが示されている。アルバニア人は概して楽観的にとらえている。コソヴォ政

図１　コソヴォ地図（濃い網掛けは「セルビア人自治体の共同体 ZSO」）

図２　セルビア南部のアルバニア人が多数を占める自治体

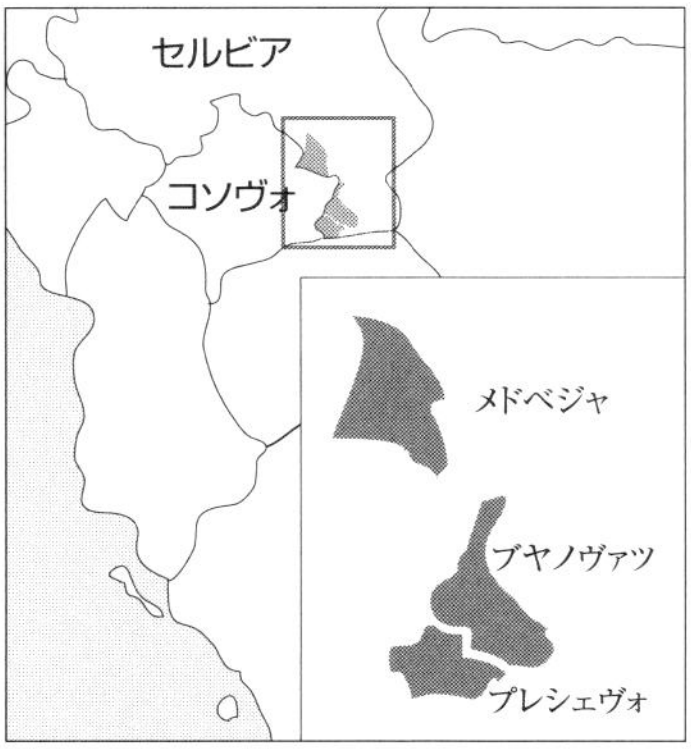

府とセルビア政府との外交的な協議に関して、北部地域のセルビア人の65％がこれに反対しており、青年層の72％が反対の立場をとっているのに対して、中部・東部・南部のセルビア人の60％がこれを支持している。アルバニア人は外交的な協議に関する賛否が拮抗している。

合意に関する情報の入手方法については、北部地域と中部・東部・南部地域を問わず、セルビア人の80％はセルビアのベオグラードのメディアに頼っていて、現地メディアから情報を得ているのは20％である。アルバニア人の50％は現地メディアからだが、50％は首都プリシュティナのメディアから入手している。すべての住民がブリュッセル合意について知っているが、アルバニア人よりセルビア人の方が多くの情報を得ている。もっとも熟知しているのは北部地域のセルビア人である。

合意によって創設される「セルビア人自治体の共同体（ZSO）」について、独自の警察権がZSOに生みだされると誤って理解している住民が多く、とくに北部地域のセルビア人の70％がそのように誤認している。ZSOの権限について、アルバニア人は経済発展を、セルビア人は教育を主たる分野と考えており、都市計画や農村計画については認識されていない。セルビア人のあいだでは、居住地域、年齢、性別によって理解度が異なっている。中部・東部・南部のセルビア人は北部のセルビア人より、ZSOが教育や保健の分野に有益なことを理解している。すべての住民は、ZSOの確立がコソヴォの経済発展や治安を改善することにあまり期待していない。とくに、北部地域のセルビア人はこれらに懐疑的であるが、アルバニア人は経済発展に期待している。

中部・東部・南部地域のセルビア人の63％はこの合意を支持しているが、北部地域のセルビア人は35％しか支持していない。アルバニア人のあいだでは、支持と不支持が二分されている。北部地域のセルビア人の支持が少ない理由は、ZSOによって個人レベルの安全の保障に懐疑的だからであろう。かれらは警察権の行使が不十分なために、治安が悪いと考えている。これに対して、中部・東部・南部地域のセルビア人は治安の悪さを、高い失業率や民族間の潜在的な不信に求めている。アルバニア人も個人レベルの安全に強い不安を感じており、その原因は高い失業率にあると考えている。北部地域の状況を改善する方策について、セルビア人は概して、セルビアと協議しながら、この地域に住む住民の対話が有益だとしていることがわかる。アルバニア人の多くも北部地域に共通の行政制度を導入することで状況が改善されるし、この地域の住民間の対話にも賛意を示しているようである。

この世論調査には、北部地域に集中して住んでいるセルビア人と「飛び地」状態で住む中部・東部・南部のセルビア人との意識の違い、セルビア人とアルバニア人との意識の相違が明らかにされていると同時に、コソヴォに生きる住民であるアルバニア人とセルビア人とが、独立した国家の単一の政治・行政組織のなかでどのように共存するのかについての意識の一面もうかがえる。当然のこととはいえ、アルバニア人とセルビア人の両者とも住民間の対話が必要だと考える点で共通していることも示唆的である。

(3) 膠着するコソヴォ問題

2014年5月、コソヴォのサチ政権はセルビア政府との協議を継続させる一方で、従来の2500人規模のコソヴォ治安部隊を5000人規模のコソヴォ国防軍に再編成する決定をした。これに対して、北部地域のセルビア人やセルビア政府は反発し、コソヴォ議会でも野党の賛成を得られなかった。サチは議会を解散して総選挙に臨んだ。6月に実施された選挙にもセルビア人が参加した。サチのコソヴォ民主党は37議席を獲得して第1党の座を守った。10年のコソヴォ議会選挙に初めて登場した「ヴェテヴェンドシエ（自決）」は第3党に躍進したが、この選挙でも第3党を維持した。選挙後、6カ月の政治空白を経て、コソヴォ民主党は野党で第2党のコソヴォ民主同盟と連立を組むことになる。コソヴォでは突出した政党がないため、与党と野党との政治的駆け引きが顕著である。

EUとの関係をコソヴォとセルビアがそれぞれ進める一方、15年8月には、EUの仲介によりブリュッセルでコソヴォのムスタファ首相とセルビアのヴチッチ首相（17年5月から大統領）の会談が実現し、両者の関係正常化に向けて、交通通信網、エネルギー、ZSOの確立、ミトロヴィツァの北と南を分けるイバル川に架かる橋の自由通行の4項目の合意に達した。しかし15年11月、コソヴォのユネスコ（UNESCO）加盟申請がロシアとセルビアの強い反対により、総会で3分の2の賛成を得られず否決されると、コソヴォ政府はブリュッセル合意の凍結を表明した。セルビア政府は、コソヴォ政府の対応はEUの仲介で続けられてきた両者の協議を否定するものとして強く抗議した。しかし、12月にコソヴォ憲法裁判所は、ブリュッセル合意の一部はコソヴォ憲法に抵触するとの判決を出した。これ以後、コソヴォではこの問題をめぐり与野党間の政治対立が続くことになる。

こうした状況下で、2016年から17年にかけて、コソヴォのアルバニア人とセルビア人との関係はますます悪化する。16年末には、コソヴォ問題に一貫して多大な関心を示し、強く関与してきたアメリカにトランプ政権が生まれ、コソヴォ問題に従来のような積極的な取り組みをしないことが明らかとなった。頼みの綱のEU、とくに、オランダからは戦犯とされているコソヴォ解放軍兵士の裁判を行う裁判所の開設を迫られた。コソヴォ政府が追いつめられるなか、外国勢力に依存しない独立を主張する野党「ヴェテヴェンドシエ」の抗議行動が活発になった。

10月に、コソヴォ議会がユーゴ解体後も老朽化したまま稼働していたミトロヴィツァの北東にあるトレプチャ鉱山の国有化法を採択すると、セルビア人議員はこれに反対し議会などをボイコットした。これと関連して、12月には北ミトロヴィツァのセルビア人がイバル川に架かる橋の北側にコンクリートの壁を築き始めた。17年1月には、セルビア側がベオグラードから北ミトロヴィツァまで車両にセルビア語だけではなく、アルバニア語、英語、そして日本語で「コソヴォはセルビアです」と書かれた列車を走らせるパフォーマンスを行ったが、目的地までは運行できなかった。

17年6月、コソヴォ議会選挙が実施された。選挙結果は、与党のコソヴォ民主党はコソヴォ将来同盟などと連合した勢力が第1党、コソヴォ民主同盟中心の連合勢力は第3党であったが、「ヴェテヴェンドシエ」が第2党に躍進した。32議席を獲得し、単一の政党としては第1党であった。「ヴェテヴェンドシエ」は10月に行われた地方選挙でも、首都プリシュティナ、第二の都市プリズレンおよび東部の町カメニツァで勝利を収めた。

この選挙後、コソヴォ解放軍の指導者で戦犯として逮捕されたが、旧ユーゴスラヴィア国際戦犯法廷（ICTY）で不起訴となったコソヴォ将来同盟のハラディナイを首相とし、「セルビア人リスト」やマイノリティ諸政党（20議席）などを加えた連立政権が成立した。この結果、コソヴォ解放軍の指導者であったサチ大統領とハラディナイ首相の体制ができあがったが、ハラディナイは「セルビア人リスト」との連立を組む際、ZSOの確立を約束したため、新内閣にはセルビア人、ボシュニャク、トルコ人議員も含まれることになった。コソヴォはこのような政治状況のもとで、18年2月に独立10周年を迎えたのである。

むすびに代えて

多くの政党の連立政権であるコソヴォのハラディナイ内閣は不安定であり、2018年に至ると早くも与党に参画した「セルビア人リスト」と政府との亀裂が生じた。一方、野党の「ヴェテヴェンドシエ」は路線対立から32人の議員のうち12人が離党して、前プリシュティナ市長のシュペンド・アフメティを中心に「独立議員グループ」を結成し、1990年代初めに創設されたが、17年の選挙で当選者がいなかったコソヴォ社会民主党に合流した。クルティが率いる「ヴェテヴェンドシエ」は与党のコソヴォ将来同盟に復党した議員が1名いたため、議席数は19に減少してしまった。先にふれたように、コソヴォでは与野党とも多数の弱小政党からなっている。そのため連立政権の基盤が脆弱であり、容易にセルビアとの妥協ができないだけでなく、セルビアとの合意が成立してもそれを実現できない状態が続いている。

これに対して、セルビアのヴチッチ大統領にとって、EU向けにコソヴォとの関係の正常化に積極的に関わっていることを示し、EU加盟プロセスを少しでも前進させることが必要であった。17年7月、ヴチッチはコソヴォのサチとの対話の再開を呼びかけた。15年に両政府の首相間に結ばれた4項目の合意事項のうち、実施されたのは交通通信網の整備だけであり、EUの側もそうした現状を打開する好機と考え、８月からＥＵの仲介による両者の新たな対話を始めた。その後18年にかけて、対話が頻繁に繰り返されたが、コソヴォに対するセルビア社会の反応の変化が見られず、ＥＵ側に不信感を募らせてしまう。

ＥＵ加盟とコソヴォの承認問題が密接に関連するセルビアにおいて、人びとはＥＵやコソヴォについてどのような考えをいだいているのか、世論調査からその一端をうかがうことができる。ベオグラードの週刊誌『ヴレーメ』が季刊で発行している雑誌『新セルビア政治思想（ＮＳＰＭ）』が毎年夏に行っている世論調査がある。18年は６月12〜19日に１０００名を対象に電話で調査が行われた（カッコ内は17年８月の同様の調査結果）。ＥＵ加盟については、賛成が46・５％（51・２％）、反対が38・７％（36・３％）、ＮＡＴＯ加盟については、賛成が７・１％（８・６％）、反対が80・０％（77・７％）であった。セルビアが関係を強化すべき国や国際機関については、中立が37・３％、ロシアが27・６％、ＥＵが15・３％、中国５・４％、バルカン諸国が２・８％であった。

「セルビアのＥＵ加盟の条件がコソヴォの国連での承認であるとするなら、その条件を受け入れることができるか」という質問に対して、受け入れるは12・０％（12・１％）、受け入れないは71・５％（70・６％）で、セルビア人がＥＵ加盟とコソヴォの承認を分けてとらえていることがわかる。「コソヴォ問題の最善の解決策は何か」について、最終的な解決をもう少し延期すべきが43・０％（32・２％）、セルビア人居住地域とアルバニア人居住地域の分割が33・４％（41・０％）、コソヴォ独立の承認が４・２％（３・３％）であり、「コソヴォの最終的解決に関する住民投票が必要か、あるいはそれについて説明を受ける必要があるか」について、必要が49・４％、不必要は34・０％である。

この世論調査から、コソヴォの独立を承認する人は現在でも3～4％しかいないことがわかる。しかし、最終的解決をなお先延ばしにする人が43％存在することにも注目すべきである。この立場をとる人たちは、コソヴォの独立が既成事実になっていることを理解しながら、一方で、セルビアのEU加盟プロセスが遅々としてはかどらない現状をみて、EU諸国を信頼しきれないのだろう。スペインやギリシアなどEU加盟5カ国がコソヴォの承認をしない状況を変えることなく、見解の不統一を抱えたままで、EUがコソヴォの最終的解決に臨もうとするのは問題である。EUはセルビアの加盟交渉を早急に進めると同時に、5カ国も含めてコソヴォを承認する必要があるように思われる。

問題は、コソヴォの領土をアルバニア人地域とセルビア人地域に分割すべきと考える人たちが33％存在することである。EUの仲介によるセルビア・コソヴォ間の対話が膠着状態に陥るなかで2018年に入ると、イヴィツァ・ダチッチ首相はアメリカの大統領補佐官との会談で、問題解決のためにはすべての選択肢を考えていると述べて、1990年代中頃にセルビア・ナショナリストのあいだで主張された「コソヴォの分割」案をもちだした。その後、ヴチッチとサチとの対話で、ヴチッチがコソヴォの北部地域とアルバニア人が多数を占めるセルビアの南部地域（メドヴェジャ、ブヤノヴァツ、プレシェヴォ。図2参照）との「領土交換」を提案したとされる。第一次世界大戦前後の時期に、バルカンではマイノリティ問題の解決策として「住民交換」が実施されたが、国境の変更を伴う領土交換は多大な影響をおよぼすリスクがあるため、最終的解決策とはとうてい言えない。この33％の人たちのナショナリズムを煽るだけである。セルビア政府はマイノリティ保護のために領土交換などというの時代錯誤な方法ではなく、コソヴォ政府に最大限の妥協をし、EUとの関係でその明確な見返りを引きだす現実的な政策により、これらの人たちを納得させる以外に方策はないかもしれない。

コソヴォには、北部地域だけでなく、中部・東部・南部にもセルビア人がマイノリティとして「飛び地」状態で暮らしている。領土の分割や領土の交換で問題が解決できないことは明らかである。第3節（2）で示したように、NDIによる世論調査では、13年のブリュッセル合意に基づきZSOが確定され、そのなかで生きていかざるを得ないコソヴォのセルビア人は、アルバニア人との住民間の対話が必要だと考えている。アルバニア人とセルビア人とはその言語がまったく異なっていて、コミュニケーションをとるのは容易ではない。社会主義ユーゴスラヴィア時代、とくに1974年憲法のもとでコソヴォ自治州に自治権が認められた時期には、マイノリティのセルビア人は初等学校や中等学校で第二言語としてアルバニア語を学んだ。この時代の経験を現在に活かし、両民族の若い世代が相手の言語を学ぶことができる教育制度を整備することは、相互の不信感を払拭する即効薬ではないとしても、基本的な方策である。両政府がブリュセル合意に立ち戻り、その実現に真摯に取り組むことが何よりも必要である。

補足：その後の状況

本稿は、2018年8月時点で執筆された。その後、政治状況が変化しているので若干の補足をしておく。

EUがブレグジット問題に忙殺されてコソヴォ問題を先送りする事態が続き、コソヴォでもセルビアでも不満が募る一方であり、両者の交渉は悪化のスパイラルに陥っているように思われる。201

8年11月、コソヴォのハラディナイ首相はセルビアのロビー活動によって、コソヴォが国際刑事警察機構（インターポール）に加盟できなかったことを理由として、セルビアからの輸入品に100％の関税を課す決定を下した。この決定にはアメリカもEUも地域の自由貿易を阻害するとして反対したが、コソヴォ政府は国内の不満を背景に、頑なな姿勢を崩さなかった。こうしたコソヴォの姿勢は、トランプ政権以前には蜜月関係にあったアメリカとコソヴォとの関係に亀裂を生みだした。いまや、ヴチッチのセルビア政府の方がアメリカとの関係を良好に進めているのは皮肉な現象である。

しかし、セルビア国内では、権威主義体制の色彩を強めるヴチッチ政権に対して、セルビアに住む500万人が町に出てきたとしても、ヴチッチはかれらの声に耳を貸さないという姿勢に抗議して、「500万人の一人」をスローガンとする草の根の運動が続いている。2018年末の週末にベオグラードの市民デモが始まり、セルビアの各地に拡大して4カ月も続いている。デモでは、マスメディアの統制を強めるヴチッチの退任と自由な選挙が掲げられる。これまでのように、コソヴォ問題をもちだす政党に利用されるのではなく、個人の意志に基づいて暴力反対や社会的モラルの保持を求めてデモを行う様子は、セルビアの政治史上、初めて見かける事態である。極右政党がこのデモに加わり、ヴチッチはコソヴォを売ってしまう裏切り者といった旧来の主張を唱えるなか、このナイーヴなデモがいつまで続くか予断はできない。

一方、国際社会から孤立した状態を強めるコソヴォ政府がセルビアに対する強硬な姿勢を貫く背景には、セルビアとの対話で「領土交換」の方策を進めたサチを批判する野党「ヴェテヴェンドシエ」の存在がある。「ヴェテヴェンドシエ」の党首クルティは、2019年4月、セルビアだけでなく、アルバニアでもモンテネグロでも見られる最近の大衆的な反政府運動を「バルカンの春」と称して、コソヴォでも不正に満ちた政府を倒す運動を呼びかけた。こうした動きがセルビアとコソヴォで同時に進展すれば、膠着した両国関係が新たな環境のもとに置かれ、両者がともにＥＵ加盟を果たせる日が来るかもしれない。

【参考文献】

小山政徳（2017）「コソヴォ」月村太郎編著『解体後のユーゴスラヴィア』晃洋書房

柴宜弘（2009）「バルカンのナショナリズム」大澤真幸・姜尚中編『ナショナリズム論・入門』有斐閣

――「コソボ」『ブリタニカ国際年鑑 ２００９年版～２０１５年版』ブリタニカ・ジャパン

――（2011）「コソヴォ独立とＥＵ加盟に揺れるセルビア」羽場久美子・溝端佐登史編著『ロシア・拡大ＥＵ』ミネルヴァ書房

百瀬亮司（2017）「セルビアの歴史認識における『コソヴォ』の意味――１９８０年代の議論から」橋本伸也編著『せめぎあう中東欧・ロシアの歴史認識問題』ミネルヴァ書房

Mertus, Julie A. (1999), *Kosovo: How Miths and Truths Started A War*, University of California Press.

Pavković, Aleksandar and Christopher Kelen (2016), *Athems and the Making of Nation State: Identity and Nationalism in the Balkans*, I.B. Tauris, London and NY.

【世論調査】

National Democratic Institute (NDI), Public Opinion Research: Kosovar Attitudes on the 2013 Brussels Agreement between Kosovo and Serbia, February 2014

Nova srpska politička misao (NSPM), Istraživanje javnog mnjenja: Srbija leto 2018. godine, Beograd, avgust 2018

Nova srpska politička misao (NSPM), Istraživanje javnog mnjenja: Srbija avgust 2017 , Beograd, septembar 2017

【ウェブサイト】

Balkan Insight　http://www.balkaninsight.com
Vreme（ベオグラードの週刊誌）　https://www.vreme.com/
Rambouillet Agreement
Comprehensive Proposal for the Kosovo Status Settlement
Kosovo Declaration of Independence
Constitution of the Republic of Kosovo

第8章〈中国〉
〈国民国家〉と〈国際関係〉の中の新疆ウイグル自治区

田中　周／鈴木　隆

はじめに

現代中国が抱える問題は多岐にわたる。民主化、人権、政治腐敗、環境、格差、経済の構造改革、領土、民族に関する問題など様々ある。とりわけ、本稿が扱う新疆をめぐる民族問題は、中国共産党のガバナンスの「最も弱い環」と言える［鈴木 2014a: 4］。

中国の民族問題と新疆をめぐっては、近年、民族間の衝突やテロ事件が頻発している。例えば、2008年には、8月の北京五輪開催を前に、チベットで大規模な民族騒乱が起こった。2009年には新疆ウイグル自治区の区都ウルムチで「ウルムチ事件」が発生した。これは広東省の工場で起こったウイグル族労働者の殺害事件をきっかけとして、真相を曖昧にしようとする当局への不満がウイグル族の間で高まった結果、ウルムチにおいて、ウイグル族と漢族との大規模衝突へと発展した事件である。治安部隊が事態の鎮圧にあたり、２００名近くの死者、１６００名以上の負傷者が出た［田中2010b: 60］。その後、２０１３年には北京で「天安門広場テロ事件」、２０１４年には雲南省で「昆明駅テロ事件」、同じく２０１４年にはウルムチで「ウルムチ駅テロ事件」が発生した。当局の発表では、いずれの事件も新疆の独立を目指す勢力が関与しており、「天安門広場テロ事件」では、ウイグル族の運転する自動車が天安門広場に突入し、運転手を含む5名が死亡し、38名が負傷したという。「昆明駅テロ事件」では、刃物を持った集団の襲撃によって34名の死者、１４３名の負傷者が出た。「ウルムチ駅テロ事件」では、自爆テロにより3名が死亡、79名が負傷した。習近平・中国国家主席による初の自治区視察訪問の直後に発生したという点で象徴的な事件であった。

各国のメディアがこれらの事件を大々的に報じたことで、近年、中国の民族問題、特に新疆ウイグル自治区をめぐる衝突やテロ事件に対する国際的な関心が高まっている。そこで本稿は、中国で生じている民族をめぐる諸現象を客観的に理解するための視座を読者に提供することを目的として、中国の民族問題を、新疆ウイグル自治区を事例に論じる。(1) 具体的には、第1節で、中国共産党の民族政策および中国が抱える民族問題を総合的に論じる。第2節では、国民国家・中国という視点から、新疆で中国共産党が行ってきた国家建設の試みと、それに対するウイグル族の反応を論じる。第3節では、中国－中央アジア関係をめぐる国際関係の視点から、新疆ウイグル自治区が持つ意味を論じる。最後に、「おわりに」で本章の結論を述べる。なお、田中と鈴木の共同執筆による「はじめに」を除き、以下の文章は、第1節を鈴木が、第2〜3節と「おわりに」を田中がそれぞれ担当した。

1　中国共産党の民族政策の概観

（1）〈中国〉の政治統合と未完の国民国家形成

中華人民共和国の民族問題を語るうえで、まず確認されるべきは、中国が自国の領土として主張する空間の政治的性格である。中国の政治や社会に関する一般的書物を開くと、その最初の方のページには、国家の基礎事項として、「中国の国土面積は約960万平方キロメートルで、ロシア、カナダ、米国に次いで世界第4位の面積を誇り、日本のそれの約26倍に相当する」云々の説明がなされ、中国で通用している国土全図（次頁の図1）が掲載されていることが多い。

同時に、この広大な版図を前提として、そこに暮らす人々についても、「多数派である漢民族（漢族）とその他の少数派民族の計56の民族で構成される統一された多民族国家」、「多民族でありながら、古代より連綿として引き継がれる〈中華民族〉という一体的な民族＝国民観念を有する」との中国政府の公式見解が記載されている例も散見される。

だが、中国の歴代王朝と現代の国民国家（nation-state）を同一視したり、後者のイメージを前者に投影して理解しようとする態度は、明らかに適切ではない。ナショナリズムに関する多くの研究が強調

（1）本稿でいう中国とは、特に断りのない限り、中華人民共和国を指す。

図1　中国で使用されている一般的な国土全図

するとおり、「国土」や「国民」は、自然発生的に生み出されるのではなく、そうした政治言説こそ、まさに、のちの時代の為政者が創り出した神話にすぎない。今日、中国共産党の指導者たちが力説する「中華民族」のストーリーは、その代表例である（中華民族については後述）。

日本における通説的理解によれば、現在の中国政府が主張し、また、漢族国民の多くが共有している〈中国〉の領域観念は、基本的には、モンゴルを除いた清朝（17〜20世紀）中期の支配領域に重なる。これらは、漢族が住民の多数を占める地域（中国本部、英語表記はChina Proper）と、そうでない地域（チベット、新疆など）の二つに大別できる。もともと清朝自体が、漢族にとっては異民族である満州族のうち立てた征服王朝であり、くわえて、非漢族地域における清の統治は、近代西欧の国家とは異なる、緩やかな支配を志向するにとどまった。清より前の明朝（14〜17世紀）の時代には、台湾も、大陸の支配体制の中に組み込まれてはいなかった。

中国大陸において、帝国の伝統支配のメカニズムを近代国家のそれに転換させるプロジェクト――領域管理のための統治機構の整備（国家建設 state-building）、および、共通の帰属意識を持つ均質な国民集団の育成（国民統合 nation-building）の二つを主なテーマとする――が本格的に始まったのは、1911年の辛亥革命以降のことである。この革命で誕生した中華民国は、「五族共和」のスローガンを掲げ、漢族、満州族、モンゴル族、イスラーム系民族、チベット族の協働を通じて、清朝の旧領域の分裂と欧米列強による分割を防ぐことを目指した。

しかし、中華民国期には、国内の政治混乱とそれに起因する社会経済改革の遅れ、さらには、日本を含む外国勢力の侵略により、漢族政治エリートを中心とするナショナリズムの勃興を除けば、前述の二つの課題は、いずれも未解決のまま残された。

（2）中国の国家統合を脅かす政治的遠心力

1949年10月、中国共産党の主導のもとに成立した中華人民共和国は、朝鮮戦争（1950～1953年）や中越戦争（1979年）など、ときには、戦争の直接の当事者として、冷戦の厳しい国際環境の中、前政権から引き継いだ政治統合の問題に取り組んだ。歴史の高みに立って過去を振り返ってみれば、中国では、国家建設の解決が優先される一方、国民統合の成果は十分に進展しなかった。この結果、中国の支配層は、現在もなお、旧ソ連が経験したような国家解体、分裂の恐怖におびえている（後掲の習近平の言葉を参照）。領域国家としての中国の存続に影響を及ぼす、「構造化された政治的遠心力」としては、主に、以下の三つが挙げられる[2]。

第一は、人民共和国の建国以来、集権と分権の均衡点を一貫して模索し続けているところの、不安定な中央・地方関係である。中国は、「民主集中制（democratic centralization）」の組織構造のもと、地方自治を制度的に否定し、人事と財政のコントロールを通じて、強力な中央集権制を採用している。だが同時に、「上に政策あれば、下に対策あり」との有名な格言が示すように、毛沢東時代以来、地方統治の現場では、社会の多様な現実を重視した地域主義が強く反映されてきた[3]。そうした政治ベクトルは、1970年代末の改革開放政策以後、地域間や各コミュニティの内部で、社会経済的格差が拡大したことにより、いっそう強まっている。

第二は、香港とマカオの両地域に適用されている「一国二制度」の存在である。香港とマカオは、

1997年と1999年に、それぞれイギリスとポルトガルの植民地支配を脱し、「特別行政区」として、中国の行政制度に編入された。北京の中央政府の指導のもと、ともに50年間は、旧宗主国から受け継いだ政治経済の諸制度や運営手続き、独自の通貨、法体系などの維持を認められている。しかし、返還から約20年を経た今日、中央政府の政治統制の強化、人口流入に代表される内地からの社会経済的影響力の増大に対し、以前からの香港住民、特に若者たちの間では、反中央・反〈中国〉の感情——ある種の諦念をも含め——が広がりつつある。2014年と2019年に発生した大規模な民主的抗議運動は、そうした心情の具体的な表れであった［倉田 2017; 倉田・張 2015］。

第三は、事実上の独立国家として存在している台湾（中華民国）の影響である。1894～1895年の日清戦争後、大日本帝国の植民地となった台湾は、日本が敗戦を迎える1945年までの約50年間、中国大陸での国家建設と国民統合をめぐる試行錯誤の経験を共有しなかった。その後、1947年の「二二八事件」をきっかけとして、共産党との内戦に敗れて来台した国民党・中華民国政府の強権支配が確立するとともに、党政府関係者とその家族（「外省人」）と現地住民（「本省人」）との間に、政治社会の分断状況が生まれた。本省人の側では、反国民党・反〈中国〉の思想潮流が伏在し続けた。1980年代半ば以降、台湾政治の民主化が進み、1996年に、台湾住民による中華民国正副総

（2）本項以下の叙述は、松田［2016: 88-93］の要領を得た的確な分析に多くを負っている。
（3）中央と地方、漢族と少数民族との関係などについて、1956年に毛沢東が発表した「十大関係論」と題する文章は、今日の問題状況を考えるうえでも多くの示唆に富む［毛 1977］。

統の直接選挙が実施されると、台湾は、大陸の政治状況とは関係なしに、民主主義の独立した政治主体の地位を実態的に獲得した。この間、台湾社会の内部でも、台湾人としての政治的凝集とアイデンティティが広く定着し〔若林 2008; 諏訪 2017〕、一部には、中華民国の国号変更など、〈中国〉の政治空間を公式に離脱する「台湾独立」（台独）の動きも顕在化した。

これに対して、「一つの中国」を唱える北京政府は強く反発し、2005年には、武力行使の威嚇を含む「反国家分裂法」を制定した。2014年3月には、北京政府との経済協定締結の動きをめぐり、大陸への過度の経済依存を懸念する台湾人学生らによって、台湾当局に対する抗議活動が展開された（「ひまわり運動」）。大陸統一と台湾独立をめぐる厳しい政治的駆け引きは、今後も長期にわたって続くであろう。

（3）民族統治の理論と制度、「自治」の内実

中国政府の公式説明によれば、中華人民共和国は、「統一した多民族国家」である。一方では、単一制国家の内部に、多数派の漢族（人口比92％、2010年の全国人口センサス）と55の少数派の民族（同前8％、実数では約1億1400万人に達し、必ずしも少数ではない）が混在する多民族国家でありながら、他方では、漢族を中心勢力として、他の民族も歴史的相互作用により一体化した「中華民族」と呼ばれる統合体が、国民集団を形成しているとされる（「中華民族多元一体構造」論）〔毛里 1998; 費 2008〕。

しかし、この公式説明に対しては、王朝の歴史や国家形成をめぐる集団的記憶、独自の言語や宗教を有する他の民族から、異論が提出されることも多い。チベット族やウイグル族の中に、中央政府に

対し、高度な自治や分離独立を要求する声が根強く存在することは、周知のとおりである。本章冒頭で述べたとおり、2008年にはチベットで、2009年には新疆で、それぞれ大規模な民族騒乱が発生したことは記憶に新しい。

共産党は、民族統治の制度的基礎として、「民族区域自治」と呼ばれる仕組みを採用している。そこでは、確定された地理的範囲（行政レベルごとに、「自治区－自治州－自治県」などが設置されている）に住む少数民族に対し、一定の「自治」と優遇措置が認められている。現行憲法は、「自治」の主な内容として、①少数民族出身者の当該地区の国家機関への政治任用、②現地の政治・経済・社会状況を勘案した地方法令の制定と財政管理、③国家の計画的指導を前提とした、域内独自の経済活動と資源の優先的開発、④民族の文化遺産保護と民族文化の発展事業の推進、などを定めている（中華人民共和国憲法、第3章第6節）。

ただし、既述のとおり、中国政府は、民主集中制に基づき、一般的な意味での地方自治を原理的に否定している。また、自治区・州・県において、少数民族出身の行政首長は、実権を有する漢族の共産党幹部の指揮命令に服するのが原則であり、憲法の「自治」規定は、おおむね形骸化している。

1980年代以来、中央政府の民族統治の主眼は、大まかにいえば、〈開発主義〉と〈力の対応〉の二つである。前者に関して、「発展はすべての問題を解くためのカギ」とは、現職の習近平国家主席をはじめ、歴代指導者の政治的常套句であり、民族問題に限らず、共産党の施政の根本方針である。その根底には、経済成長による豊かさの実現が、少数民族の不満を緩和・解消し、民族間の融和を促すというマルクス主義的な楽観的信条がみてとれる。

表1　各民族自治区の民族別人口比率（2010〜2015年）　（単位：万人）

民族自治区	域内総人口	漢族人口	非漢族人口
チベット	300.2	24.5（8.1%）	チベット族　271.6（90.4%）
新疆ウイグル	2359.7	861.1（36.4%）	ウイグル族　1130.3（47.9%）
寧夏回族	667.8	421.4（63.1%）	回族　240.7（36.0%）
広西チワン族	4602.3	2891.6（62.8%）	チワン族　1444.8（31.3%）
内モンゴル	2511.0	1889.7（75.2%）	モンゴル族　457.8（18.2%）

（補注）チベットと広西チワン族の両自治区は、2010年現在の数値。それ以外は、2015年の数字。
（出典）田中提供の以下の資料をもとに、鈴木作成。国務院人口普査辦公室・国家統計局人口和就業統計司編『中国2010年人口普査資料』中国統計出版社、2012年。新疆維吾爾自治区統計局編『新疆統計年鑑2016』中国統計出版社、2016年。寧夏回族自治区統計局編『寧夏統計年鑑2016』中国統計出版社、2016年。内蒙古自治区統計局編『内蒙古統計年鑑2016』中国統計出版社、2016年。

だが実際には、漢語の運用能力に優れ、漢族のエリート人脈に接近しやすい漢族住民に比べると、非漢族の人々は、経済競争において不利な地位に置かれやすく、発展のチャンスは偏っている。そうした構造的不平等を克服すべく、近年特に、中央政府は非漢族向けの漢語教育を推進しているが、かえって、文化的同化へのさらなる反発を惹起している。すぐ後でみるように、漢族移住者の増加に伴い、地元資源のはく奪感も増している。それゆえ、市場経済化や開発の進展が、民族対立を激化させている側面を見逃すべきではない。

後者の物理的強制力については、民族地区の管轄の中に、国境地帯が多く含まれることが重要である。それら国家安全保障上の戦略要地の安定を確保するため、軍隊や武装警察、各種の治安要員が、常時大量に動員されている。ほかにも中央政府は、政府機関による宗教活動の厳格な管理、共産党組織の「統一戦線工作」を通じた民族・宗教指導者への懐柔も積極的に行っている。体制側は、硬軟織り交ぜたさまざまな方法を駆使して、少数民族による分離独立運動の抑圧に努めている。

今日、漢族に対する少数民族側の反発の原因として、最も一般的かつ直接的なのは、民族地域への漢族の大量移住、それによる域内の人口構成の変化である。省レベルの五つの「民族自治区」をみると、2010年代に入って、当該自治区の名称を冠した民族が多数派を維持しているのは、新疆とチベットの二つだけである（表1）。内モンゴルにいたっては、モンゴル族は人口の2割に満たない。1950年代には、ウイグル族が70％以上を占め、漢族は数％にすぎなかったことを踏まえると、自民族の文化と各種資源の保護をめぐるウイグル族の危機意識の高まりは、容易に推察できよう（詳しくは、本章第2節以降を参照）。

（4）民族問題と民主化の関係、「習近平新時代」の守旧的性格

2012年11月、中国共産党第18回全国代表大会（以下、18回党大会の形式で略記）を経て、中国の最高指導者の地位に就いた習近平は、本稿執筆時点までに（2019年8月現在）、内政面では、個人集権と腐敗撲滅、言論弾圧にみられるイデオロギー的引き締めなどに注力している。外交、安全保障の分野では、「一帯一路」と称する広域経済圏構想を通じた影響力の拡大、東・南シナ海での海洋進出、軍備増強を主な柱とする積極的な対外政策を実行している。

また、2017年10月の第19回党大会では、1970年代末以来、約40年間続いた改革開放政策の結果、中国の国家発展の段階が新たな水準に達したことが宣言されるとともに、「習近平の新時代の中国の特色ある社会主義思想」（以下、「習近平思想」）を、党の公式思想に位置づけた。「習近平思想」

は、翌2018年の憲法改正を経て、「毛沢東思想」や「鄧小平理論」などと同じく、「全国の各族人民」を政治的に訓導するための正統イデオロギーの地位を獲得した。

民族政策の面で、習近平政権の一つの特徴は、前述した統一戦線工作の範疇での政策対応が目立つことである。2015年5月、指導部は、約9年ぶりに中央統一戦線工作会議を挙行した。これと相前後して2014年から16年には、新疆、チベット、民族、宗教の名前を冠した重要会議が矢継ぎ早に開かれている（2014年5月第2回中央新疆工作座談会、2014年9月中央民族工作会議、2015年8月中央チベット工作座談会、2016年4月全国宗教工作会議）［Suzuki 2019］。

これら一連の動きからは、非漢族の者はもちろん、民族地域に住む漢族住民、関連する民族・宗教団体など、さまざまな利害関係者との政治的コミュニケーションの再活性化を、当局が企図していることがうかがえる。ただし全体的にみれば、先行研究のいうとおり、習近平政権も、経済的恩恵（一帯一路の経済効果）と物理的強制力（中国的法治の徹底）の併進・強化の路線を踏襲しており、民族政策に大きな変化はみられない［星野 2017, 2015; 小嶋 2015］。

例えば、新疆に関しては、前出の第2回中央新疆工作座談会が開かれ、習近平国家主席が演説を行った。2010年5月の第1回座談会での胡錦濤・前主席の演説と比べると、個々の重点施策（①ウイグル族の就業増を柱とする成長戦略、②漢語教育の推進、③分離派の取り締まりなど）は継続性が高い。他方、習近平演説では「当面の闘争の重点」として「暴力テロ活動への厳格な打撃」を指示するなど、武断主義的印象が強まった。

ただし、新疆統治をめぐる中国共産党の政治的論理に変化はない。胡錦濤・習近平の両政権を通じて、新疆政策の認識と指針は、次のような論理構成によって導き出されている。

(i) 政権中枢での責任追及を避けるため、政権はまず「共産党は基本的に無謬」との原則に従い、従来の政策について「新疆をめぐる党の路線と政策は正しい」との総括を行う。

(ii) 「政策の方向性が正しいのに、状況はなぜ好転しない、または悪化するのか」との問いに対し、共産党は次の二つの論法を提出する。

A.「目標達成に必要な条件や基準を、現状では満たしていない」

B.「危機の要因は本質的に外在的で、外から持ち込まれたもの」

A説からは、新疆ウイグル自治区で不足気味とされる、経済的富の増大と漢語コミュニケーションを通じた民族間の相互理解の二つが強調される(右記①②)。B説は、国外の宗教過激派と、彼らの影響下にある一部ウイグル人への力による抑え込みを正当化する(③)。しかし、説明責任を十分に果たさないこうした政権の姿勢は、新疆をめぐる掘り下げた議論や省察の機会を国民に提供せず、漢族・ウイグル族間の不信解消に寄与しない。

こうした論理と対応策は、新疆の民族問題だけでなく、中国政治全体の問題にも密接に関わっている。すなわち、いっそうの経済発展の必要性と、外部の民主化勢力による政治的陰謀——共産党の認識では、その真の狙いは中国分裂の画策ということになる——への反撃は、中国共産党が現行の支配体制を正当化するための主要な根拠、民主化反対の常套的な口実である。このように新疆の現状は、漢族とウイグル族のエスニック対立と同時に、しかしそれ以上に、中国における民主主義のありかたそのものに問題の根を持っているのである［鈴木 2014b］。

以上の議論に関連して、民族対立や格差問題に起因する政治社会の亀裂、紛争の拡大に直面して、民主化を拒絶しつつ、平等と統合の国民心理を醸成するため、習近平指導部が選択した方策は、結局のところ、ナショナリズムのさらなる動員、それへのイデオロギー的依存であった。この点、政権スローガンである「中華民族の偉大な復興という中国の夢」は、国民心理の平等性と一体性を喚起しようとする指導部の焦りにほかならない。

また、習近平の謳う「愛国」主義の中身が、既存の権威主義的支配の擁護を意味していることも看過すべきでない。習氏が、国内のすべてのエスニックグループ、台湾住民、ときには海外の華僑華人に対しても、精神的帰依を求める国民宗教の客体としての〈中国〉とは、①実効支配の及ばない台湾や海洋島しょ部を含む、未完の領域国家としての中華人民共和国、②政治的に擬制された国民集団としての中華民族、③中国共産党の強権的支配体制、の各要素の複合体である。２０１６年11月、中国革命の父、孫文（号は中山）の生誕１５０周年の記念大会での次の言葉は、習近平の抱く《愛・国＝愛・共産党》の信条、「統一」の絶対視と分裂の恐怖を如実に示している。やや長いが、煩をいとわず引用する［習 2016］。

今日、中華民族の偉大な復興という新たな局面を創造するには、偉大な愛国主義の精神を大いに発揚し、成功に至る復興の道を歩む能力を、中華民族が持つことを確信しなければならない。愛国、主義は、具体的で現実的なものだ。現在の中国で愛国主義を発揚するには、次の点を認識すべきだ。すなわち、中国共産党の指導と中国社会主義の制度は、長期にわたって堅持し、動揺させてはならない。中国共産党が中国人民を指導して切り拓いた中国の特色ある社会主義は、長期にわたって堅持し、動揺させてはならない。（略）

孫中山先生は、国家統一と民族団結を一貫して強く擁護し、国家を分裂させ、民族を分裂させるすべての言論と行為に、旗幟鮮明に反対した。孫中山先生はいう。「中国は、一つの統一した国家であり、このことは、わが国の歴史意識の中にはっきりと刻まれており、まさにそうした意識があってこそ、われわれは一つの国家として維持し続けることができる」……祖国の完全な統一は、中華民族の根本利益の所在であり、すべての中華の子女の共同の願望、神聖な職責である。（略）

近代以来中国は、百年余りの長きにわたり、国破れて山河も砕かれ、同胞が蹂躙された悲惨な歴史を経験した。すべての中華の子女は、このことを決して忘れない。国家の主権と領土の保全を確保し、国家分裂の歴史的悲劇の再演を決して許さないことが、歴史と人民に対するわれわれの厳粛な約束である。国家を分裂させるあらゆる活動は、全中国人民の断固たる反対に遭うだろう。われわれは、いかなる人・組織・政党が、いつ、どのような形式であれ、領土の一片たりとも、中国から分裂させせようとするのを絶対に容認しない！

2 新疆ウイグル自治区における中国共産党の国家建設

(1) 民族政策の変遷と近年の見直し議論

中華人民共和国の歴史は、民族的・文化的・宗教的に異なる少数民族をいかに統治し、国家に統合していくかの歴史でもあった。地理的に国境地帯に存在するという安全保障上の理由や、天然資源等の経済戦略上の重要性から、新疆の統合は中国共産党にとって重大な課題であり続けてきた。そして、この国家統合を推進するための民族政策の核心と言えるのが、第1節で既述した民族区域自治政策である。ただし、民族政策は時期によってその硬軟が変遷してきた。中華人民共和国建国初期の1950年代前半までは、国家に少数民族を惹きつけるために、区域自治の実行、民族の認定作業である民族識別工作、言語や文字の創造などの文化政策、緩やかな社会改革などが行われた。少数民族を優遇する穏健的な政策が試みられ、少数民族側もこれを歓迎した。しかし、1950年代後半に反右派闘争が始まると民族政策が急激に硬化し、文化大革命の時期を通じて、少数民族に抑圧的な政策が採られるようになる。その後改革開放期に入ると、文化大革命期に少数民族の文化を破壊したという反省から、再び穏健な民族政策に回帰していくこととなる。だがこの状況も長くは続かず、1980年代後半になると穏健な政策の下で生じた様々なエスノ・ナショナルな要求に対し、一転して当局が「民族分離主義」として弾圧を加える状況に陥ることとなる。このように中国の民族政策は、穏健的な時期と急進的な時期が交互する状況が続いてきた［毛里 1998: 91-134］。

既述のとおり、２００８年にはチベットのラサで、そして２００９年には新疆ウイグル自治区のウルムチで騒乱が生じた。これらの事件を受けて、従来の民族政策の限界が様々な研究者から指摘され、民族政策の見直しが主張され始めた。その議論は大きく三つに分類できる。第一に、民族政策の抜本的改革を求める議論である。例えば、馬戎は、少数民族に対する優遇政策の撤廃と、全国的な自由な労働力移動の促進を提案している［馬 2009］。第二に、民族政策の部分的改革を求める議論である。胡鞍鋼らは、理論面では実質的な同化政策を目指す大きな転換を行い、実践面では政治・経済・文化・社会面の各政策で漸進的な改革を行うことを求めている［胡・胡 2011］。第三に、民族政策の調整を求める議論である。馬黎輝らは、新疆ウイグル自治区の政治制度において審議民主主義（deliberative democracy）的メカニズムの導入を提案し、政策過程により多くの少数民族の意見が反映されるシステムを求めている［馬・夏 2013］。以上の議論が将来的に採用されるか否かは未知数であるが、建国以来続いてきた民族区域自治政策に対して、様々な意見が提出されていることは興味深い事実である［Kolodziejczyk-Tanaka & Tanaka 2015: 382-384; 田中 2018: 76-77］。

(2) ウイグル族・新疆概論

ウイグル族はテュルク系ムスリムである。彼らはテュルク諸語東部方言のチャガタイ語群に属する現代ウイグル語を話し、独自に改良を加えたアラビア文字を用いている。中央アジアに居住するウズベク民族が話すウズベク語も同じチャガタイ語群に属しており、両者は近しい関係にある。ただし、ウズベキスタンでは、ウズベク語をラテン文字で表記している。

新疆ウイグル自治区にはウイグル族や漢族のみならず、カザフ族、回族、クルグズ族、モンゴル族、シボ族、オロス族、タジク族、ウズベク族、タタール族といった少数民族も居住している。この多民族状況を反映して、省レベルの新疆ウイグル自治区の下には地区レベル、県レベルの自治区域が設けられており、例えば、イリ・カザフ自治州というカザフ族の自治州、バインゴル・モンゴル族自治州というモンゴル族の自治州、クズルス・クルグズ族自治州というクルグズ族の自治州、焉耆《エンキ》回族自治県という回族の自治県というように、様々な行政レベルの自治区域が存在している(4)。

新疆を地理的に概観するならば、区都ウルムチを中心として、新疆北部にはイーニン、南部にはカシュガルといった主要都市が存在する。新疆の中心には東西に天山山脈が走り、これを境に北と南では、自然環境と人間の営みの様相が異なる。北部には森林地帯が広がり、伝統的に遊牧を営んできたカザフ族が多く居住している。南部は降水量の少ないタクラマカン砂漠周辺にオアシス都市が点在しており、定住民のウイグル族が集住して農・商・工業を営んできた。現在は、中華人民共和国の不可分の領域とされる新疆であるが、歴史的に様々な地域から影響を受け続けてきた。例えば、イリ、アルタイ、タルバガタイといった地域が存在する新疆北部は、長らくロシアの影響を強く受けてきた。一方で、新疆南部においては、カシュガル、アクス、コルラといった諸都市が存在する地域では中央アジアの影響が、またホータンなどの都市が存在する地域ではインドの影響が強かった。さらに、トルファンやハミといった都市が存在する新疆東部は、中国本土と密接な関係にあった。また、現在のように交通網が整備されていない20世紀初頭においては、新疆から北京を訪れるよりも、中央アジアやカシミールを訪れる方が日数的にはるかに容易であった。したがって、一口に新疆と言っても、地域やオアシス都市ごとに異なる文化圏から影響を受けており、また多くの地域では、地理的に中国内地から大きな隔たりが存在していた［Rudelson 1997: 39-45］。

新疆が清王朝の版図に入ったのは18世紀中葉で、この時に「新たに征服した領土」を意味する「新疆」と名付けられた。しかし、１８６４年に生じた現地ムスリムによる大反乱の混乱に乗じて、西方の中央アジアやロシアから諸勢力が侵攻したことで、新疆における清朝の支配力は著しく低下した。だがその後、洋務運動によって国力を回復した清朝は新疆の再征服に成功し、１８８４年に省制を敷くことで内地との一体化を進めていった。20世紀に入ると漢人軍閥が新疆を支配する状況が続いたが、抑圧的な政策を採る為政者に対するテュルク系ムスリムの反乱や抵抗運動が噴出した。その結果、１９３０年代にはカシュガルで「東トルキスタン・イスラーム共和国」、１９４０年代には新疆北部のイリ、アルタイ、タルバガタイ地域で「東トルキスタン共和国」という独立国家が設立されることとなる。これらの共和国はいずれも短命に終わるが、現在でもウイグル族たちは、自らの国家を樹立した輝かしい歴史として記憶している。その後、国民党勢力が新疆に入るが、１９４９年にはこれに代わって中国共産党がこの地を支配下に置き、中華人民共和国の一部として現在に至っている［田中 2013: 183-184］。

（4）ただし第1節で指摘したとおり、少数民族の名を冠している自治区域内で、その民族が必ずしも多数派というわけではない。例えば、昌吉回族自治州で多数派を占めるのは漢族で、回族人口よりも多い。また、クズルス・クルグズ族自治州で多数派を占めるのはウイグル族でクルグズ族人口よりも多い。

「ウイグル」という民族名称に関して言えば、現在のウイグル族は、20世紀初頭には、自身に対する統一した民族名称を持たない状況にあった。「テュルク」「ムスリム」、あるいは居住するオアシスの名称を冠した名（「トルファン人」「カシュガル人」など）で自称していたとされる。しかし、1935年に、当時新疆の実権を握っていた軍閥の盛世才が、彼らの呼称として「維吾爾（ウイグル）」の採用を決定すると、次第にこの民族名称が認知されていくこととなる。ただし、彼らの間で「ウイグル」民族意識が真に定着・内面化するのは中華人民共和国に入ってからの話であり、中国共産党による民族識別工作、民族区域自治といった民族政策を通じて、ウイグル族のアイデンティティが強化されてきた。これは「民族」そのもの、および「民族」創生プロセスの政治性・人為性を物語る事例といえる［田中 2013］。

（3）建国初期の国家建設プロセス（1949年～1950年代）

次に、中華人民共和国建国初期に、中国共産党が新疆で進めた国家建設を概観する。1949年に中華人民共和国が成立して以降、中国共産党はそれまで支配基盤のなかった新疆を統合すべく、軍事、政治、経済、アイデンティティ形成の各面から国家建設を推進していった。

第一の軍事面に関しては、新疆の場合は熾烈な国共内戦を繰り広げた他地域と比べて、比較的平和裏に推移した。1949年に人民解放軍が新疆に進駐する過程で、新疆各地の国民党勢力ならびに新疆北部を拠点としていた東トルキスタン共和国残存勢力の多くが中国共産党に恭順の意思を示した。中国共産党はこれら勢力の解体と糾合を進め、さらには新疆生産建設兵団という農耕・生産を行う準軍事組織を設立することで、軍事面での安定を図った。第二の政治面に関しては、民族区域自治政策の実施を通じて、党組織・政府組織を新疆各地に建設することで、画一的な政治システムを作り上げていった。自治区域は、県レベルから、地区レベル、省レベルへと、下層から上層へと建設が進められた。１９５４年には、１９４０年代に「東トルキスタン共和国」が存在した新疆北部でイリ・カザフ自治州が成立し、翌年に新疆ウイグル自治区が設立された。この１９５５年の新疆ウイグル自治区の誕生を以て、新疆における中国共産党の支配基盤が確立したと考えることができる［田中 2010a］。第三の経済面に関しては、建国当初は穏健的な政策が採られたものの、１９５７年以降は新疆に対する経済的統合の強化がはかられた。農業と牧業の集団化による急激な社会主義改造が推進され、内地と一体化する経済システムの構築が目指された。第四のアイデンティティ形成に関しては、前項でも指摘したとおり、区域自治政策や民族識別工作の実施を通じて、ウイグル族をはじめとする各少数民族のアイデンティティ形成が推進された。加えて、公定の歴史観の構築によって、新疆が古来より中国の一部であり、新疆に暮らす各民族も中華民族の一部であるという、集合的アイデンティティを補強し、国民形成を促進する歴史認識が形成されるようになる(5)。

(5) 歴史認識は、語り手や時代によって変遷する。例えば、中華民国期の歴史家曾問吾は、宋と明の時代には西域には中央の権力が及ばず、清の時代になって新疆はその領土に組み込まれたとする［曾 1936］。しかし、中華人民共和国期に入ると、体制側の歴史観において、新疆は古代より一貫して中国の一部であったと主張され、統治の正統性が強調されるようになる。

（4）改革開放とウイグル文化復興現象（1980年代）

1960年代から1970年代の文化大革命期には、少数民族の文化・風俗が徹底的に破壊されることとなるが、1980年代に入ると、改革開放路線への政策転換の一環として、政府主導で荒廃した民族文化の復興が目指されるようになった。これを契機として、ウイグル族の生活や文化の破壊を感じ、民族的アイデンティティ喪失の危機感をとりわけ強く持つウイグル族知識人が中心となって、ウイグル・アイデンティティを強固にしようとする機運が高まった。これがウイグル文化復興現象であり、「そこには様々なレベルの活動が含まれていたが、内実としては、自らの手で民族史を構築し、それを民族意識の基礎に据えようとする動きがその基調をなしていたように思われる。また、明らかにそれは、一部のウイグル人指導者たちによって意図的に発動された形跡が窺われる」［新免 2003: 496］ものであった。それまでの中国共産党の民族政策による、国家への帰属意識の醸成を目的としたアイデンティティ形成を「上からのアイデンティティ形成」と呼ぶならば、ウイグル文化復興現象を拠り所として、ウイグル族自身によって試みられた一連の活動は「下からのアイデンティティ形成」を目指したものであったといえる。

具体的な現象として、文革期に破壊されたモスクの再建や、公費・私費によるメッカ巡礼者の増加という宗教リバイバルが生じた。また、「12ムカーム」(6)に代表される民族音楽の体系化が進められた。最も顕著な動きは、歴史書、詩、小説を通じたウイグル史の再発見・再構築であった。とりわけ、ウイグル族の中で突出した名声を誇る、作家のアブドゥレヒム・オトクゥルが発表した歴史小説が有名である。彼は著作『足跡』において、1910年代にクムル（哈密）で生じたテュルク系ムスリムの蜂起を描いた［Ötkür 1985］。またその続編にあたる『目覚めた大地』は、1930年代に民衆が起こした政府に対する抵抗運動をモチーフにしている［Ötkür 1986, 1994］。また、歴史家トゥルグン・アルマスは、1989年に発表した歴史書『ウイグル人』の中で、ウイグル族が中央アジアを舞台とする8000年の栄光の歴史を有すると主張した［Almas 1989］。しかし、本書はウイグル族の祖先が打ち立てた独立諸王朝・王国と、漢族の祖先が打ち立てた諸王朝との競合・対抗関係を軸に歴史を紡ぎ出しており、中国が古来より統一多民族国家であったとする公定の歴史観とは相容れないものであった。トゥルグン・アルマスの歴史叙述は、当時のウイグル史再構築の様々な動向の中でも特に先鋭的であったため、本書は出版の翌年には発禁処分となり、さらには、自治区共産党委員会によって大規模な批判キャンペーンが繰り広げられた［田中・新免 2012: 309-310; 田中 2010b］。

他方で、民族英雄の顕彰を通じても民族史の再構築が目指され、民族偉人の顕彰とその墓の発見、建設が同時進行していった。例えば、11世紀にバグダードでテュルク語－アラビア語辞典『テュルク

（6）ウイグル族の民族音楽で、西アジアから中央アジアに存在する音楽体系の一様式である。楽曲は伝統楽器により演奏され、古典詩の歌唱、舞踊を伴う。中国政府およびウイグル族幹部、知識人の主導で新疆各地に伝わる民間音楽の調査、研究、整理が進められた結果、1990年にその活動が完了し、ウイグル族の伝統音楽としての12ムカームが成立した。さらに、16世紀のヤルカンド・ハーン国の王妃であったアマンニサ・ハンという人物を、この12ムカームの大成者であるとみなして、偉大なウイグル族の祖先として顕彰する運動が展開された［田中・新免 2012: 308］。なお12ムカームは、2005年にユネスコ無形文化遺産に登録されている。

諸語集成』を著したマフムード・カシュガリーが挙げられる。１９８０年代初頭より、彼とその著作に関する学術研究が行われ、カシュガルが彼の故郷と認定されて墓廟が建築された。また同様の事例として、11世紀のカラハン朝の侍従長で『幸福になるための知恵』を著したユースフ・ハーッス・ハージブも、カシュガル出身の民族偉人として墓廟が新築された(7)［田中・新免 2012: 307-308; 田中 2010b: 62］。

以上のウイグル文化復興現象の背景には、漢族人口の急激な増加、新疆経済における漢族の優位性、政策による漢語教育の強化が進む中で、自民族の文化や歴史が消え去ってしまうというウイグル族知識人の強い危機感が存在した。彼らに課せられた課題は、是が非でも自民族の歴史を構築し、これを民族意識の基礎に据えることであった［田中・新免 2012: 310-311; 田中 2010b: 64-65］。

（5）民族問題の国際化

１９９０年代以降になると、民族問題の国際化が顕著となった。ウイグル族の在外組織は活動を活発化させ、２０００年代に入ると世界各地に存在していた在外ウイグル人組織の組織統合が進んだ。その代表例が、世界ウイグル会議（World Uyghur Congress：ＷＵＣ）である。ＷＵＣは、２００４年にドイツで二つの主要なウイグル在外団体（世界ウイグル青年会議と東トルキスタン民族会議）が合併して形成されたもので、初代総裁にはエルキン・アルプテキン（国民党系のウイグル族指導者であり、１９４９年以後にトルコに亡命して民族運動を主導したエイサ・ユスプ・アルプテキンの息子）が選出され、彼にはチベットのダライ・ラマのような象徴性が期待された。ＷＵＣは新疆（彼らは「東トルキスタン」と呼ぶ）の中国支配に反対し、平和的、非暴力、民主的手段による民族自決を主張しており、武装暴動には否定的な立場をとる。しかし、中国政府は、ＷＵＣが新疆をめぐる衝突事件に関与していると考え、２００９年の「ウルムチ事件」で暴動を扇動したとみなしている［Kolodziejczyk-Tanaka & Tanaka 2015: 372-373］。

近年の動向として、もう一点指摘すべきは、国際テロの流入である。２００９年の「ウルムチ事件」までの衝突事件の多くは、政治的な不平等、経済的な不平等、文化的な不平等といった日常生活の不満に端を発した異議申し立てがエスカレートした、偶発的な事件という印象が強かった。しかし、「天安門広場テロ事件（２０１３年）」「昆明駅テロ事件（２０１４年）」「ウルムチ駅テロ事件（２０１４年）」は、海外（中央アジアおよびアフガニスタン、パキスタン）から中国国内にプロフェッショナルなテロが流入し始めたことを示唆しており、２０１３年を境に、新疆をめぐる民族問題は質的に変容し、新たな段階に突入したといえる［田中 2018: 70］。

（7）民族偉人の顕彰を通じた民族史の補強は、ウイグル族に限った現象ではない。新疆支配の正統性を強化するために、同様に中国共産党も漢族の民族偉人の顕彰を行っている。例えば、カシュガルでは、西域地域を平定した偉人として後漢の武人・班超の像を建てて、この地が古来より中国の一部であるという主張の根拠としている［新免 2003: 520-521］。またウルムチでは、19世紀に新疆の再征服に成功した、清朝末期の洋務派官僚・左宗棠の像が建てられている。

3　中国―中央アジアの国際関係からみる新疆ウイグル自治区(8)

（1）中央アジア概況

新疆は歴史的に、中国内地のみならず、隣接する諸地域からの影響を受け続けてきたことは既に述べた。特に中央アジアは、現在の新疆情勢を語るうえでも欠かせない存在である。本節では、中央アジアと中国の国際関係の視点から、新疆の持つ意義を論じる。

図2　中央アジア、中国・新疆、周辺国略図

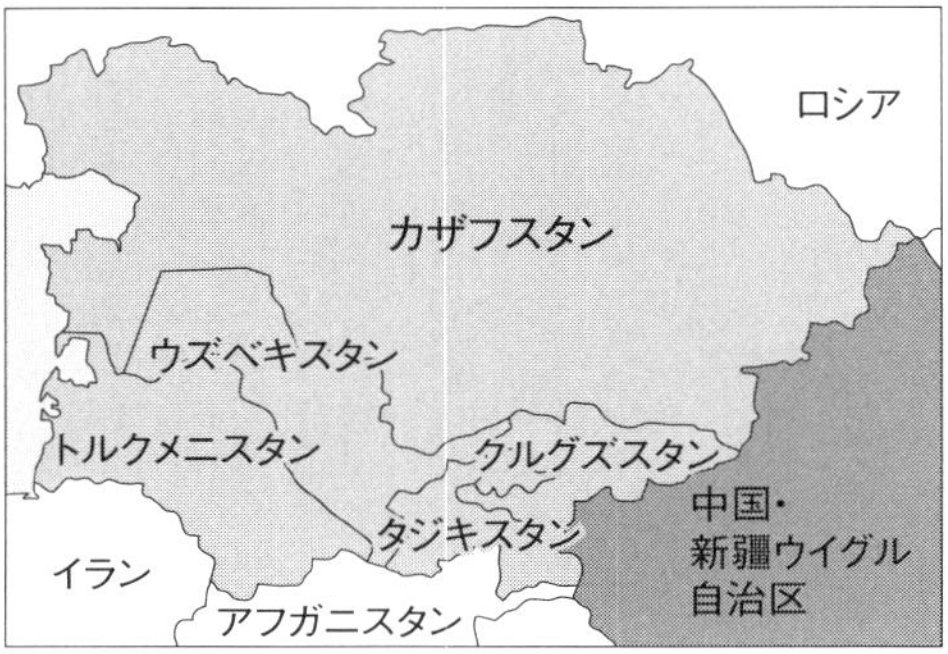

中央アジアとはいかなる地域か。中央アジア史を専門とする小松久男は、この地域を「多様な文明の重層と複合のプロセスがたゆまなく積み重ねられてきた動的な場」と表現する［宇山編著 2010: 24］。広大な草原やオアシス地域、美しいイスラーム建築群、シルクロードを通じた東西交渉史、大国の思惑が交差する舞台、権威主義的な諸国家、豊富な地下資源といった多様な顔をもって、変容し続ける地域が中央アジアといえる［田中 2017: 183］。

本節でいう中央アジアは、カザフスタン、ウズベキスタン、クルグズスタン、トルクメニスタン、タジキスタンの5カ国の領域を指す(9)。これら5カ国の特徴を概観すれば、カザフスタンは最も広大な領域（272万5000平方キロメートル）を有する国家であ

る。一方で、カザフスタンの6分の1の面積（44万7000平方キロメートル）にもかかわらず、最大の人口（3190万人、2017年時点）を有するのはウズベキスタンである。ウズベキスタンの東部に位置するフェルガナ盆地は人口密度が高く、歴史的に政治、経済、文化の各面で中央アジアの中心地であった。5カ国はともに多民族国家であるが、民族構成に目を移せば、それぞれの国名の由来となる民族が多数派を占めている（例えば、クルグズスタンではクルグズ民族が、トルクメニスタンではトルクメン民族が最大民族）。民族的には、カザフ、ウズベク、クルグズ、トルクメンはウイグル族と同じテュルク系であるが、タジクはイラン系の民族である。各国で用いる主要言語は、カザフスタンではカザフ語、ウズベキスタンではウズベク語といった各民族の言語に加えて、帝政ロシア時代からソビエト時代まで共通語とされたロシア語が現在も広く用いられている。また、各国ともに宗教はスンニ派のイスラームが主流である。[10]

（8）本節の内容は、［田中 2017］に基づく。ただし、適宜加筆を行い、筆者が2018年3月にカザフスタンで実施した調査内容などを反映させている。

（9）地理的にみれば、北部には広大なカザフ草原、南部には豊かな水をたたえるアム川やシル川とオアシス地域、パミール高原をはじめとする山岳地帯、カラクム沙漠などの砂漠地帯が広がる。気候帯は場所によって乾燥帯や亜寒帯に属する。

（10）中央アジア各国のデータは、日本国外務省ホームページ（2018年7月31日閲覧、https://www.mofa.go.jp/mofaj/area/index.html）のデータに基づく。各国の首都、面積、人口、主要民族構成、主要言語、主要宗教、政体、国家元首、GDP、主要産業の詳細を比較したデータ（2016年時点）に関しては、田中［2017: 185-187］を参照。

中央アジアの歴史は、北部の草原地帯に生きる騎馬遊牧民族と南部のオアシス地域に生きる農耕定住民との相互関係に彩られてきた。草原地帯では紀元前からテュルク系、イラン系やモンゴル系の遊牧民族・遊牧国家が高度な遊牧文化を築いてきた一方で、オアシス地域では農耕に裏打ちされた豊かな都市文化が発達し、両者は経済活動を通じた密接な関係を結んできた。その後、中央アジアは大きな変動を経験することとなる。第一の変動は「テュルク化」であり、6世紀から15世紀にかけて、従来イラン系民族が多かったオアシス諸都市において、テュルク系民族が徐々に支配的となった。中央アジアは別名「トルキスタン（テュルク人の住む土地の意味）」と呼ばれ、中央アジアとの位置関係から新疆が「東トルキスタン」と称される由縁はここにある。第二の変動は「イスラーム化」である。従来この地域には、仏教やゾロアスター教といった様々な宗教が共存していたが、8世紀から17世紀に至る過程で、オアシス定住民から遊牧民の間に次第にイスラームが浸透していった。これら二つの変動を経て18世紀に入ると、中央アジアにはロシア帝国が勢力を伸張していった。1917年のロシア革命後は、中央アジアはソ連の傘下に入り、次第に現在の中央アジア5カ国の原型が整えられていった。1991年にモスクワでソ連解体の機運が高まると、五つの共和国は独立を果たし、現在に至っている［田中 2017: 186-188］。

中央アジアの政治経済を語るうえでは、四つの重要なポイントが存在する。第一は、政治体制である。独立後の5カ国は、当初は民主主義的性格を帯びた国もあったが、次第に大統領への権力集中が進んだ。各国は程度の違いはあるものの、全体的に権威主義体制の特質を有し、強権によって経済発展と政治の安定を目指してきた。第二は、市場経済化である。中央アジア諸国は、ソ連期には市場経済的な要素を徹底的に排除した中央集権的経済システムであったが、1991年以降は資本主義経済への体制転換を目指す経済改革に着手した。発展水準や経済構造から中位の開発途上国とみなされる中央アジア諸国は、貧困の克服や産業構造の近代化という開発途上国共通の課題のみならず、計画経済から市場経済への移行という試練にも直面してきた［岩﨑・宇山・小松編著 2004: 177-199］。第三は、エネルギー資源である。中央アジアは資源の宝庫であり、特にカザフスタンは石油、天然ガスのみならず、ウラン、レアメタル、クロムなども世界屈指の埋蔵量を誇る。しかし、すべての国がエネルギー資源の恩恵を享受しているわけではなく、カスピ海周辺に位置する「持てる」カザフスタン、ウズベキスタン、トルクメニスタンと、「持たざる」クルグズスタン、タジキスタンとの間に資源の格差が存在し、これが各国の経済力の差となって表れている。第四は、イスラーム・テロの問題であり、次項で論じる［田中 2017: 189-192］。

(2) イスラーム・テロ問題

現在の国際関係は、テロ問題を抜きにして論じることはできない。ラパポートは「波理論（wave theory）」を唱え、19世紀以降の四つの大きな政治的運動の波の中で、様々なテロ運動が展開されてきたと主張する。このうち、1970年代後半から生じた第四の波は、強い宗教的志向を有していることが特徴で、本項で扱うイスラーム・テロはその代表例である(11)［Rapoport 2004］。

中央アジア諸国にとって大きな懸念は、イスラームの政治化である。また、新疆の分離独立問題を抱える中国政府にとっても、これは決して無視できない問題である。ソ連時代の中央アジアでは、反宗教政策が採られ、社会の脱イスラーム化、政教分離が推し進められた。しかし、ソ連末期の改革運動ペレストロイカによって、宗教を含む民族文化の見直しが図られたこと、さらにはソ連解体に伴って宗教への統制が消失したことにより、イスラーム復興現象が生じた。ただしこの現象は、人々の生活に根ざした活動にとどまらず、一部は極度に過激化、暴力化して政権と対立し、国際的なネットワークを形成するに至った［田中 2017: 190-191］。

例えば、「ウズベキスタン・イスラーム運動（Islamic Movement of Uzbekistan：ＩＭＵ）」は、ウズベキスタンのカリモフ政権打倒とイスラーム国家建設を目的として、１９９８年にフェルガナ盆地で結成された。その後、ＩＭＵはアフガニスタンやパキスタンのワズィーリスターン地域に活動の拠点を移したが、その過程で体質を国際化させ、アル・カイーダやターリバーンのごとく国境を越えたグローバル・ジハードを志向するようになり、中央アジアの諸地域でテロ活動を繰り広げている［Zenn 2013: 71-74］。また新疆では、１９８０年代に中国政府への抵抗とイスラーム国家建設を目指す「東トルキスタン・イスラーム運動（East Turkistan Islamic Movement：ＥＴＩＭ）」が設立された。その後、中国当局の徹底的な取り締まりによってＥＴＩＭは新疆を追われ、ターリバーン支配下のアフガニスタンに拠点を移したが、２００１年のアメリカによるアフガニスタン侵攻に伴って、パキスタンに流入することとなる［Zenn 2013: 75-78］。中国政府は、過去にウイグル族をめぐって生じた様々な衝突事件やテロ事件の黒幕にこの組織がいると認定している。

21世紀に入り、中央アジアおよび中国の新疆ウイグル自治区と隣接するパキスタンは、アフガニスタンと共にテロの世界的な中心地となっている［The Institute for Economics and Peace 2017］。ＩＭＵならびにＥＴＩＭは、拠点を置くパキスタンの地で様々な国際テロ組織との連携を強め、テロ行為の洗練化が進んでいるとされる［田中 2017: 191］。こうしたプロフェッショナルなテロの技術や人員の流入を、いかに防止し、抑制するかが、中央アジア諸国のみならず中国政府にとって緊要の課題となっている。

（3）中央アジアをめぐる国際関係と中国の「安全保障－経済開発」政策

中国政府が新疆の安定的統治を目指すうえで、中央アジアとの国際関係は重要なファクターである。中央アジアには、中国やロシアが中心的役割を果たす様々な多国間の枠組みが存在する。旧ソ連構成共和国のうち、バルト三国を除く12カ国が参加する「独立国家共同体（Commonwealth of Independent States：ＣＩＳ）」、ロシア、カザフスタン、クルグズスタン、タジキスタンなどの6カ国が軍事分野で協力する「集団安全保障条約機構（Collective Security Treaty Organization：ＣＳＴＯ）」、ロシア、カザフスタン、クルグズスタンら5カ国からなる「ユーラシア経済連合（Eurasian Economic Union：ＥＥＵ）」、あ

（11）第一の波は、１８７０年代から１９２０年代にかけてのアナーキズムで、テロの主な対象はヨーロッパ各国の政府要人の暗殺に置かれた。第二の波は、１９２０年代から１９６０年代の反植民地・民族解放運動であり、ヨーロッパの諸帝国を植民地から撤退させる努力に焦点が当てられた。第三の波は、１９６０年代から１９８０年代にかけての左派やマルクス主義急進派によるテロ活動である。また、第四の波はイスラーム過激派に限ったことではなく、その影響は様々な宗教に広がった。ただし、それぞれの波の特徴は、厳密に時期を区分できるものではない。近年、宗教を推進的イデオロギーとするテロは劇的に増加したが、ナショナリストや分離主義者による運動、左派による革命志向の運動はいまだに顕著であり、互いに結びつく事例も多い。

るいは本稿にとって重要である、中国、ロシア、カザフスタン、クルグズスタン、タジキスタン、ウズベキスタンらを加盟国とする「上海協力機構（Shanghai Cooperation Organization：ＳＣＯ）」などがある。なお、ＳＣＯのメンバーには、２０１７年にインドとパキスタンが正式加盟を果たし、また２０１２年からアフガニスタンがオブザーバーとして参加していることは注目に値する〔田中 2017: 192〕。

また中央アジアをめぐっては様々な「構想」が存在する。ソ連の崩壊と２００１年の米軍のアフガニスタン侵攻によって、中央アジアは新たな「グレート・ゲーム」の時代を迎え、ロシア、中国、アメリカといった多くのアクターが政治的経済的利益の追求を目指して当地域に参画している。アメリカは２０１１年から、天然ガスパイプラインと水力発電プロジェクトを軸とする「新シルクロード構想（New Silk Road Initiative：ＮＳＲＩ）」を立ち上げた。またロシアは、ＥＥＵやＣＳＴＯの枠組みを核として、地域の政治経済的連携を強化する「ユーラシア連合（Eurasian Union：ＥＡＵ）」戦略を提唱している。さらに中国は、「シルクロード経済ベルト（Silk Road Economic Belt：ＳＲＥＢ）」構想（「一帯一路（One Belt, One Road：ＯＢＯＲ）」構想の「一帯」を指す）を掲げ、ＳＣＯの枠組みの中で、経済面および安全保障面での協力強化を打ち出した〔田中 2017: 192-193〕。

中央アジアならびに中国で蔓延するテロ問題に対処するために、中国政府はＳＣＯ内の「地域対テロ機構（Regional Anti-Terrorist Structure：ＲＡＴＳ）」（機構本部はウズベキスタンのタシケント）を、中央アジアにおける中国の安全保障戦略の土台に据えた。ＳＣＯ加盟国は、２００１年に「テロ、分離主義、宗教過激主義の取り締まりに関する上海条約」、２００９年に「ＳＣＯ反テロ条約」というテロに対抗するための二つの包括的条約に署名し、情報共有、情報管理、国際組織との協力、合同軍事演習、法的活動の各分野で協力を行っている。もちろん、現時点では、ＳＣＯ各加盟国のローカル・レベルにおいてこれらのメカニズムが十分に機能していないとの指摘もあり、ＲＡＴＳの真価は今後の国際情勢において問われることとなる［Kolodziejczyk-Tanaka & Tanaka 2015: 386-387］。中国政府は、２００１年にアフガニスタンの治安維持を目的として設立された国際治安支援部隊（International Security Assistance Force：ＩＳＡＦ）が、２０１４年に撤退したことでアフガニスタンに政治的混乱が生じ、周辺国にテロ活動とイスラーム過激主義が浸透することを懸念している。しかし、前述のとおり、テロの温床となっているパキスタンならびにアフガニスタンがＳＣＯに参画したことにより、今後ＳＣＯが地域安全保障の有力なプラットフォームとなる可能性は十分に存在する［田中 2017: 193-194］。

また中央アジア諸国との経済協力において、中国は目下、２０２０年頃を目処に、中央アジア諸国との商品、資本、サービス、技術の自由移動の確立を目指している。さらに、習近平国家主席は、２０１３年にカザフスタンを訪問した際にＳＲＥＢ構想を打ち出し、ＳＣＯ加盟国とオブザーバー諸国との政策、道路、貿易、通貨、民心を通じ合わせる「五通」を表明した。この枠組みの中で中国は、特にカザフスタン、ウズベキスタンとの経済、金融協力の拡大に関心を示している。２０１４年にカザフスタンが提唱した新経済政策「光明の道（Nurly Zhol）」は、中国と戦略上の共通点が多い。またウズベキスタンは、ロシアが提唱するＥＡＵから距離を置いており、中国はこれを両国の関係強化の好機ととらえている(12)［田中 2017: 194］。

このように中国が中央アジア諸国と経済協力を促進する理由は、主として新疆の安定にある。例えば、２０１３年の中国の対外貿易総額は４兆１５８９億ドルであるが、中央アジア諸国が占める割合はわずか1・2％（500億ドル）に過ぎない［中華人民共和国国家統計局編 2014］。しかし、新疆と中央アジアの関係のみに着目するならば、2015年の新疆の対外貿易総額196億ドルに占める中央アジア諸国の割合は55％（109億ドル）に上り、特にカザフスタンは多くを占めている（57億ドル）［新疆維吾爾自治区統計局編 2016］。新疆を経済的に富ませることで、住民の不満を抑え、テロの火種を摘もうとする意図が中国政府にはある。すなわち、「安全保障」と「経済開発」を連結させる政策(13)によって、新疆の安定と繁栄を目指しており、そのためには中央アジア諸国との連携が不可欠である［田中 2017: 194］。

おわりに

新疆は歴史的に、中国および中央アジアの双方からみて「周縁」に位置してきた。しかし現在、この状況に構造的な変容が生じている。本章の冒頭で述べたとおり、新疆は中国共産党のガバナンスの「最も弱い環」であり、新疆の安定なしに中国全域の安定もない。2014年に入って、中国政府は新疆を、中国東部の沿岸地域と中央アジア市場を結ぶSREBの「核心区（core area）」とする決定を下した。具体的に、核心区としての新疆には、鉄道貨物輸送のハブ（ヨーロッパ－新疆－中国東部沿岸）、LNG産業の集積・経由地（中央アジア－新疆－中国東部沿岸）、石油産業の集積・経由地（パキスタン－新疆－中国東部沿岸）の三つの次元の役割が期待されている［王 2017］。

これを受けて、新疆ウイグル自治区政府は、SREB構想の下で「三通道、三基地、五大中心」という各分野での新しい開発戦略に着手し始めた。三通道（三つの道の意味）は、①北京・天津から新疆のハミを通じてカザフスタンとロシアに至る北路、②上海から新疆のウルムチを通じてカザフスタンに至る中央路、③広州・香港から新疆のカシュガルを通じてタジキスタンとパキスタンに至る南路を指す。三基地（三つの基地）は、①石炭・石炭化学産業、②石油・天然ガス産業、③再生可能エネルギー産業（主に風力と太陽光発電）を指す。五大中心（五つの中心）は、長期的展望で新疆が、①交通・輸送のセンター、②貿易のセンター、③金融活動のセンター、④科学・教育のセンター、⑤保健衛生のセンターとなることを意味する［石 2016］。

---

(12) 一方、中央アジア諸国は中国の存在をどのようにとらえているのか。筆者が2018年春にカザフスタンを訪問し、政府系研究機関の研究者に対して行ったインタビューの一部を紹介する。カザフスタンでは中国に対して二つのイメージが存在する。愛くるしく友好的な「パンダ」の印象と、力強く躍動的な「龍」のイメージである。ただし、中国はカザフスタンの隣国であるにもかかわらず、一般民衆の中国に対する認識は乏しく、その存在感は必ずしも強いとはいえない。一つの地域として認識される中央アジア諸国ではあるが、実際は、互いの政治的経済的連携は密ではなく、中央アジア域内の貿易量も少ない。したがって、カザフスタンの政財界は、SREB構想下で実施される中国からのインフラ投資を肯定的に受け取り、経済成長の好機ととらえている。しかし、SCOのRATSを核とするテロ対策に関しては、中央アジア諸国間の協力が不十分なため、現時点ではその成功を確約できないと認識している。

(13) これは国連の「ミレニアム開発目標（2000年）」（Millennium Development Goals）をめぐる議論から発生し、2004年に当時の国連事務総長コフィー・アナンによって提唱された「安全保障－経済開発のネクサス」という概念に通じる。この概念においては、安全保障と経済開発は不可分なほどに密接に関連しており、貧困地域が経済開発の機会を得ることなしに、より安全な世界の実現はないとされる。

すなわち、これまで周縁にあり続けた新疆ウイグル自治区は、中国という国民国家においても、中国－中央アジア（さらにはアジア－ヨーロッパ）をめぐる国際関係においても、「核心」の地域へと変貌を遂げようとしているのである。

付記：本稿はＪＳＰＳ科研費 15H05162、および 18K12728 の助成を受けた研究成果の一部である。

【参考文献】

〈日本語〉

岩﨑一郎・宇山智彦・小松久男編著（2004）『現代中央アジア論――変貌する政治・経済の深層』日本評論社
宇山智彦編著（2010）『中央アジアを知るための60章【第2版】』明石書店
倉田徹（2017）「雨傘運動とその後の香港政治――一党支配と分裂する多元的社会」『アジア研究』第63巻第1号、68～84頁
倉田徹・張彧暋（2015）『香港 中国と向き合う自由都市』岩波新書
小嶋華津子（2015）「習近平政権と『法治』」『国際問題』第６４０号、５～14頁
新免康（2003）「中華人民共和国期における新疆への漢族の移住とウイグル人の文化」塚田誠之編『民族の移動と文化の動態』風響社、４７９～５３３頁
鈴木隆（2014a）「新疆ウイグル自治区の不安定化と自治区の『新文化運動』」『東亜』№５６７、４～５頁
――（2014b）「中国・新疆ウイグル統治、共産党支配の論理とその限界」『朝日新聞 DIGITAL WEBRONZA』（２０１９年４月８日閲覧、https://webronza.asahi.com/politics/articles/2014092100002.html）
諏訪一幸（2017）「中華民国から台湾へ――台湾の変化が問いかけるもの」鈴木隆・西野真由編『現代アジア学入門――多様性と共生のアジア理解に向けて』芦書房、１０１～１１５頁

田中周（2018）「中国の反テロ政策――新疆を事例として」『紀要国際情勢』第88号、69～80頁
――（2017）「中央アジアからみた中国と日本」鈴木隆・西野真由編『現代アジア学入門――多様性と共生のアジア理解に向けて』芦書房、183～199頁
――（2013）「民族名称『ウイグル』の出現と採用」鈴木隆・田中周編『転換期中国の政治と社会集団』国際書院、181～207頁
――（2010a）「新疆ウイグル自治区における国家統合と民族区域自治政策――1950年代前半の自治区成立過程から考える」『早稲田政治公法研究』第94号、63～76頁
――（2010b）「改革開放期にみるウイグル・アイデンティティの再構築――トルグン・アルマス著『ウイグル人』を中心に」『ワセダアジアレビュー』№8、60～65頁
田中周・新免康（2012）「民族文化の『復興』と民族史の強調」中国ムスリム研究会編『中国のムスリムを知るための60章』明石書店、307～311頁
費孝通（2008）『中華民族の多元一体構造』西澤治彦ほか訳、風響社
星野昌裕（2017）「習近平政権期における民族問題と民族論争」『問題と研究』第46巻第2号、1～22頁
――（2015）「習近平政権と新疆ウイグル自治区の民族問題」『東亜』第573号、100～107頁
松田康博（2016）「国家統合」家近亮子・唐亮・松田康博編著『新版 5分野から読み解く現代中国――歴史、政治、経済、社会、外交』晃陽書房、88～103頁
毛沢東（1977）「十大関係について」中国共産党中央委員会毛沢東主席著作編集出版委員会『毛沢東選集 第5巻』外文出版社、411～444頁
毛里和子（1998）『周縁からの中国――民族問題と国家』東京大学出版会
若林正丈（2008）『台湾の政治――中華民国台湾化の政治史』東京大学出版会

〈中国語〉

国務院人口普査辦公室・国家統計局人口和就業統計司編（2012）『中国2010年人口普査資料（上、中、下冊）』

中国統計出版社
胡鞍鋼・胡聯合（2011）「第二代民族政策：促進民族交融一体和繁栄一体」『新疆師範大学学報』第32巻5期、1～12頁
馬黎暉・夏冰（2013）「協商民主視野下新疆和諧民族関係的構建」『民族問題研究』２０１３年第1期、37～41頁
馬戎（2009）「経済発展中的貧富差距問題——区域差異、職業差異和族群差異」『北京大学学報』２００９年第１期、１１６～１２７頁
内蒙古自治区統計局編（2016）『内蒙古統計年鑑２０１６』中国統計出版社
寧夏回族自治区統計局編（2016）『寧夏統計年鑑２０１６』中国統計出版社
石鑫（2016）「新疆核心区建設取得顕著進展」『大陸橋視野』２０１６年第1期、25～27頁
王宏麗（2017）「２０１６年新疆絲綢之路経済帯核心区建設進展報告」陝西省社会科学院編『絲綢之路経済帯発展報告（2017）』社会科学文献出版社、１１２～１２８頁
習近平（2016）「在紀念孫中山先生誕辰１５０周年大会上的講話（２０１６年11月11日）」『新華網』（２０１８年８月９日閲覧、http://www.xinhuanet.com/2016-11/11/c_1119897047.htm）。
新疆維吾爾自治区統計局編（2016）『新疆統計年鑑２０１６』中国統計出版社
曾問吾（1936）『中国経営西域史』商務印書館
中華人民共和国国家統計局編（2014）『中国統計年鑑２０１４』中国統計出版社

〈英語〉

Kolodziejczyk-Tanaka, Aleksandra Maria and Amane Tanaka (2015), The Structure and Content of China's Counterterrorism Policy: The Case of Uyghur Islamist Terrorism. *Proceedings: International Conference on "Xinjiang in the Context of Central Eurasian Transformations"*. Tokyo: The University of Tokyo, pp. 363-397.
Rapoport, David C. (2004), The Four Waves of Modern Terrorism. In Audrey K. Cronin and James M. Ludes, eds., *Attacking Terrorism: Elements of a Grand Strategy*. Washington, DC: Georgetown University Press, pp. 46-73.

Rudelson, Justin Jon (1997), *Oasis Identities: Uyghur Nationalism along China's Silk Road*. New York: Columbia University Press.

Suzuki, Takashi (2019), China's United Front Work in the Xi Jinping Era: Institutional Developments and Activities. *Journal of Contemporary East Asia Studies*, Vol. 8, no. 1, pp. 83-98.

The Institute for Economics and Peace (2017), *Global Terrorism Index 2017*. Sydney: The Institute for Economics and Peace.

Zenn, Jacob (2013), On the Eve of 2014: Islamism in Central Asia. In Hillel Fradkin, Husain Haqqani, Eric Brown and Hassan Mneimneh, eds., *Current Trends in Islamist Ideology*, Vol. 15, pp. 67-91. Washington, DC: Hudson Institute.

〈現代ウイグル語〉

Almas, Turghun (1989), *Uyghurlar*. Ürümchi: Shinjang Yashlar-Ösmürler Neshriyati.［トゥルグン・アルマス『ウイグル人』新疆青少年出版社］

Ötkür, Abduréhim (1986, 1994), *Oyghanghan Zémin* 1-2. Ürümchi: Shinjiang Xelq Neshriyati.［アブドゥレヒム・オトクゥル『目覚めた大地１～２』新疆人民出版社］

——— (1985), *Iz*. Ürümchi: Shinjiang Xelq Neshriyati.［アブドゥレヒム・オトクゥル『足跡』新疆人民出版社］

第9章〈日本〉

民族の自己決定権に基づく「復国」としての琉球独立

――中華民国・琉球関係、国際法、カタルーニャ独立を導きの糸として

松島泰勝

1 琉球独立を巡る中華民国の外交

1372年に琉球の中山国王・察度が明国と朝貢冊封関係を始めて以降、琉球は明・清国と外交的、儀礼的、経済的に友好関係を築き、東アジアの国として存在するようになった。このような体制は、1429年に尚巴志《しょうはし》が琉球を統一し、1879年に日本によって暴力的に国家が潰されるまで続いた。つまり、琉球は日本固有の領土ではなく、独自の国であったのであり、琉球独立は日本からの分離独立ではなく、復国となることを意味する。

日本政府は、1872年に琉球国を一方的に「琉球藩」にし、強制的な併合への道を進めた。しかし1871年に締結された日清修好条規第1条における、両国に属する「邦土」を「侵越するところ

があってはならない」という規定に基づいて、李鴻章《りこうしょう》は朝鮮、琉球、台湾等の「属藩属土」を保護し、「中華世界の宗藩秩序体制」を再建しようと考えた［石井 2010: 71］。

清国の福建按察使、駐英・仏公使等を歴任した郭嵩燾《かくすうとう》は次のような琉球政策を提示した。①琉球問題を国際問題として位置づけ、万国公法の理念に基づいて処理する、②欧米各国駐日公使と日清両国特命大臣で構成される国際会議を開いて琉球問題を議論する、③清国政府は琉球の朝貢を免除し、琉球を自立国として存続させ、その独立を国際的に保障する［西里 2005: 512-513］。郭の政策は実現しなかったが、清国政府高官による琉球独立論として注目に値する。

１８８０年の分島改約の際に、清国は琉球三分割案として琉球復国を模索した。それは沖縄諸島に琉球国を復活させ、奄美諸島を日本領、宮古・八重山諸島を清国領にするという案である。しかし、同案は実現されることなく、琉球は近代日本の植民地として固定化されていった。

抗日戦争の終盤頃から、琉球の政治的地位に関する議論が活発になった。中華民国は、日本軍がパールハーバーを攻撃した翌日、正式に対日宣戦を布告した。蔣介石の率いる国防最高委員会秘書庁内におかれた国際問題討論会で、戦後処理方針の検討・策定が行われた。１９４３年11月、同討論会は「日本無条件降伏受理条項」において琉球は中国に帰属すると規定した。その附註として、英米が琉球保有を堅持した場合、中華民国は①琉球を国際管理下におく、②琉球を非武装地域にする、という両案のうちから一つを選ぶと定めた［石井 2010: 75, 77-78］。

蔣介石軍事委員長にあてた中華民国軍事委員会参事室の「カイロ会議で我が方が提出すべき問題草案１９４３年11月（原本日付なし）」では、日本に求めるべき事項として、①旅順・大連の無償返還、

②南満州鉄道・中東鉄道の無償返還、③台湾・澎湖諸島の無償返還、④琉球諸島（国際管理または非武装地帯とする）と明記されていた。カイロ会談で、ルーズヴェルトが蔣介石に琉球を望むかと尋ねると、蔣介石は琉球の共同管理および米中共同での信託統治を希望すると答えた［同上：79］。

また1943年のカイロ会談において蔣介石は、戦後の琉球は朝鮮同様に独立させるべきと考え、カイロ宣言文の「日本が奪取したる他の一切の地域より駆逐せらるべし」の中に琉球も含まれると理解していた［赤嶺 2013: 30］。つまり蔣介石、中華民国政府は戦後、琉球は日本から分離させ、国際管理地域にし、その後独立させるべきであると認識していたことが分かる。

中華民国政府は、サンフランシスコ平和条約における日本の琉球に対する剰余主権（潜在主権）や信託統治の方式、琉球の政治的地位に関して以下のような見解を示した。剰余主権は国際法上確定した言葉ではなく、同平和条約の中にも文言として存在しない。日本政府の琉球に対する剰余主権は国際法および条約上、根拠がなく、中華民国はこれを受け入れない。将来、琉球はアメリカが受託管理する国連の信託統治下におかれるべきである。反植民地主義および民族自決の原則に基づき、琉球人民の自治が実現できるように国際的な協力が必要である［同上：35］。日本政府が主張し、米政府が認めた琉球に対する日本の剰余主権を中華民国政府は否定し、琉球の信託統治領化を求めていた。

1953年8月、アメリカは奄美諸島を日本に返還すると日本に伝えた。同年11月、中華民国立法院は、奄美諸島の日本への返還はサンフランシスコ平和条約第3条の規定に合致せず、事前に中華民国政府との協議も行われず、ポツダム宣言に違反し、反対であるとの決議案を採択した。同年12月、中華民国政府外交部は奄美諸島の日本返還に抗議する声明を出した［石井 2010: 85］。

また1953年11月、中華民国政府外交部は次のような備忘録を駐華米大使に送付した。1372年から1879年の500余年の間、中国は琉球諸島に対して宗主権を有していたが、この宗属関係は日本の併合によって中断させられた。中華民国政府は琉球に対して領土的要求をせず、再び宗主権を確立する意図を持たない。琉球住民の願望が完全に尊重され、彼らの前途を選択する機会（自決・独立〔赤嶺守注〕）を得ることを願っている［赤嶺 2013: 48-49］。

戦後、琉球が日本と政治的に切断されたとの認識に基づき、台湾内で次のような諸施策が実施された。台湾におかれた琉球人民協会は、琉球居留民に対して琉球人民証明書を発給した。中華民国政府も、琉球居留民を日本籍民と法律的に区別し、琉球籍民としてその特殊性を認め、琉球籍民は日本国民ではないとする外交政策、法的取り扱いを行った［同上 : 42-43］。

1961年6月に発出された、池田・ケネディ会談に基づく共同声明においてアメリカが日本の琉球に対する剰余主権を認めたことに対して、中華民国政府外交部は次のように反論した。

①サンフランシスコ平和条約はカイロ宣言やポツダム宣言に基づいている。琉球諸島及び、日本列島主要4島以外のその他の島嶼については、第二次世界大戦の同盟国が共同で定め、日本の主権外におくべきである。

②琉球は国連の信託統治を経て最終的に自治と独立を獲得すべきである。

③剰余主権は国際法の原則にそぐわない。琉球の日本への返還は、同条約第3条の精神に悖《もと》る。

④日本が琉球を侵占する前、中国は琉球に対して宗主権を行使していた。しかし今、中国は琉球に対して領土要求をしない。

⑤琉球は共産主義侵略に対抗する安全保障体制で重要な地位を占めており、信託統治領移行前において琉球の現状は保持すべきである［同上：49-50］。

1960年代に入っても中華民国政府は、日本政府の琉球に対する剰余主権を認めず、琉球は信託統治領になった後、独立すべきであると考え、琉球に対する領土的主張をしない立場を強調した。

琉球の日本への「復帰」が日米両政府によって決定された後、中華民国政府外交部は、1971年6月に以下のような抗議声明を発表した。琉球諸島問題は、カイロ宣言やポツダム宣言の規定に基づいて処理されなければならない。日本の主権は、本州、北海道、九州、四国、そして主要国が決定する島々に限られている。よって琉球の地位は、同盟国によって議論される必要がある。サンフランシスコ平和条約において、琉球の法的地位や、その将来の処置について明確に規定されている。中華民国は主要同盟国の一つであり、この協議に参加しなければならない。しかし、アメリカは一度もそうした協議を開催したことがなく、琉球を一方的に日本に返還することについては不満である［同上：51］。

中華民国政府は、琉球の日本への「復帰」が日米両国によって決定されたことに対して国際法に基づいて強く抗議した。現在も中華民国政府の「復帰反対」の立場に変更はない。琉球の日本への「復帰」は自明の事実ではなく、中華民国政府はそれを認めておらず、中華人民共和国政府はサンフランシスコ平和会議に招かれてもいなかった。琉球の政治的地位の変更に関する、国連監視下での住民投票が行われず、琉球と歴史的に関係が深い東アジア諸国との協議も実施されず、「復帰」は、「未決の政治的地位」であるといえる。今後、琉球内外の政治的状況の変化にともない、東アジア諸国の中でも琉球の独立に関する議論がさらに活発になることが予想される。

なぜ1972年に、敗戦国であった日本に琉球の施政権が「返還」されたのであろうか。中国、北朝鮮、東南アジア諸国において社会主義勢力が台頭したため、アメリカは日本と軍事同盟を結び、これらの勢力に対する防波堤にしようとした。また朝鮮戦争、ベトナム戦争、中国の文化大革命、中国と台湾との緊張関係など、アジアの国々が混乱し、国力が弱く、琉球における米軍統治、台湾を除いて日本への施政権の「返還」に関して強く抗議することができなかった。

しかし現在、アジアをとりまく情勢は大きく変化した。東西冷戦は終了し、アジア諸国は世界経済を牽引するほど大きく発展し、国際的な発言力や影響力を持つようになった。琉球は地理的に東アジアのセンターに位置しており、その経済的な発展の潜在力が注目され、アジア経済との連携を深めている。しかし、「復帰」後、日本政府は日本の南の辺境として画一的な法制度を適用し、政府の官僚が策定した「アメとムチ」政策により、広大な米軍基地が押し付けられたため、莫大な逸失利益が発生し、発展の芽がつみ取られてきた。今、琉球は、「日本との一体化、格差是正」から「アジアとの連携強化」へと、自らの政治経済的な軸足を移している。発展が著しいアジアとの経済関係を深めたほうが、琉球が経済自立できる可能性が高まることは明らかである。かつて琉球よりも「経済レベルが低い」と思われたアジア諸国のほうが、はるかに力強く経済発展するようになったことも、琉球独立を後押しする経済的背景となった。

2　琉球独立の国際法上の正当性

琉球独立は、国際法に基づいて平和的に実現できる政治課題である。以下のような国際法に基づいて、琉球に対する植民地支配や差別を世界の人々に訴え、国際的な関心を呼び起こし、国連や諸国・諸地域の人々から支援を得ながら、琉球の脱植民地化を促すことができる。

琉球人も地球の上に存在しており、これまで脱植民地化運動を展開してきた世界の諸民族と同じく、国際法を「人間として生きるための道具」として活用する権利を持っている。現在、琉球の宗主国である日本政府は、以下の国際法を無視して琉球の独立運動を弾圧することは許されない。そうすれば、日本は国際的に孤立化の道を歩み、かえって琉球独立を支持する世界的な連帯と、日本政府への圧力が増すであろう。これらの国際法は、琉球独立運動が理想論や机上の空論ではなく、具体的な民族解放のためのプロセスであることを明らかにする。

（1）国の権利及び義務に関する条約（モンテビデオ条約）（1934年効力発生）

「第1条　国際法人格としての国は、次の要件を有するべきである。a永続的住民、b確定した領域、c政府、d他の国と関係を取り結ぶ能力」

「第3条　国の政治的存在は、他の国による承認にはかかわらない。承認の以前においても、国はその統一及び独立を擁護し、並びにその保存及び繁栄を追求する権利を有し、したがって、自国を望むままに組織し、その利害について立法し、その役務について行政し、並びにその裁判所の管轄権及び権限について定める権利を有する」

「第11条（前略）国の領域は不可侵であり、直接又は間接に若しくはいかなる動機によるものであっても、一時的にさえ他の国の軍事占領又はその他の力による措置の対象とされることはない」［松井編 2010: 135］

琉球人はかつて琉球国の内政を運営し、外交活動を行った。「復帰」前も琉球政府を有し、自らの力で政府を運営してきた。日本列島と海によって隔てられているという、地理的特徴から「確定した領域」、琉球人という「永続的住民」も存在しており、琉球は国際法人格になる資格を有している。琉球は独立し、自らの立法・行政・司法の各法制度を施行する権利を持っている。戦後、米軍が琉球に侵入し、軍事統治を行ったが、その軍事植民地体制を認めている日米両政府は国際法に違反している。現在も琉球は違法な状態下におかれており、それから脱する権利がある。

（2）国際連合憲章（国連憲章）（1945年効力発生）

「第1条第2項　人民の同権及び自決の原則の尊重に基礎をおく諸国間の友好関係を発展させること並びに世界平和を強化するために他の適当な措置をとること」［同上: 7］

国連設立の国際法である国連憲章において、地球上のすべての人民の同権、自己決定権の尊重がうたわれている。琉球人も人民であり、琉球人の自己決定権も国際法によって保障されているのである。

（３）植民地諸国、諸人民に対する独立付与に関する宣言（植民地独立付与宣言）（１９６０年採択）

「一　外国による人民の征服、支配及び搾取は、基本的人権を否認し、国際連合憲章に違反し、世界の平和及び協力の促進に障害となっている。

二　すべての人民は、自決の権利を有する。この権利に基づき、すべての人民は、その政治的地位を自由に決定し、並びにその経済的、社会的及び文化的発展を自由に追求する。

三　政治的、経済的、社会的又は教育的準備が不十分なことをもって、独立を遅延する口実としてはならない。

四　従属下の人民が完全な独立を達成する権利を、平和にかつ自由に行使しうるようにするため、かれらに向けられたすべての武力行動又はあらゆる種類の抑圧手段を停止し、かつかれらの国土の保全を尊重する。

五　信託統治地域及び非自治地域又はまだ独立を達成していない他のすべての地域において、これらの地域の住民が完全な独立及び自由を享受しうるようにするため、なんらの条件又は留保もつけず、その自由に表明する意思及び希望に従い、人種、信条又は皮膚の色による差別なく、すべての権力をかれらに移譲するため、速やかな措置を講じる。

六　国の国民的統一及び領土保全の一部又は全部の破壊をめざすいかなる企図も、国際連合憲章の目的及び原則と両立しない。

七　すべての国は、平等、あらゆる国の国内問題への不関与、並びにすべての人民の主権的権利及び領土保全の尊重を基礎とする、国際連合憲章、世界人権宣言、及び本宣言の諸条項を誠実にかつ厳

格に遵守する」［同上：135-136］

米軍基地や自衛隊基地は外国による琉球の征服、支配、搾取の拠点であるといえる。琉球人は自らの自己決定権を基にして、その政治的地位を自由に決定できる。多くの琉球人が「復帰」運動に参加したのは、米軍基地の撤去や大幅縮小を希望したからであった。しかし、日米両政府は密約によって基地をそのまま温存し、日本「本土」からさらに米軍基地を移設させ、自衛隊基地を配置した。「復帰」後の「沖縄県」という政治的地位は、琉球人が住民投票を実施して決めたものではない。現在の米軍基地や自衛隊基地は琉球独立を抑圧する装置としても機能しており、琉球人の自決権行使を妨げているという意味でも国際法に違反している。

サンフランシスコ平和条約第3条において、将来、琉球は信託統治領になる場所として明記されていた。米軍統治下における琉球に対して、日本は潜在主権を持つとされた。しかし、琉球に日本国憲法は適用されず、日本国は琉球の「国民」を保護することもせず、琉球民族は無権利状態におかれた。本来なら、琉球は「植民地独立付与宣言」に基づいて無条件で独立が付与されるべき地域であった。

同宣言の第6項には、「国の国民的統一及び領土保全の一部又は全部の破壊をめざすいかなる企図」が認められないと明記されている。しかし、琉球は日本固有の領土ではなく、同項目の「企図」を行ったのは琉球併合時の日本政府であった。現在の琉球は、日本による占領が続く違法状態におかれているのである。

第7項の「すべての人民の主権的権利及び領土保全の尊重」の人民に、琉球人も含まれる。琉球人が有する領土保全権の回復こそが、琉球列島の土地を奪った日本政府の領土保全権の保持よりも優先されなければならない。琉球国を併合した日本政府は「領土保全」を主張できない。「経済自立して後に、琉球独立が可能になる」という言説が琉球人の間で聞かれる。しかし、「復帰」以降、「アメとムチ」政策に代表されるような、琉球を経済的に日本に従属させる植民地支配のための法制度が実施されている中で、「経済自立」を実現するのは不可能である。これまで多くの植民地は経済自立した後に独立したのではなかった。「政治的、経済的、社会的又は教育的準備が不十分なことをもって、独立を遅延する口実としてはならない」という同宣言の第3項目に基づいて、琉球独立も速やかに進める必要がある。

自らの土地が植民地であると認識するのはまず、被植民者自身である。自らの土地が植民地であり、自らを被植民者であると自覚することから脱植民地化運動が始まる。世界の諸国・地域と連携し、国連の支援を得ながら、これまで多くのアジア・アフリカ・太平洋・カリブ海等の植民地が、同宣言に基づいて独立を達成してきた。被植民者がどのように国際法を解釈し、自らの解放のためにそれを活用するのかが、独立を実現する上で大きな課題となる。

（4）国際連合憲章に従った諸国間の友好関係と協力に関する国際法の諸原則についての宣言（友好関係宣言）（1970年採択）

「（人民の同権と自決の原則）国際連合憲章にうたわれた人民の同権及び自決の原則によって、すべての人民は、外部からの介入なしに、その政治的地位を自由に決定し、その経済的、社会的及び文化的発展を自由に追求する権利を有し、すべての国は憲章の諸規定に従ってこの権利を尊重する義務を有する。（中略）主権独立国の確立、独立国との自由な連合若しくは統合、又は人民が自由に決定したその他の政治的地位の獲得は、この人民による自決権の行使の諸形態を構成するものである。すべての国は、この原則の詳述に当たって上に言及された人民から自決権及び自由並びに独立を奪う、いかなる強制行動をも慎む義務を有する。かかる人民は、自決権行使の過程でこのような強制行動に反対し抵抗する行動において、憲章の目的及び原則に従って援助を求めかつ受ける権利を有する。植民地及びその他の非自治地域は、憲章のもとにおいて、それを施政する国の領域とは別個かつ異なった地位を有し、このような地位は、植民地又は非自治地域の人民が、憲章特にその目的及び原則に従って自決権を行使するまで存続するものとする。上記の各項のいずれも、上に規定された人民の同権と自決の原則に従って行動し、それゆえ人種、信条又は皮膚の色による差別なくその領域に属するすべての人民を代表する政府を有する主権独立国家の領土保全又は政治的統一を全部又は一部分割し若しくは毀損するいかなる行動をも、承認し又は奨励するものと解釈されてはならない」［同上：35-36］

国連憲章で定められた人民の同権、自決の原則は、その他の国際法でも再確認され、琉球人による独立国の形成も自決権行使の諸形態に含まれることが分かる。また、琉球独立を妨害する強制行動をすべての国は慎む義務を負っている。もしも介入を受けた場合、抵抗し、国際的な支援を受ける権利を琉球人は持っている。

自決権行使の形態として、完全独立国、自由連合国、対等な関係での統合、そして人民が自由に決定したその他の政治的地位の選択肢が示されている。この中から琉球人は国連監視下での住民投票により将来の地位を決めることができる。

同宣言の最後の「領土保全」原則により、琉球の「分離独立」が規制されるという結論を導く見方もあろう。しかし、琉球の歴史を踏まえて、次のように反論したい。

①現在、琉球に対する施政権を有し、かつ基地を押し付けている日本政府は、琉球人の「同権と自決の原則」に従って行動していると言えない。

②よって琉球差別を続けている日本政府は、「人種、信条又は皮膚の色による差別なくその領域に属するすべての人民を代表する政府」とみなすことはできない。琉球人の多くが基地反対を主張しているにもかかわらず、在日米軍基地特措法を国会で多数決によって成立させた。また振興開発資金を利用して基地を押し付け、日米地位協定の改正要求も無視するなど、基地を拒否する琉球人の行動を封じ込めてきた。2019年2月24日の県民投票では約7割の人が辺野古新基地建設に反対しているにもかかわらず、日本政府は県民の民意を無視して、基地建設を強行した。法手続きの上では民主主義の形式を踏まえているが、日本政府の米軍基地に関する施策は琉球人にとって「独裁的」ともいえるほど過酷である。

③そもそも日本政府は領土保全の主張を正当化できない。日本政府は「復帰」前に「日本固有の領土」として琉球を位置付け、領有化を進めた。だが実際は、琉球は琉球国という日本とは別の国家であったのであり、「固有の領土」ではない。自国の軍隊と警察を使って琉球国を消滅させて、「沖縄県」として日本国の一部にしたのである。よって日本政府は領土保全を理由にして、琉球人の自己決定権を否定することはできない。

（5）経済的、社会的及び文化的権利に関する国際規約（社会権規約）、市民的及び政治的権利に関する国際規約（自由権規約）（ともに1976年効力発生。日本国：社会権規約・自由権規約とも1979年9月効力発生）

「共通第一部第一条（人民の自決の権利）1すべての人民は、自決の権利を有する。この権利に基づき、すべての人民は、その政治的地位を自由に決定し並びにその経済的、社会的及び文化的発展を自由に追求する。2すべての人民は、互恵の原則に基づく国際的経済協力から生ずる義務及び国際法上の義務に違反しない限り、自己のためにその天然の富及び資源を自由に処分することができる。人民は、いかなる場合にも、その生存のための手段を奪われることはない。3この規約の締約国（非自治地域及び信託統治地域の施政の責任を有する国を含む。）は、国際連合憲章の規定に従い、自決の権利が実現されることを促進し及び自決の権利を尊重する」［同上：198］

自己決定権の行使に対して明確な法的権利としての拘束力が与えられるのは、国際人権規約（社会権規約、自由権規約）であるとされている。両規約に署名、国会承認した日本も定期的に同規約委員会の調査の対象となっている。後述するように、琉球に関して日本政府は各種の勧告を受けてきたが、改善していない。日本政府は、本規約に基づいて琉球人の自己決定権の実現を促進する国際法上の義務がある。

（6）ウィーン宣言（1993年採択）

「（自決権）二　すべての人民は、自決の権利を有する。この権利に基づき、すべての人民は、その政治的地位を自由に決定し並びにその経済的、社会的及び文化的発展を自由に追求する。世界人権会議は、植民地又はその他の形態の外国支配若しくは外国の占領のもとにある人民の特別の状況を考慮して、不可譲の自決権を実現するために国際連合憲章に従ってすべての正当な行動を取る人民の権利を承認する。世界人権会議は、自決権の否定を人権の侵害とみなし、この権利の効果的な実現の重要性を強調する」［同上：182］

１９９３年に開催された世界人権会議においても、人民の自己決定権の重要性が強調された。琉球人は「植民地又はその他の形態の外国支配若しくは外国の占領のもとにある人民」であり、琉球人が自己決定権を実現するための正当な行動をとることを、世界人権会議が認めたのである。

（7）先住人民の権利に関する国際連合宣言（２００７年採択）

「第3条（自決権）先住人民は、自決権を有する。先住人民は、この権利によって、自らの政治的地位を自由に決定し、自らの経済的、社会的及び文化的発展を自由に追求する」

「第4条（自治権）先住人民は、その自決権を行使して、その対内的及び地域的事項並びにその自律的機能についての資金調達の方法と手段について、自律又は自治の権利を有する」

「第14条（教育権）1先住人民は、自らの言語での教育を行う教育制度及び組織を、自らの文化的な教育・学習方法に適当な方式で、設け管理する権利を有する」

「第20条（生活手段を維持する権利）1先住人民は、自らの生活及び発展手段の享受を確保するため、及び、自らのあらゆる伝統的その他の経済活動に自由に従事するため、自らの政治的、経済的及び社会的制度又は組織を維持し発展させる権利を有する」

「第23条（発展の権利）先住人民は、その発展の権利を行使するための優先事項と戦略を決定し、発展させる権利を有する。とりわけ、先住人民は、自らに影響する保健、住宅その他の経済計画及び社会計画を発展させかつ決定することに能動的に関与し、可能な限りかかる計画を自らの組織を使って管理する権利を有する」

「第30条（土地等における軍事活動の制限）1軍事活動は、関連する公共の利益により正当化される場合か又は当該先住人民が自由に同意し若しくは要請した場合を除くほか、先住人民の土地又は領域においては行われてはならない。2国家は、先住人民の土地又は領域を軍事活動のために用いるのに先立ち、適切な手続とりわけ彼等の代表組織を通じて、当該先住人民と実効的な協議を行うものとする」［同上:188-190］

１９９６年以来、琉球人は国連において先住民族として活動し、後述するように国連も琉球人を先住民族として認めてきた。よって琉球人にも同宣言が適用されるのである。先住民族として自治を進め、自らの言葉による教育を確立し、政治経済的、社会的制度や組織を設立し、経済社会計画を作成することができ、琉球人が合意していない軍事基地を拒否する権利がある。

しかし、現在、日本政府は琉球人を独自の民族（人民）、先住民族、つまり、国際法上の主体である人民として認識していない。国連、国際社会は、琉球人を民族、先住民族とみなし、基地の押し付けを人種差別であると規定し、その撤廃を日本政府に勧告してきた。琉球人による自己決定権行使を否定することは、日本政府による明らかな人権侵害であり、国家犯罪である。

(8) 条約法に関するウィーン条約(条約法条約)(1980年効力発生、日本国:1981年効力発生)

「第51条(国の代表者に対する強制) 条約に拘束されることについての国の同意の表明は、当該国の代表者に対する行為又は脅迫による強制の結果行われたものである場合には、いかなる法的効果も有しない」

「第52条(武力による威嚇又は武力の行使による国に対する強制) 国際連合憲章に規定する国際法の諸原則に違反する武力による威嚇又は武力の行使の結果締結された条約は、無効である」[同上:307]

琉球併合の過程において、琉球国王に対する脅迫、強制、武力による威嚇があった。同条約によれば、琉球併合は違法であり、無効であることになる。この国際法を過去の琉球併合に適用することはできないという見解がある。しかし、国の代表者への脅迫、武力による威嚇によって琉球併合がなされたことは事実であり、国際法では、このような国家行為は違法であると認識しているということが重要である。琉球併合過程を国際法の視点から位置付け、世界の人々に対して琉球併合の違法性を訴える際に、この法律は有効であると考える。

(9) 大西洋憲章(1941年署名)

「第一に、両者の国は、領土的たるとその他たるとを問わず、いかなる拡大も求めない。

第二に、両者は、関係人民の自由に表明する願望に合致しない領土的変更を欲しない。

第三に、両者は、すべての人民に対して、彼らがその下で生活する政体を選択する権利を尊重する。両者は、主権及び自治を強奪された者にそれらが回復されることを希望する」[同上:1149]

これは１９４１年にアメリカ大統領のルーズヴェルトとイギリス首相のチャーチルが戦後の世界秩序形成に関する両国の立場を共同で発表したものである。アメリカは大西洋憲章で宣言したにもかかわらず、沖縄戦後、琉球をそのまま占領して「関係人民の自由に表明する願望に合致しない領土的変更」をしたのであり、同憲章違反を犯したといえる。「主権及び自治を強奪された者にそれらが回復されることを希望する」と明記する同憲章に従えば、琉球は同憲章に基づいても主権回復運動を展開することができる。

⑽　カイロ宣言（１９４３年署名）

「同盟国は、自国のためには利得も求めず、また領土拡張の念も有しない。同盟国の目的は、１９１４年の第一次世界戦争の開始以後に日本国が奪取し又は占領した太平洋におけるすべての島を日本国から、はく奪すること、並びに満州、台湾及び澎湖島のような日本国が清国人から盗取したすべての地域を中華民国に返還することにある。日本国は、また、暴力及び強欲により日本国が略取した他のすべての地域から駆逐される」［同上：1149］

同宣言は、１９４３年にルーズヴェルト、蔣介石、チャーチルによって行われた。「同盟国は、自国のためには利得も求めず、また領土拡張の念も有しない」と明記されており、戦後の米軍による琉球統治は同宣言違反となる。また「日本国が奪取した他のすべての地域から駆逐される」のなかの「他のすべての地域」に琉球は該当しており、同宣言に基づいて琉球から日本は「駆逐される」べきである。

（11）ポツダム宣言（1945年署名、日本国同年8月14日受諾）

「八　カイロ宣言の条項は、履行せらるべく、又日本国の主権は、本州、北海道、九州及び四国並に吾等の決定する諸小島に局限せらるべし」［同上：1151］

これは1945年に日本に無条件降伏を突きつけた国際法であり、戦争に敗れた日本は同宣言のすべての条項に従うことを義務付けられた。日本の主権は「本州、北海道、九州及び四国並に吾等の決定する諸小島」に限定している。琉球は含まれておらず、琉球が日本の一部になっている現状は同宣言違反であるといえる。

（12）サンフランシスコ平和条約（1952年効力発生）

「第3条（残存主権）日本国は、北緯29度以南の南西諸島（琉球諸島及び大東諸島を含む。）、孀婦岩の南の南方諸島（小笠原群島、西之島及び火山列島を含む。）並びに沖の鳥島及び南鳥島を合衆国を唯一の施政権者とする信託統治制度の下におくこととする国際連合に対する合衆国のいかなる提案にも同意する。このような提案が行われ且つ可決されるまで、合衆国は、領水を含むこれらの諸島の領域及び住民に対して、行政、立法及び司法上の権力の全部及び一部を行使する権利を有するものとする」［同上：1152-1153］

同条項に従って戦後の琉球の政治的地位が決定され、琉球に対する「行政、立法及び司法上の権力」をアメリカが行使することになった。ポツダム宣言に記載された「吾等の決定する諸小島」に琉球は含まれないことが明らかになった。

琉球は将来、信託統治領になるはずであったが、そうならずに「米軍統治下の琉球」という政治的地位のままに据え置かれた。仮に琉球が信託統治領になっていたら、琉球はどうなっていたであろうか。アメリカの信託統治領になったミクロネシアの島々のように、国連の信託統治理事会による監視を受け、国連のプロセスに基づいた住民投票によって、完全独立国、自由連合国、その他の政治的地位を決定することができたはずである。琉球を信託統治領にせず、脱植民地化のための住民投票の機会を与えなかったことも、国際法違反である。

他方、ミクロネシア諸島は戦後、アメリカの戦略的信託統治領となり、国連信託統治理事会の監視下で住民投票を行い、パラオ、マーシャル諸島、ミクロネシア連邦は自由連合国、北マリアナ諸島は米国領（コモンウェルス）を選択することができた。対照的に、琉球は、国連監視下での住民投票による新たな政治的地位の獲得という国際法で保障された脱植民地化のプロセスが未だに認められていない植民地のままである。現在の沖縄県という政治的地位は暫定的なものでしかない。

⒀　沖縄返還協定（１９７２年効力発生）

「第1条（施政権の返還）1アメリカ合衆国は、2に定義する琉球諸島及び大東諸島に関し、1951年9月8日にサン・フランシスコ市で署名された日本国との平和条約第3条の規定に基づくすべての権利及び利益を、この協定の効力発生の日から日本国のために放棄する。日本国は、同日に、これらの諸島の領域及び住民に対する行政、立法及び司法上のすべての権力を行使するための完全な権能及び責任を引き受ける」［同上：1161］

これによって「沖縄県」という現在の琉球の政治的地位が規定された。各種の公文書や当時の外務省官僚の証言で明らかになったように、有事の際の米軍による核兵器持ち込み、軍用地の原状回復費の日本政府による肩代わりなど、日米両政府は「密約」を交わした。また、日米の沖縄返還交渉の過程において琉球人を主体とする琉球政府は参加が許されず、政治的地位を問う住民投票も実施されなかった。同協定は日本による琉球の植民地支配を日米両政府だけで認めたものでしかなく、琉球の政治的地位は未確定のままであると考える。

同協定第1条第1項のように、アメリカから日本への、琉球に対する「施政権の返還」が明記されていた。しかし尖閣諸島を含む琉球の島々に関する領土権または主権についての記述はない。日本政府はサンフランシスコ平和条約後から「潜在主権」を持っており、それが1972年を期にして「潜在」がとれて「主権」を有するようになったと主張するかもしれない。しかし、そのようなことを示す記載がこの協定には存在しない。「潜在主権」は琉球人にとって実態のない概念でしかない。現在も琉球人が主権を保持しており、独立を回復することができる。

世界の他の植民地の人々は、支配と抑圧から解放されるために、国際法に基づいて「民族の自己決定権」を行使して、国連の協力をえながら住民投票を行い、独立を宣言し、世界の国々から「国家承認」を得るという、一連の脱植民地化のプロセスを経てきた。日米両政府により、琉球にはそのような機会が与えられなかった。これは重大な国際法違反である。「沖縄県」という政治的地位は、法的にも、国際社会からの認知という点でも確定しておらず、琉球人は新たな政治的ステータスを決定することができる。

1879年の琉球併合に清国政府は強く反対しており、併合後の植民地統治機関である「沖縄県」も国際的な承認が得られた政治的地位を有するものではなかった。日本政府が琉球を「暴力及び強欲により略取した」のであるから、国際的に認められるわけがない。以上のような国際法に違反して日米両政府は琉球を植民地支配してきた。国際法違反を盾にして、琉球は独立を主張し、国連、国際機関を舞台にして自らの主権回復を実現することができる。

3 国連、国際法を活用した脱植民地化運動

琉球において国連を活用した最初の脱植民地化運動は、1962年2月1日に琉球立法院における「2・1決議」の採決である。同決議は、国連憲章、植民地独立付与宣言に基づいて米軍統治を批判したものであり、国連本部と全加盟国に送付された。翌年2月、タンガニーカ（現在タンザニア）で開催された第3回アジア・アフリカ諸国人民連帯大会において、「4月28日を『琉球デー』として、国際的共同行事を行うよう、すべてのアジア・アフリカ人民に訴える」という決議が採択された。

1996年に、琉球人である私は先住民族として国連人権委員会先住民作業部会に参加し、国際法に基づいて琉球に対する植民地支配を批判する報告を行い、アイヌ民族を含む世界の先住民族との協力関係を築いた。その後、琉球には「琉球弧の先住民族会」という国連NGOが結成された。毎年のように琉球人は、国連の先住民作業部会、先住民族問題常設フォーラム、先住民族の権利に関する専

門家機構、人種差別撤廃委員会、脱植民地化特別委員会等において脱植民地化運動を展開してきた。翁長雄志前知事、糸数慶子参議院議員も国連において報告を行い、「沖縄の自己決定権が蔑ろにされている」と訴えた。20年以上の国連における活動の結果、国連諸機関から日本政府に対する以下のような勧告が発せられた。

①2001年9月24日、国連社会権規約委員会の日本政府への勧告「部落の人々、沖縄の人々、先住性のあるアイヌの人々を含む日本社会におけるすべての少数者集団に対する、法律上および事実上の差別、特に雇用、住宅および教育の分野における差別をなくすために、引き続き必要な措置をとること」

②2008年10月30日、国連自由権規約委員会の日本政府への勧告「国内法によりアイヌの人々および琉球・沖縄の人々を先住民族として明確に認め、彼らの文化遺産および伝統的生活様式を保護し、保存し、促進し、彼らの土地の権利を認めるべきだ。通常の教育課程にアイヌの人々および琉球・沖縄の人々の文化や歴史を含めるべきだ」

③2010年4月6日、国連人種差別撤廃委員会の日本政府への勧告「委員会は、沖縄における軍事基地の不均衡な集中は、住民の経済的、社会的および文化的権利の享受に否定的な影響があるという現代的形式の差別に関する特別報告者の分析をあらためて表明する」

④2014年8月20日、国連自由権規約委員会の日本政府への勧告「締約国（日本）は法制を改正し、アイヌ、琉球および沖縄のコミュニティの伝統的な土地および天然資源に対する権利を十分保障するためのさらなる措置をとるべきである」

⑤2014年9月26日、国連人種差別撤廃委員会の日本政府への勧告「締約国が、琉球の権利の促進および保護に関連する問題について、琉球の代表との協議を強化することを勧告する」
⑥2018年8月30日、国連人種差別撤廃委員会の日本政府への勧告「琉球（の人々）を先住民族と認め、その権利を守るための措置を強化する立場を再確認することを勧告する。米軍基地に起因する米軍機事故や女性に対する暴力は、『沖縄の人々が直面している課題』であるとして懸念を示す。その上で『女性を含む沖縄の人々の安全を守る対策を取り、加害者が適切に告発、訴追されることを保証する』ことを求める」

以上のように、国連は琉球人を先住民族と認め、文化遺産を保護し、土地に関する権利を認め、その権利を強化すること、米軍基地の集中を人種差別とし、その改善と琉球の代表者との協議を日本政府に勧告してきた。国連における諸勧告は国際慣習法としての効力を有しているが、現在まで日本政府はこれらの勧告を無視し、国際的孤立化を深めてきた。他方で、琉球人の自己決定権行使活動に連帯する国際的なネットワークは拡大し、深まってきた。

琉球人による脱植民地化運動の結果、国連、国際社会において琉球人が国際法上の法的主体として認められてきたことの意味は大きい。1945年に51カ国によって設立された国連には2019年現在、193カ国が加盟し、国の数は約4倍に増加した。特に1960年に国連で採択された「植民地独立付与宣言」以降、独立国が格段に増えた。自らの憲法によって生命、基本的人権、慣習や言葉、土地制度等を守るために人口が数万人でも独立した国々があり、世界はそれを認めたのである。例えば、太平洋にあるツバル、ナウルは人口約1万人、パラオは約2万人、ミクロネシア連邦は約11万人であるが、国連で国家として法的に位置づけられ、総会でも日本と同じく一票の投票権を有している。琉球の人口は約１４０万人であり、人口だけを見ても独立しても当然な地域である。

琉球人を含む植民地に生きる人間はすべて、国際法で保障された人民の自己決定権を行使して、完全独立、自由連合国、対等な立場での統合等の政治的地位を住民投票で決める権利を持っている。国連脱植民地化特別委員会は、非自治地域リスト上にある植民地の脱植民地化を推し進めている。本来ならば戦後、日米両政府は琉球を同リストに登録させる義務があったが、それを行わないまま現在に至っている。

４ カタルーニャ独立が琉球にとって持つ意味

多くの琉球人は、カタルーニャ独立運動は他人事ではなく、自分の問題のように考えるだろう。そのことを私が実感したのは、「フォーラム・自己決定を巡って、カタロニア・沖縄」（２０１８年10月5日、日比谷図書館にて開催）という、カタルーニャ人との意見交換、交流の場であった。アドリア・アルジナ氏（Adria Alsina, ＡＮＣ〔カタルーニャ国民会議〕全国書記、ビック・カタルーニャ中央大学教員）と私は、同フォーラムで講演を行う前に、労働運動家の山下恒生氏とともに、カタルーニャ独立について意見交換を行った。同フォーラムでカタルーニャと琉球の独立をそれぞれ報告した後、交流会において在京カタルーニャ人から独立やカタルーニャ人アイデンティティについて意見を伺った。

また、日本におけるカタルーニャ独立研究の第一人者であり、本書の編著者でもある奥野良知氏が

2019年3月に琉球を訪問し、カタルーニャ独立について沖縄大学において講演（3月21日、講演会「カタルーニャと琉球の独立を考える」琉球民族独立総合研究学会南部支部主催）し、現地調査をされた。私も琉球独立について講演するとともに、謝名親方利山顕彰碑、孔子廟、玉陵等において奥野氏とともに両地域の独立を考えた。

アルジナ氏やその他のカタルーニャ人、奥野氏の報告や発言の中で、琉球独立との比較において重要と考える諸点を指摘しておきたい。

（1）コミュニティでの住民投票

「カタルーニャ自治州では、コミュニティレベルで、草の根の独立を問う住民投票を何度も行ってきた。それが自治州全体での住民投票の土台となっている。つまり各地域における住民投票運動が全国レベルに拡大したと言える」

「住民投票を憲法違反として、運動のリーダーが逮捕された。自分もいつか逮捕されるかもしれないが、それでも独立運動を行う」

「中央政府は企業の所在地の変更を容易にする法令を施行させた。書類上での移動だけで企業の所在地の移動が可能になった。それはカタルーニャが独立すれば、企業が他の地域に脱出して経済停滞等の大惨事が起こるという恐怖を社会に蔓延させようとする、中央政府の企みである。その結果、約2000の企業がカタルーニャから出ていった」

「独立運動のシンボルカラーである黄色を公的な場所で示すだけで罰せられる。黄色を選挙キャンペーンで使うこと、噴水で黄色の光を使うことも禁止された(1)」

琉球でも、各市町村において独立を問う住民投票を実施し、それを全琉球での独立を問う住民投票につなげる必要がある。カタルーニャにおける住民投票の民意を無視し、弾圧するスペイン政府の暴力性は、辺野古新基地建設に反対する民意を示した琉球の県民投票の結果を拒否する日本政府のそれと同じである。

中央政府や独立資本は、独立を妨害するために、企業を他地域に移動させて経済的に混乱させようとすることが分かる。同様な動きは、スコットランドでの独立を問う住民投票の際にも見られた。しかし、地域の経済を収奪する独占資本は他所に移動した方が、経済的脱植民地化にとってはむしろ歓迎すべきことではないだろうか。琉球独立の際、日本の独占資本が「本土」に移動するという揺さぶりをかけるかもしれない。しかし、その分、琉球の民族資本が活動できる市場が広がり、自立経済の可能性が高まるだろう。

琉球独立の際、日本政府もスペイン政府と同様な各種の妨害工作を行うことが予想される。植民地宗主国の独立妨害は国際法違反であり、国連、国際的な人権団体等と連携して、日本政府の植民地主義的な妨害工作に対抗する必要がある。

---

(1) 以上の引用文は、2018年10月5日、東京での意見交換、講演におけるアドリア・アルジナ氏の英語での発言を松島が翻訳したもの。

（2）カタラン民族意識（アイデンティティ）の形成

「1980年代から学校でカタルーニャ語の教育が始まった。1950年代後半まで公的な場所でカタルーニャ語を話すと警察が切符を切り、減点、罰の対象となった。自分の両親の出身がどこであれ、カタルーニャで生まれ、カタルーニャ語を話し、自らをカタルーニャ人と考える人々がカタルーニャ人となる。カタルーニャ自治州だけでなく、フレンチ・カタルーニャ、バレンシア、島々にもカタラン（カタルーニャ人）がいる」

「自分の両親はカタルーニャ以外の出身であり、以前は、自分もカタルーニャ人とは思っていなかったが、スペイン政府による独立運動弾圧の過程でカタルーニャ人と自覚するようになった(2)」

琉球でも戦前、会話伝習所が設置されて日本語教育が行われ、「方言札」によって琉球諸語が教室から一掃され、天皇への忠誠を強制する皇民化教育が行われた。1972年の「復帰」の年、私は小学3年であったが、担任教員による「方言札」を使った琉球諸語撲滅活動の被害者になったという体験をした。

しかし近年、「しまくとぅば（琉球諸語）復活運動」が広がり、民族意識も強まってきた。琉球人は、ILO169号条約の先住民族定義に基づいて、自らのアイデンティティを自覚して、国連で先住民族として脱植民地化運動を行ってきた。現在の琉球における反基地運動は、翁長雄志前知事が訴えた「イデオロギーよりもアイデンティティ」を精神的土台とする自己決定権に基づいて展開されている。

「国際人権規約に記載された人民の自己決定権に基づいてカタルーニャは独立を主張している(3)」

琉球の場合もカタルーニャと同様に、人民の自己決定権に基づいて独立運動が行われている。

（3）独立運動における政治的象徴の重要性

「ラファエル・カザノーバは、1714年9月11日まで闘ったバルセロナ筆頭参事官である。同日はナショナルデーとなり、毎年、独立を主張する多くの人々がデモに参加する。その際、ナショナルソングとして『刈り取り人』が合唱される」

「カタルーニャにおける民主主義と基本的人権がスペインの中では実現できない。カタランがそれらを獲得するために独立運動を行っている」

「ラホイ前政権は『独立主義を量産する工場』である」(4)

琉球独立運動のナショナルヒーローとして謝名親方利山が相応しいと考える。謝名は尚寧王の時代に三司官という王府の幹部であった。1609年に島津藩が琉球を侵略した際、謝名は最後まで島津軍と闘った。島津藩が琉球国の帰順を求めた「起請文」に対して謝名は署名を拒否したため、1611年9月19日に処刑された。琉球の歴史において、琉球の独立を求めて侵略軍と最後まで闘ったのは謝名を嚆矢とする。それゆえ、琉球のナショナルデーは9月19日が望ましいと考える。カタルーニャ

（2）以上の引用文は、2018年10月5日、東京での交流会において在京カタルーニャ人による日本語での発言。

（3）2018年10月5日、東京での意見交換におけるアドリア・アルジナ氏の英語での発言を松島が翻訳したもの。

（4）以上の引用文は、2019年3月21日、沖縄大学における講演会「カタルーニャと琉球の独立を考える」における奥野良知氏の報告発言。

のように、琉球もナショナルソング、国旗を定めて、それらを実際に使い、政治的象徴にしていくことが独立運動をさらに拡げる上で大きな役割を果たすだろう。

現在、琉球には第一尚氏系の王族や貴族の墓地である今帰仁村の百按司墓《むむじゃなばか》、第二尚氏王族の墓地である玉陵《たまうどぅん》が残されている。また、琉球諸島各地にグスクがあり、琉球国時代を身近に感じ、琉球がかつて国であったこと、自らが琉球人であることを自覚できる場所が存在している。さらに謝名親方利山の顕彰碑も那覇市内に建立されている。琉球独立運動の拠点となりうる歴史的場所をいかに有効に活用していくのかも、カタルーニャ独立運動から学ぶことができよう。

現在、1929年に京都帝国大学助教授の金関丈夫が百按司墓から盗掘した琉球人遺骨の返還運動が活発に行われている。遺骨は、日本の琉球に対する植民地支配下で盗掘されたのであり、返還運動は琉球人の自己決定権に基づく脱植民地運動として展開されている。京大への提訴、百按司墓での慰霊祭、国立台湾大学から返還された琉球人遺骨の再風葬を求める運動等のプロセスで、琉球人アイデンティティを自覚する琉球人が増えている。それらの実践は、琉球独立運動と交差しながら展開されており、独立への具体的な歩みとなっている。

2019年2月24日の県民投票の結果を日本政府は無視するだけでなく、閣僚の一人は「沖縄の民主主義と日本の民主主義は違う」と言い放った。つまり、日本の中では琉球の民主主義を実現し、基本的人権を享受することが不可能であることを、日本政府から示されたのである。カタルーニャと同じく、琉球も独立によってしか民主主義や基本的人権を得ることができない状況下にあると言える。「ラホイ前政権は『独立主義を量産する工場』である」と指摘されているが、「安倍政権は『琉球独立主義を量産する工場』である」と言えよう。

カタルーニャと琉球を比較すると次の相違点と共通点が見えてくる。カタルーニャよりも琉球国の方が独立国として長い歴史を有している。しかし、カタルーニャは自治政府をこれまで2回持つことができたが、琉球は１８７９年の琉球併合後、自治政府を有することが許されない政治支配体制下におかれてきた。カタルーニャでは２０１７年の独立を問う住民投票後、独立運動のリーダーが逮捕され、政治亡命を余儀なくされている。同じく、琉球でも米軍基地建設に反対する住民が不当に逮捕され、基地建設に反対する民意が何度も出されているにもかかわらず、日本政府はそれを顧みないという状況が続いている。人民の自己決定権が宗主国によって否定されていることは、カタルーニャも琉球も同じである。

むすびに代えて――県民投票後、琉球は何をすべきか

２０１９年2月24日の県民投票前に菅義偉官房長官は、投票結果に関係なく辺野古埋め立てを行うと述べた。これは沖縄県民の意見や思いを無視してもかまわない、県民を日本国民として扱わないと言ったに等しい。民主主義を国是とする日本の体制そのものを否定した発言である。大手マスコミの報道からも明らかなように、日本国民の大部分は県民投票に関心を持っていない。投票前、「法的拘束力がない」「投票率が低いのではないか」「どちらでもないが多いのではないか」「どうせ工事は止まらない」「最高裁判決も出ているのに意味があるのか」等のような報道が目立った。

これまで移設反対を掲げた沖縄県知事や国会議員が当選し、工事差し止め等の訴訟が行われた。民意は既に何度も出されているが、日本の政府や国民の大部分は県民の意志を無視してきた。なぜなら新基地建設を他人事として考えているからである。辺野古の問題が、日本の安全保障という国民全体の課題であるという当事者意識が欠如している。

県民の民意を無視する日本政府を支持し、傍観者のように県民投票を眺めている、多くの日本国民がいる。地域の人々の意見に構うことなく、日本政府が思うままにどこでも軍事基地を建設することができるという体制を許すと、日本の他の場所でも琉球と同じようなことが発生するだろう。他人事なのではなく、日本人自身の人権、生命、生活に関わる問題なのである。専制的な政府の政策によって地域の人々の権利や生活が被害を受けても抵抗しない、従順な国民が増えてきている。これは「日本の危機」である。

1995年に発生した少女暴行事件後の基地反対運動を鎮静化するために、「振興予算」の増額等による「アメとムチ」政策が実施された。しかし、この政策によって経済自立は実現しなかった。沖縄県は政府からの「ニンジン」を決して受け取ってはならない。過去の教訓を踏まえて、徹底的に抵抗すべきである。

県民投票後も基地建設を強行する政府に対して、沖縄県はどのような手を打つ必要があるのか。

①玉城知事は、日米両政府だけでなく、ロシア、中国、韓国、北朝鮮、東南アジア諸国等にも投票の結果を伝え、建設中止の声を挙げてもらうための外交活動を行う。外交は市民や自治体も行っており、国の専権事項ではない。これらの国々はかつて琉球国と歴史的な関係を有し、ロ

シアのプーチン大統領は「北方領土」問題に関して在日米軍基地の配備や運用に関心を寄せている。そして、翁長前知事のように、玉城知事は国連の人権理事会等の会議に出席し、世界に向かって日米両政府の不正義を訴える。国連が認める先住民族の土地において、強制的に軍事基地の建設を行うことは国際法違反である。県民投票の結果を無視する日本政府は琉球人の人権を侵害していると、国連人権委員会、人種差別撤廃委員会等において告発する。国際的な琉球を支える連帯の輪を広げ、日本政府に大きな圧力をかけて新基地建設を中止させる。

②国連監視下での住民投票を実施する。県民投票とは琉球における脱植民地化の具体的なプロセスであった。1879年の琉球併合後、琉球は日本の植民地になった。現在も日本の植民地である証拠が、辺野古での米軍基地建設の強行である。それは遺族の同意なしに日本人研究者が百按司墓琉球人遺骨を持ち出し、それを現在も大学が返却しないことと共通する、植民地主義の問題である。琉球人の意思、信仰を無視して、日本の政府や大学が琉球人の土地や遺骨を奪い、人権を侵している。国連も米軍基地の琉球への集中を「現代的な人種差別」と指摘し、日本政府に勧告を下した。

国際法で保障された人民の自己決定権には、内的自己決定権と外的自己決定権がある。前者は沖縄県の自治や民主主義を認めさせる権利である。県民投票は、内的自己決定権の行使であった。その結果を日本政府が無視し、自治を認めないのなら、外的自己決定権、つまり独立する権利を行使することができる。沖縄県はかつて琉球国であり、日本からの分離独立ではなく、「復国」となる。独立後、安全保障権を日本政府から奪回し、基地建設を止めさせ、日米の軍事基地を島々から一掃させることができる。これまで多くの植民地が、国連監視下において住民投票を実施して、平和的に独立を勝ち取ってきた。

これまで国連から発出された琉球に関する勧告には、法的拘束力がなく、従う必要はないと日本政府は主張してきた。かつて、国連が組織したリットン調査団による、満州事変に関する勧告を無視し、日本政府は国連から脱退した。その後、アジア太平洋地域に自らの植民地を拡大させ、太平洋戦争に突入し、日本帝国は滅亡した。国連の勧告を無視し、撤回させようとしている日本政府は今日も国際的に孤立し始めている。

沖縄県は自らの歴史的な資源としての「復国」の可能性も見据えて、辺野古基地建設という日本の植民地主義政策を阻止するために、あらゆる方法を駆使する必要がある。

【参考文献】

赤嶺守（2013）「戦後中華民国における対琉球政策――1945年～1972年の琉球帰属問題を中心に」『日本東洋文化論集――琉球大学法文学部紀要』第19号

石井明（2010）「中国の琉球・沖縄政策――琉球・沖縄の帰属問題を中心に」『境界研究』No.1

西里喜行（2005）『清末中琉日関係史の研究』京都大学出版会

松井芳郎編集代表（2010）『ベーシック条約集（2010年版）』東信堂

鈴木　隆（すずき・たかし）［第８章］
愛知県立大学外国語学部准教授
専門分野：政治学、中国政治
主な著作：『習近平「新時代」の中国』（共著、アジア経済研究所、2019年）、『超大国・中国のゆくえ３　共産党とガバナンス』（共著、東京大学出版会、2016年）、『中国共産党の支配と権力──党と新興の社会経済エリート』（慶應義塾大学出版会、2012年）。

田中　周（たなか・あまね）［第８章］
早稲田大学現代中国研究所招聘研究員、中央大学政策文化総合研究所客員研究員
専門分野：現代中国政治、中国－中央アジア関係、中ソ関係、現代中国の民族問題、ナショナリズム論
主な著作：「中央アジアからみた中国と日本」（鈴木隆・西野真由編『現代アジア学入門──多様性と共生のアジア理解に向けて』芦書房、2017年）、『転換期中国の政治と社会集団』（共編著、国際書院、2013年）、『中国のムスリムを知るための60章』（共編著、明石書店、2012年）。

松島泰勝（まつしま・やすかつ）［第９章］
龍谷大学経済学部教授
専門分野：島嶼経済論
主な著作：『琉球 奪われた骨──遺骨に刻まれた植民地主義』（岩波書店、2018年）、『琉球独立宣言──実現可能な五つの方法』（講談社文庫、2015年）、『琉球独立への道──植民地主義に抗う琉球ナショナリズム 』（法律文化社、2012年）。

〈執筆者紹介〉（執筆順）

奥野良知（おくの・よしとも）［第１章、第５章］
編著者紹介を参照

山崎幹根（やまざき・みきね）［第２章］
北海道大学公共政策大学院教授
専門分野：地方自治論、領域政治
主な著作：Paul Cairney & Mikine Yamazaki, "A Comparison of Tobacco Policy in the UK and Japan: If the Scientific Evidence is Identical, Why is There a Major Difference in Policy?", *Journal of Comparative Policy Analysis: Research and Practice*, 2017;『「領域」をめぐる分権と統合――スコットランドから考える』（岩波書店、2011年）。

福岡千珠（ふくおか・ちず）［第３章］
愛知県立大学外国語学部准教授
専門分野：社会学
主な著作：「ベルファスト合意後の北アイルランドにおける言語政策」（『ことばの世界』第７号、2015年）、「和平合意後の北アイルランド――変わりゆくコミュニティ間の境界」（竹中克行編著『グローバル化と文化の境界――多様性をマネジメントするヨーロッパの挑戦』昭和堂、2015年）。

萩尾　生（はぎお・しょう）［第４章］
東京外国語大学世界言語社会教育センター教授
専門分野：バスク地域研究、言語社会学
主な著作：『現代バスクを知るための50章』（共編著、明石書店、2012年）、*Egile nafarren euskal literaturaren antologia*（共　著 , Nafarroako Gobernua, 2017年）、"External Projection of the Basque Language and Culture. The Etxepare Basque Institute and a Range of Public Paradiplomacy", *BOGA -Basque Studies Consortium Journal-* Vol.1 Issue 1, 2013.

太田唱史（おおた・しょうじ）［第６章］
同志社大学法学部嘱託講師
専門分野：政治学、カナダ地域研究、マイノリティ問題
主な著作：「ケベック問題は終わったのか――ケベック・ネイション論争が意味するもの」（『同志社法学』第63巻第1号、2011年）、「ケベック・レファレンダムとカナダ連邦制の再編成――1980年～1996年」（『同志社法学』第49巻第4号、1998年）。

柴　宜弘（しば・のぶひろ）［第７章］
城西国際大学大学院国際アドミニストレーション研究科特任教授
専門分野：東欧地域研究、バルカン近現代史
主な著作：『図説 バルカンの歴史』（新装増補版、河出書房新社、2019年）、『ボスニア・ヘルツェゴヴィナを知るための60章』（編著、明石書店、2019年）、『ユーゴスラヴィア現代史』（岩波書店、1996年）。

〈編著者紹介〉

奥野良知（おくの・よしとも）
愛知県立大学外国語学部教授
専門分野：カタルーニャ史、カタルーニャ地域研究
主な著作：「カタルーニャ独立問題」（『日本大百科全書〔ニッポニカ〕電子版』小学館、2018年）、「カタルーニャはなぜ独立を求めるのか？──補論：2017年10月1日の住民投票と12月21日の選挙結果」（『共生の文化研究』12号、2018年）、「カタルーニヤの独立へ向けた「プロセスprocés」の現状（2017年1月時点）と経緯」（『共生の文化研究』11号、2017年）、「18世紀カタルーニャ綿業における『自由貿易』規則（1778年）以前の亜麻布捺染についての一考察」（『愛知県立大学外国語学部紀要（地域研究・国際学編）』第46号、2014年）、『カタルーニャを知るための50章』（共編著、明石書店、2013年）、「18世紀のスペイン」（関哲行・立石博高・中塚次郎編『世界歴史大系　スペイン史1　古代〜近世』山川出版社、2008年）、「18世紀カタルーニャの地域工業化──産地形成と業種転換を中心に」（『社会経済史学』第67巻第3号、2001年）、“Entre la llana i el coto. Una nota sobre l’extensio de la industria de coto als pobles catalans el darrer quart del segle XVIII”, *Recerques. Cultura, Historia, Economia*, num. 38, 1999 など。

地域から国民国家を問い直す
──スコットランド、カタルーニャ、ウイグル、琉球・沖縄などを事例として

2019年10月10日　初版第1刷発行

編著者　奥野良知
発行者　大江道雅
発行所　株式会社明石書店
〒101-0021 東京都千代田区外神田6-9-5
電話 03（5818）1171
FAX 03（5818）1174
振替　00100-7-24505
http://www.akashi.co.jp/
組版／装丁　明石書店デザイン室
印刷／製本　日経印刷株式会社

（定価はカバーに表示してあります）　ISBN978-4-7503-4908-4

◆ 世界の教科書シリーズ ◆

❶ 新版 韓国の歴史【第二版】
国定韓国高等学校歴史教科書
大槻健、君島和彦、申奎燮 訳
◎2900円

❷ わかりやすい 中国の歴史
中国小学校社会教科書
小島晋治 監訳　大沼正博 訳
◎1800円

❸ わかりやすい 韓国の歴史【新装版】
国定韓国小学校社会科教科書
石渡延男 監訳　三橋ひさ子、三橋広夫、李彦叔 訳
◎1400円

❹ 入門 韓国の歴史【新装版】
国定韓国中学校国史教科書
石渡延男 監訳　三橋広夫 共訳
◎2800円

❺ 入門 中国の歴史
中国中学校歴史教科書
小島晋治、並木頼寿 監訳
大里浩秋、川上哲正、小松原伴子、杉山文彦 訳
◎3900円

❻ タイの歴史
タイ高校社会科教科書
中央大学政策文化総合研究所 監修
柿崎千代 訳
◎2800円

❼ ブラジルの歴史
ブラジル高校歴史教科書
C・アレンカール、L・カルピ、M・V・リベイロ 著
東明彦、アンジェロ・イシ、鈴木茂 訳
◎4800円

❽ ロシア沿海地方の歴史
ロシア沿海地方高校歴史教科書
ロシア科学アカデミー極東支部 歴史・考古・民族学研究所 編　村上昌敬 訳
◎3800円

❾ 概説 韓国の歴史
韓国放送通信大学校歴史教科書
宋讃燮、洪淳権 著　藤井正昭 訳
◎4300円

❿ 躍動する韓国の歴史
民間版代案韓国歴史教科書
全国歴史教師の会 編　三橋広夫 監訳
日韓教育実践研究会 訳
◎4800円

⓫ 中国の歴史
中国高等学校歴史教科書
人民教育出版社歴史室 編著　小島晋治、大沼正博、
川上哲正、白川知多 訳
◎6800円

⓬ ポーランドの高校歴史教科書【現代史】
アンジェイ・ガルリツキ 著
渡辺克義、田口雅弘、吉岡潤 監訳
◎8000円

⓭ 韓国の中学校歴史教科書
中学校国定国史
三橋広夫 訳
◎2800円

⓮ ドイツの歴史【現代史】
ドイツ高校歴史教科書
W・イェーガー、C・カイツ 編著　中尾光延 監訳
小倉正宏、永末和子 訳
◎6800円

⓯ 韓国の高校歴史教科書
高等学校国定国史
三橋広夫 訳
◎3300円

⓰ コスタリカの歴史
コスタリカ高校歴史教科書
イバン・モリーナ、スティーヴン・パーマー 著
国本伊代、小澤卓也 訳
◎2800円

⓱ 韓国の小学校歴史教科書
初等学校国定社会・社会科探究
三橋広夫 訳
◎2000円

〈価格は本体価格です〉

スコットランドを知るための65章
エリア・スタディーズ 136　木村正俊編著　◎2000円

アイルランドを知るための70章【第3版】
エリア・スタディーズ 44　海老島均、山下理恵子編著　◎2000円

カタルーニャを知るための50章
エリア・スタディーズ 126　立石博高、奥野良知編著　◎2000円

現代バスクを知るための50章
エリア・スタディーズ 98　萩尾生、吉田浩美編著　◎2000円

ケベックを知るための54章
エリア・スタディーズ 72　小畑精和、竹中豊編著　◎2000円

バルカンを知るための66章【第2版】
エリア・スタディーズ 48　柴宜弘編著　◎2000円

中国のムスリムを知るための60章
エリア・スタディーズ 106　中国ムスリム研究会編　◎2000円

現代中国を知るための52章【第6版】
エリア・スタディーズ 8　藤野彰編著　◎2000円

ロヒンギャ問題とは何か　難民になれない難民
日下部尚徳、石川和雅編著　◎2500円

地球社会と共生　新しい国際秩序と「地球共生」へのアプローチ
福島安紀子著　◎2400円

包摂・共生の政治か、排除の政治か
移民・難民と向き合うヨーロッパ
宮島喬、佐藤成基編　◎2800円

フランス人とは何か　国籍をめぐる包摂と排除のポリティクス
パトリック・ヴェイユ著
宮島喬、大嶋厚、中力えり、村上一基訳　◎4500円

現代フランスにおける移民の子孫たち
都市・社会統合・アイデンティティの社会学
エマニュエル・サンテリ著　園山大祐監修　村上一基訳　◎2200円

移動する人々と国民国家　ポスト・グローバル化時代における市民社会の変容
杉村美紀編著　◎2700円

グローバル化する世界と「帰属の政治」　移民・シティズンシップ・国民国家
ロジャース・ブルーベイカー著
佐藤成基、髙橋誠一、岩城邦義、吉田公記編訳　◎4600円

現代ヨーロッパと移民問題の原点
1970、80年代、開かれたシティズンシップの生成と試練
宮島喬著　◎3200円

〈価格は本体価格です〉